suhrkamp taschenbuch 1090

Hermann Heimpel, Dr. phil., Dr. jur. h.c., wissenschaftliches Mitglied des Max-Planck-Instituts für Geschichte. Als Sohn eines Diplomingenieurs 1901 in München geboren, 1931-1966 Professor der Geschichte in Freiburg i. Br., Leipzig, Straßburg und Göttingen. Fachwissenschaftliche Veröffentlichungen, besonders zum deutschen Spätmittelalter. 1949-1974 vier Auflagen der *Halben Violine*. 1966 Silberne Medaille der Stadt München: »München leuchtet«. Seit 1984 Träger des Bayerischen Maximilians-Ordens für Wissenschaft und Kunst.

»Der bekannte Göttinger Ordinarius für Mittlere Geschichte, erste Autorität seines Faches, ist der Verfasser dieses Buches von nicht genug zu rühmendem Zauber. Eine paradiesische Kindheit im München der ersten Jahrzehnte dieses Jahrhunderts, eine beglückende Fülle einzelner treu bewahrter Züge, ein eigenwilliger Stil, der sich zu funkelnden Prägungen überraschender Einsichten erhebt: es gibt wenig Bücher in der zeitgenössischen Prosa, die damit verglichen werden können.« *Erhart Kästner*

Geschildert werden Kindheit und Jugend in der von Zwängen erstaunlich freien Atmosphäre eines Bürgerhauses, mit viel Musik – auf die Kindergeige deutet der Titel hin –, Theater, Literatur, mit Bällen, Ausflügen und Wanderungen, Schulerfahrungen und dann, im Ersten Weltkriege, der Landhilfe und dem allmählichen, zunächst kaum wahrgenommenen Versinken dieser Welt in den Schrecknissen und Hungerjahren des großen Krieges.

Hermann Heimpel
Die halbe Violine

Eine Jugend in der Haupt- und Residenzstadt München

Suhrkamp

Umschlagbild: München. Bilderdienst Süddeutscher Verlag

suhrkamp taschenbuch 1090
Erste Auflage 1985

Druck: Nomos Verlagsgesellschaft, Baden-Baden
Printed in Germany
Umschlag nach Entwürfen von
Willy Fleckhaus und Rolf Staudt

1 2 3 4 5 6 – 90 89 88 87 86 85

Dem Andenken meiner geliebten Schwester
Wilma Christine Heimpel in München
der ernsten Spenderin glücklicher Tage
der heiteren Siegerin über Schmerz
und Zerstörung gewidmet

Erstes Kapitel

PINAKOTHEK

Die Beete blühten. Die Rasenflächen waren gepflegt, umlaufen von grünen Eisenbändern. Das Betreten des Rasens war verboten; verboten durch eine Tafel des Städtischen Gartenamtes, auf der, mit Draht vergittert, auch die übrigen Verbote und Vorschriften für die Benutzung der öffentlichen, ›dem Schutze des Publikums empfohlenen‹ Anlagen aufgezeichnet waren. Man hätte den Rasen auch wirklich nicht betreten, ja man bemühte sich, beim Balancieren auf den Bändern – bald ›an der Hand‹, bald mit fuchtelnden Steuerbewegungen – das Gleichgewicht möglichst nach der Wegseite zu verlieren. Sonst drohte durch Erheben seines Stockes der Aufseher, der, Veteran der Königlich Bayerischen Armee, mit weißem Schnurrbart und grüner Mütze die Anlagen durchwandelte. Man wurde vor zwei Aufsehern gewarnt: der eine bewachte die Neue, der andere die Alte Pinakothek.

Die beiden Pinakotheken – worunter Fremde und Erwachsene Gemäldesammlungen, Münchener Kinder aber die Anlagen um diese Gebäude verstanden – waren zwei Welten. Sie wurden getrennt durch die Theresienstraße, die, als von einer regelmäßig wiederkehrenden Gefahr, von der Nordring-Linie, dem ›Zweier‹, durcheilt wurde. In der Alten Pinakothek war man von einem gespitzten Eisengitter eingefriedet, das über einer mäßig hohen Mauer aus unverputzten Ziegeln stand; weich und tief empfing den Kinderfuß gleichmäßig verteilter Isarkies, dick gehäuft helle und dunkle graue runde Kiesel. Eine schmale Gittertür und wenige Stufen führten auf die Theresienstraße hinab; links streifte die Hand das nahezu kubische Häuschen, in dem hinter Spitzenvorhängen und unter Regulatoruhren die Männer mit den grünen Mützen wohnten, rechts konnte man sich an einem kleinen Pumpbrunnen noch schnell die Lippen netzen, mit einem angeketteten eisernen Becher, der kühl und schwer in Kinderhänden lag. Hier also endete ein feierlicher Bezirk aus Kieselgrau, Mauerbraun und Kastaniengrün – dem Grün jenes rührenden, starken und doch bald ermüdeten Baums, der, sofern er auch nur in einem einzigen Exemplar im Hinterhof eines Wirtshauses stand, zum Bürgerlichen Mittagstisch – sechzig Pfennige – den ›schattigen Garten‹ verheißen durfte. Oh, wie trostreich, kühl und friedevoll brachen diese Blätter überall in München, in Schloßpark und Schulhof, auf Bierkeller und Kirchplatz, das Licht der Sonne zu dunkelgoldenen Schatten, mild bewegt vom Wind der schwäbisch-bayerischen Hochebene. Vom ›Trottoir‹ – es bestand aus nie ganz waagrecht bleibenden Klinkerplatten – leiteten den Fuß schwere Randsteine auf die ernsten Granitwürfel der Fahrbahn und wieder zu roten und bläulichen Klinkermulden, und das heitere Hügelland der Neuen Pinakothek begann. Statt Mauer und Gitter lief ein grüner Eisenzaun in gemäßigtem Jugendstil durch einfassende Büsche, Jahr für Jahr freigelegt durch die Waffe des Friedens, die von ernsten Männern geführte Heckenschere. Zwischen diesen Hügeln spielte Bob. Er ›gehörte‹ einer Familie, die im Haus Nr. 2 der Heßstraße den ersten Stock bewohnte. Er spielte meist allein und trieb den Reifen; nicht eines der blau-gelb-weiß-roten Jahrmarktgebilde, sondern einen leinölgebräunten Reif aus gutem Hartholz. Der Reifen mahlte durch den goldgelben Sand der Neuen Pinakothek – durch dasselbe Gold, das als Grund eines Bildes von Springbrunnen, Eisportionen, Kaffee, Musik und glücklichen Menschen aufleuchtet, wenn jemand ›Hofgarten‹ sagt. Am schönsten lief der Reifen auf dem langen Parkweg die Heßstraße entlang, von der Barerstraße an der Schraudolphstraße vorbei, wo sich der Blick nach links auf das strenge Rechteck des Kunstgebäudes mit den verblassenden Fresken von Kaulbach öffnete, bis hin zur Arcisstraße, zum Diakonissenhaus. Oft rollte die Reifeneisenbahn ums ganze Viereck der Anlage, durch Schatten und Licht, vorbei an den am hellen Tag mäßig besetzten Bänken (›Nur für Erwachsene‹), oder man galoppierte, mit gleichmäßigem, trokkenem Schlag den Reif in der Bahn haltend, über Querwege an der Südseite des Tempels vorüber, wo die Alten sich sonnten und die Kleinen gehütet wurden, gehegt im feinen Gummigeruch der Kinderwagendächer, geborgen in der emsigen Ruhe gesprächiger Stricknadeln. Aber das waren schon Ausflüge, nach denen Bob erleichtert in die geliebte Gerade bog. Der Reif tellerte hin, und man war, wohin man gehörte, unter den Fenstern der Heimat: Heßstraße 2.

Dieses Haus war schon die zweite Heimat, aber die eigentliche und die deutlichste, liebste. Bob war im dritten Stock der Luisenstraße 54 vor fünf Jahren zur Welt gekommen. Von dieser Wohnung blieb ihm bald nur mehr die Erinnerung an einen dunklen Gang, dessen grauer, grüngesäumter Läufer unter dem Klang leiser Lieder durchmessen wurde, hin und her, her und hin. Aber jetzt wohnte das Glück in der Heßstraße.

Wie das Sonnenlicht sich durch das Blattwerk der Akazien filtert, so fiel es über die waagrecht gestellten Sperrholzplatten jener leichten, mit ihren haltenden Kettchen klingelnden Jalousien, die vor fünfzig Jahren noch nicht von der robusteren Maschinerie des Rolladens ersetzt waren. Viele Menschen wissen nicht, wie schön es ist, zu Haus zu sein, wenn im Sommer die Sonne scheint. Sie beschien im Sommer des Jahres 1907 die reinlichste, bestaufgeräumte Wohnung der Welt. Für die Erhaltung dieses Zustandes sorgte, ohne lästige Pedanterie, unter

Leitung der Mama, die Keller-Marie, die nicht müde wurde, dem Bob den Zweck eines Fußabstreifers klarzumachen, die es sich aber auch nicht verdrießen ließ, ihm nach dem durch ein sauberes Holzfeuer auf achtundzwanzig Grad Réaumur erwärmten samstäglichen Bad mit einer riesigen Schneiderschere die Nägel zu schneiden. Daß von drei Uhr nachmittags ab der Messingrand des Herdes spiegelte wie die kupfernen Pfannen und Kessel an der Küchenwand, war das Verdienst der mit nicht ganz gleichmäßiger Laune waltenden Kreszenzia Bugl aus Niederbayern. Von Marie und Zenzi lernte Bob sehr vieles: von Marie Gehorsam, Ausdauer, Schweigen und Disziplin, mochten solche Ermahnungen auch gelegentlich auf Gängen in die Zahnklinik der Dienstbotenkasse, einmal sogar, was die Eltern nie erfuhren, auf dem Weg ins Leichenhaus gegeben werden. Zenzi hingegen lehrte die Macht der Gewohnheit: daß es, bis zum Beweis des Gegenteils, jeden Tag Ochsenfleisch und bei auftretenden Zweifeln zum Nachtisch ›kalten Grieß‹ zu geben habe. Jedenfalls waren diese beiden Mädchen Muster an Fleiß, Sauberkeit und Berufstreue. Aus der Ausstattung ihres Zimmers lernte Bob, daß es Katholiken gibt und daß diese Religion anders riecht als die protestantische. Auch erfuhr seine Nase, daß ohne Unterlaß gebrauchter Kamillentee sowohl für Fußleiden wie für Zahnweh passe, wenigstens bei bayerischen Bauerntöchtern. Und aus diesem Zimmer tönte, zweistimmig, das Lied der Lieder, ein schwebender Akzent kam den unbetonten Silben zugute:

Mariechen saß weinend im Garten,
Und neben ihr schlummert ihr Kind,
In ihren schwarzbraunen Locken
Spielt leise der Abendwind.
Sie saß so trüb und traurig,
So blaß und geisterbleich,
Und dunkle Wolken zogen,
Und Wellen schlug der Teich.

Man verdammt heute, mit Recht, den Stil der Wohnungen, die sich Leute anschafften, welche wie Bobs Eltern im Jahre 1889 Eheleute wurden. Seitdem, im Jahre 1860, Jacob Burckhardt sein Buch von der Kultur der Renaissance in Italien geschrieben, ließen sich die Deutschen, soweit sie keine Biedermeiermöbel geerbt hatten, zum Entsetzen des Basler Gelehrten ›Büfetts‹ schreinern, als gelte es, einen Palazzo nachzubauen, mit Aufsätzen und Muschelzierformen, die auch des Staubtuches und des Staubpinsels – beide waren im grünen Körbchen mit Klappdeckel an der Wand verwahrt – schließlich doch spotteten. Zog gar, wie zumal nach dem Weltkrieg, Dürftigkeit in die Renaissancegemächer, so bleckte der Büfettlöwe, der bis dahin trotz allem zur Gemütlichkeit beigetragen hatte, in trostloser heraldischer Gleichgültigkeit höhnisch bedrückend auf die rote Brotkarte, die abgegriffene Geldtasche, den dürftigen Kunsthonigrest hinab.
Doch war ein Unterschied, ob man die geschreinerte Architektur vom Möbelhändler kaufte, oder ob, wie für Bobs Eltern, der erste ›Kunst‹-Schreiner Münchens das modische Renaissancemöbel verfertigte. Bei der Firma Bernheimer entstanden gute Stücke. Fourniere und Polituren schienen für die Ewigkeit aufgetragen, die Türen schwangen lautlos durch die Jahrzehnte. Dies lag freilich auch an der Pflege, und lag also an der Mama und am praktischen Sinn des Vaters. Die Möbel waren sachgemäß gestellt: Klötzchen so untergelegt, daß die Schubladen gingen, Schlösser und Schlüssel hatten den Tropfen Öl, den sie verlangen konnten, die Fenster schlossen, keine Vorhangschnur sperrte sich, die Wasserhähne tropften nicht und die Badewanne lief ab, kurz, die Dinge taten ihre Pflicht, weil ihnen der Mensch die schuldige Rücksicht erwies.
Rücksicht verband den Bob mit seinen Eltern. Vielleicht war sie der einzige Erziehungsgrundsatz, nach dem die Eltern den Bob erzogen – diese liberalen Eltern, die keine Grundsätze äußerten und fortwährend nach Grundsätzen handelten. Sie waren frei

von der Herablassung der Erwachsenen gegen Kinder. Sie trugen der Tatsache Rechnung, daß der Mensch auf jeder Stufe seiner Entwicklung eben ein Mensch, also ein Wesen ist, dem Ehre gebührt. Nahmen sie nicht Rücksicht auf Bobs Freiheit? Deckten sie ihm nicht den Tisch und beluden sie nicht die Tafeln der Geschenke? So mußte auch der Bob auf sie Rücksicht nehmen. Zuerst auf das heiligste der Heiligtümer, den elterlichen Mittagsschlaf. Es glückte natürlich nicht immer; dann beklagte sich die Mama, die an kritischen Punkten des Tageslaufs in den Dialekt ihrer Würzburger Kindheit verfiel, über das ›Herumdibbern‹ ›ausgerechnet nach Tisch‹. Aber manchmal gelang auch ein unbemerktes Dibbern, um so leichter, als man im Haus, auch bei kürzeren Aufenthalten, Hausschuhe zu tragen hatte. Dann sah der Bob durch das Schlüsselloch die Mama liegen, er schaute und wartete, denn ›ausgerechnet jetzt‹ mußten ihr wichtige Mitteilungen gemacht werden. Die Mama lag, auch jetzt mit schwarzer Seidenschürze angetan, auf dem grünen Sofa. Über eine hohe Lehne strebten zwei Streifen aus Goldbrokat aufwärts. Löwenkopfgeschmückt zwangen zwei runde Wulste den Ruhenden zu gekrümmter Haltung oder ermüdender Aufwärtslage der Füße. Die Mama beklagte sich immer wieder über die ›grüne Wiese‹, wie sie das gute Stück respektlos nannte. Doch kam der Gedanke, ein bequemeres Ruhemöbel zu beschaffen, bei den wohlhabenden Eltern nicht zur Entfaltung.

Die Ordnung eines Hauses wird aber durch die besondere Rücksicht bezeichnet, die den Gewohnheiten des Vaters entgegengebracht wird. Denn durch anerkannte Gewohnheiten wird der Vater zum Hausherrn. Wenn die Kinder in das Alter kommen, in dem sich die Lösung von den Eltern vorbereitet, entdecken sie, daß manche Gewohnheiten schlechte Gewohnheiten sind, ein Urteil, das ihnen die Berufungsinstanz der Vernunft bestätigt. Später wurde es auch dem Bob, wie der Mama schon längst, lästig, daß der Vater beim Frühstück nicht gern sprach, ja daß er kaum antwortete und sich gegen seine Familie regelrecht verschanzte. Hinter seiner Deckung brockte er – väterliche Sonderart, doch stets zur Nachahmung empfohlen – seine Semmel in die Tasse, die größer sein mußte als die der andern, um mit Genuß die entstandene Mischung von Bohnenkaffee und Weißbrot zu schlürfen: dies mit Blicken auf die sauber gefalteten Münchener Neuesten Nachrichten, die vor dem Esser an die mächtigen, mit roter Wollmütze warm gehaltenen Kannen mit Kaffee und Milch gelehnt waren. Es war schwer, aus dieser Schanze von harmloser Politik, Kaffee und Weißbrot das eigene Recht auf die braune Flüssigkeit zu gewinnen, und die Mama hatte so unrecht nicht, wenn sie fand, daß ›dann ja auch jeder für sich frühstücken könnte‹, wozu sie ein um so größeres Recht hatte, als sie von zarter Konstitution war und auf den Rat des Arztes lang schlafen sollte. Aber mit dem Schlafen war es wie mit dem neuen Sofa und mit so vielem, solange eine Zeit noch fest in sich gegründet ist: was man einsieht, tut man nicht. Jedenfalls beteiligte sich die Mama nicht an dem Einbrocken. Sie aß herrliche Hörnchen, harte und weiche, helle und dunkle, schlichte und gezuckerte. Sie lagen im Brotkorb auf täglich frischen Deckchen neben den Semmeln, den gewöhnlichen größeren Sternsemmeln, und den kleineren Kaisersemmeln. Der Bob aß die Semmeln beider Art, mit Butter und Konfitüre, von allem soviel er wollte. Schwarzes Brot kam in der Frühe nicht auf den Tisch, ebenso kein Honig, denn der Vater haßte alles, was ›pappige‹ Finger oder gar klebrige Messergriffe machte. Der Papa lehnte auch Salzlöffel ab, die er mit der salzschürfenden Messerspitze aus den Salzfässern schwippte, ebenso Vorleggabeln, Buttermesser und gar Zuckerzangen. Das Mittagessen stand um halb ein Uhr auf dem Tisch, das Abendessen um halb acht Uhr. Wenn der Vater mit unnachahmlich fragender Gebärde die goldene Uhr zog oder gar zu seiner dumpfen Verzweiflung um die Essenszeit den Tisch noch mit der roten Decke statt mit dem weißen Tischtuch gedeckt sah, flogen die Röcke.

Eine solche Ordnung, so unvernünftig und tyrannisch sie wirken und so unzeitgemäß sie werden kann, ist die Hälfte der Kindererziehung. Die andere Hälfte aber, und dies machte das Haus zum Paradiese, fehlte. Bob wurde fast nicht erzogen. Was das Leben eines Kindes dumpf macht, ungelüftete Schulangst und abgeforderte Pflicht, war in diesem Elternhaus nicht vorhanden. Wünsche wurden kaum geäußert, dann aber fast immer erfüllt: es gab keine verbitternden Verneinungen. Der Vater hatte dem Sohne einmal kurz mitgeteilt, daß man sich wie ein ›Gentleman‹ benehmen solle. Er hatte versäumt zu sagen, welcher Sprache und welchem Volke dieses Wort angehöre und was es bedeute. Dies war auch unnötig, denn der Anlaß mag deutlich genug gewesen sein. Jedenfalls fiel ein Gentleman weder durch dumme Wünsche (zumal vor Bahnhofsautomaten) noch gar durch deren peinliche kindische Wiederholung noch durch schlechte Noten oder durch streberhaft zur Schau getragene gute Zeugnisse oder gar durch Schwierigkeiten beim Essen lästig (so schön es auch war, daß auf dem Grund des Grießbreis sich endlich ein gemaltes Kätzchen zeigte). Der Gentleman aber, der den Bob zum Mitwisser seiner eigenen seelischen Sauberkeit machte, der nicht von Kameradschaft sprach und sie doch übte, der mit seinem Sohn wie der Meister mit einem Lehrling verkehrte, war diskret genug, nicht immer wieder mit der phantasielosen Väterfrage nach Schulnoten lästig zu fallen. Daß diese im allgemeinen ›ordentlich‹ waren, war ausgemacht. Mochten sie schwanken.

Aber der Bob hatte doch noch eine Erziehungsmacht über sich, mehr als Rücksicht, Sitte und elterliches Vertrauen. Er hatte, was bisher verschwiegen wurde, zwei ältere Schwestern: Christina und Elwina.

Zweites Kapitel

CHRISTINA UND ELWINA I

Der Mensch ist immer fertig, in jedem Lebensalter. Auf jeder Stufe blinken ihm die Sterne. Auf jeder Stufe sind ihm die großen Gnaden bereitet. Auf jeder Stufe lebt er aus der Liebe. Bob liebte seine Schwestern. Er liebte sie so, wie die richtige erwachsene Liebe ist, aus der das Leid stammt. Das wußte er nicht, aber er erfuhr schon, daß die Liebe schuldig macht und daß sie den Treuen in die Untreue zwingt. Er wußte nicht, welche Schwester er mehr liebte, und machte sich daraus ein Gewissen.

Es war auch schwer, sich zu entscheiden. Die Schwestern waren gleich liebenswürdig, und sie waren so verschieden, daß ihr Vergleich nur die brüderliche Begeisterung vermehrte, aber nichts entschied.

Christina war elf Jahre alt, Elwina im neunten Jahr, als Bob geboren wurde. Von der Eifersucht der Mädchen auf die unerhoffte Hauptperson hörte er später. Die Bilder der kleinen Mädchen im Familienalbum zeigten ihm, was er von den großen Schwestern wußte. Auf den Photographien blickte Christina hinauf oder hinab, schweifend zu irgendeinem Stern oder liebend auf die Schwester. Diese aber, Elwina, schaute geradeaus, auf ein Ziel, auf den Beschauer. Weich fiel der Träumerin das Haar auf die Schultern, kurz war es der Beobachterin geschoren. Elwina wußte, was sie war, was sie aber zunächst nicht sein wollte: ein Mädchen. Christina fühlte, daß die ungeschiedene Welt in ihr war und daß sie darum, stets entscheidend, alles mögliche vorstellte: einen Engel mit rauschenden Flügeln, oder eine Prinzessin, oder die Putzfrau, oder Isolde. So nahmen sich Klarheit und Phantasie des Bruders an. Aber so verschieden die liebevollen Betreuerinnen waren, für ihn wurden sie doch immer wieder zur Einheit der älteren Schwestern, und sie waren ja

auch gleich an Anmut und Liebeskraft. Sie bewohnten gemeinsam ein Zimmer. Es ging nach Norden, und es war sehr groß, sehr mädchenhaft mit seiner rosafarbenen Tapete und grünen Möbeln mit roter Verzierung. Das große Fenster war in mäßige Vierecke verbleit und erinnerte an Holland, die Geburtsheimat der Mutter. Es hatte einen großen, weißen Ofen. An ihm konnte Bob auf einem Schemel sitzen, den Schwestern bei ihrem Nähen zuschauen und über seine Liebe nachdenken. Da hörte er viel, mehr als die Großen ahnten. Er spürte die Rauheit des Teppichs und sah die Muster aus der Nähe und den Tisch von unten, und roch den Staub und machte große Ohren und ließ Namen hinein: ›der Kutensky‹ und manche anderen Schneidernamen, und dann kam ›die Feuerpfeil‹, und die Frau Ruf, denen verhandelten die Schwestern das getragene Ballkleid, und Bob hörte sagen: ›Fürs Gärtnertheater tuts der Fetzen noch‹, und dann kamen wieder Namen, ›der Ulmo‹ und Mayer und Lissmann, Stoffe und Wäsche.
Damals, als Bob fünf oder sechs Jahre alt war, fehlte ihm Christina. Sie war, der damaligen Sitte gemäß, in einer Pension der französischen Schweiz: Bru hieß der Ort und lag bei Yverdon, und dies waren die ersten Laute einer fremden Sprache. Bei Elwina war Bob geborgen. Sie führte ihn und half ihm. Sie konnte ihre Künste so gut und sie übte sie so gern, daß Bob zu seinem Schaden dieselben Fertigkeiten nicht lernte. In Elwinas Hand wurden alle Dinge sauber, gerade und adrett. Das sollte sich am meisten später bewähren, als Bob in die Schule ging. Elwina spitzte Griffel zu Dolchen und Bleistifte zu Nadeln. Bücher und Hefte straffte sie in die unfehlbaren Falze blauer Einbandpapiere, genau die weißen Schilder gesetzt, sauber unterstrichen die steile, ordentliche Schrift.
Später kam Elwina an den See von Granson, und Christina kehrte heim. Nun saß Bob auf dem Quastensessel im ›Salon‹ – ›Kameltaschen‹ nannte man diese Stühle. Oder er kauerte auf

dem schönen, dicken Perser, kraulte den kleinen grauen Fellteppich vor dem Sofa, an dem er sich die Wange rieb. Leise klirrten die Delfter Vasen auf dem Klavier. Christina spielte. Zum ersten Male, und jetzt, Tag für Tag, rauschte, wie Verheißung eines Künftigen, die Musik am Herzen vorbei. Aber das Spiel hielt es nicht lange bei sich selber aus. Christina sang, mit dunklem Alt: Lieder, Arienfetzen, endlich das Schönste: Cantiques, die Choräle aus der kalvinischen Pension. Die französische Sprache ärgerte den Bob. Er wollte weinen, und es kam ihm ein Würgen in den Hals. Ihn ärgerte die unverstandene Sprache, und ihn bedrückte zugleich die Süßigkeit der fremden Laute. Doch die Cantiques klangen weiter, stark und rein. Und der Bob kam wieder, auch zu den Wesendonk-Liedern von Richard Wagner, er mußte, da die Seiten nicht liegen wollten, das Büchlein festhalten, das erste ›Inselbüchlein‹, das es im Hause gab. Wenn er sich später fragte, mit welchem Wort er Christina verstehen sollte, dann fiel ihm ein, daß die Schwester so oft vom ›Genießen‹ sprach, und daß sie eigentlich auch immer genoß. Sie genoß die Freuden, noch mehr die Vorfreuden jener freudenreichen Zeit. Aber sie ›genoß‹ auch die Schmerzen, die ihr, der Freudigen, aufgehoben waren. Sie genoß die Nähstunden bei der ›Steudlerin‹ und lernte mit Genuß das Kochen bei dem Fräulein Röhmer, das drei Generationen von Münchnerinnen die Kochkunst beibrachte und jeden Bräutigam Philipp nannte; sie zeichnete in ihr Kochbuch ›genial‹ einen Ochsen, ein Schwein, ein Kalb und einen Hammel. Christina genoß schlechthin alles, und zum Genießen gehörte das ›Besprechen‹. ›Das muß man einmal genau besprechen‹: dann lächelten die andern, die doch wußten, daß mit Besprechen die Dinge nicht vorwärts kommen. Aber man besprach ja die Dinge nicht, um sie abzutun, sondern um sich recht in sie zu versetzen, sich auf sie zu freuen, sich ihrer zu erinnern, sie zu ›genießen‹: den Ball, den Ausflug, die Arbeit mit der Schneiderin. Aber Christina genoß es auch, krank im Bett zu liegen, oder gefroren zu haben. Dieses Genießen war nichts anderes, als daß sie immer ganz war, was sie spielte, oder, in ernsterer Zeit, was sie sein mußte. Aus dem Kaufladen, mit dem das kleine Mädchen spielte, flog die arme Figur mit Schwung in Trümmer: »Hier bin *ich* die Ladnerin.« Das geschah vor Bobs Zeit, doch leibhaftig begegnete ihm noch die große Schlafpuppe ›Elsa, mein Weib‹ der künftigen Wagnerianerin.

Christinas Genüsse waren für den Bob ein tiefer Segen. Er lernte, ganz zu tun, was zu tun war, ganz zu sein, was man sein mußte. Er freute sich, wenn er Christina in der Kirche singen hörte. Sie sang und übertönte die matten Brummer und die faulen Zierer, sie sang gar nicht laut, sie sang nur wirklich, ein ganzer Mensch unter halben Frommen.

Elwina kehrte heim. Sie hatte wohl den fremden See nicht so genossen wie Christina. Über dem Gesicht lag ein Schatten von Ernst.

Bob hatte wieder beide Schwestern. Das Jahr kam, das den Erwachsenen, die vom ›Panthersprung‹ lasen, die den Balkankrieg sich vorbereiten sahen, unruhig genug vorgekommen sein mag: das Jahr 1911. Für den Bob war es nicht das glücklichste, denn längst trieben unbekannte Kinder ihre Reifen durch die Pinakothek, aber das glänzendste Jahr.

München strahlte in einem heißen Sommer. Die Damen trugen ganz enge, doch noch immer bis zu den Knöcheln reichende Röcke, die zu kleinen Schritten zwangen. Zum Kontrast riesige Hüte, die den Schwestern wunderschön standen, aber auch der Mama, die damals recht elegant war. Für Eltern und Schwestern war dieses Jahr so etwas wie die Saison des Lebens. Im Karneval tanzten die Schwestern, bei ›Leier und Schwert‹ in den Vier Jahreszeiten, im Korps des Vetters, bei den Isaren drüben in Bogenhausen, auf dem Haus in der Maria-Theresia-Straße. Für den Bob war das Sage, doch bedeutete es ewiges Getuschel über

Schneiderfragen, Vorführung von Ballkleidern, Unnahbarkeit der Schwestern. Aber der Glanz zog auch ins eigene Haus, die Eltern gaben Hausbälle für die Schwestern.
Diese Bälle waren sehr schön. Die Eltern waren in ihrem Wesen einfach und wußten sich doch, ohne eine mondäne Spur, elegant zu geben. Sie waren recht wohlhabend geworden, ohne wirklich reich zu sein. Die Wohnung, ohne eigentlichen Luxus, war großzügig, die Eltern elastisch genug, die Schlafzimmer festlich auszuräumen. Wahrscheinlich war alles einfacher, als es Bob später in Erinnerung hatte, da die ernsten Kriegszeiten kamen. Doch war das Essen sicher vorzüglich, und die Kochfrau, die an diesen Tagen der Zenzi vorgesetzt wurde, eine Meisterin. Die Toiletten der Damen, der Tänzerinnen und der Ballmütter waren glänzend, die Manieren der Herren so tadellos wie ihre Fräcke und ihre hellblauen Uniformen. Es hatte alles seinen richtigen Stil, und es blieb immer gemütlich, weil es in München zwar Exklusivität, aber keine wirklichen Standesunterschiede gab. Nichts war steif, nichts war nachgemacht oder mit peinlicher Mühe über die Verhältnisse erzwungen. Der Hausmeister Sirtl freilich traute der Sache nicht: »Gnädige Frau,« sagte er, als seine Dienstleistungen beim Servieren ›besprochen‹ wurden, »ich weiß halt nicht, wie es bei einem Bürgerball zugeht.« Er war Diener beim Grafen B. gewesen, dem Eigentümer des Hauses in der Heßstraße. »Bei uns da droben«, sagte Herr Sirtl, und meinte das gräfliche Hauswesen im dritten Stock. Er war ein guter, mürrischer Mann, der als alter Chevauleger dem Bob die Lanzengriffe mit der Stange erklärte, die er zum Anzünden der Gaslampe im Hausgang benutzte.
Die Bürgerbälle waren wunderschön. Mädchen im ersten Glanz – noch hielt der rauhe Wind der Geschichte vor der Tür. Bob nahm diese Feste furchtbar ernst. Es war wohl so, daß er die Schönheit entdeckte. Noch wußte er nicht, daß aus der Anmut jener Tage manche wirkliche Schönheit leuchtete (an weiblicher

Schönheit war jenes München reich), aber sie berührte ihn damals fürs ganze Leben. Ihn rührte der Glanz des Festes, die Gewalt des Tanzes, das Lächeln der unverzerrten Gesichter, das Leuchten von Haar und Perle, von Blumen und edlen Steinen. Man trug damals noch beim Tanzen Handschuhe. Die Damen streiften selten den hohen, bis zum Ellenbogen straff anliegenden weißen Glacéhandschuh ab, über dem das Armband ruhte. Dies war für ihn das Symbol menschlicher Schönheit und friedlichen Glanzes: die Edelsteine auf dem Handschuh.

Für das Kind waren schon die ausgeräumten Zimmer eine Festlichkeit. Und auch sonst galten festliche Ausnahmen. Jedes Jahr an Weihnachten, aber nur für kurze Zeit, kam das schönste Spielzeug vom Speicher, der Lindauer Planwagen mit Pferden in echtem Geschirr, mit Ladung und Stall. In diesem Jahr blieb das Fahrzeug seinem Fuhrmann länger als sonst, für den Hausball. Auf ihm erschien der Bob mit Pferden und Wagen, wobei er sich nicht zu verkleiden brauchte, denn Fuhrmannskittel aus Nördlingen, die eine Seite weiß, die andere rot bestickt, trug er im Haus das ganze Jahr. Der Wagen, ein rechter Leiterwagen, führte Veilchensträuße – es müssen mehr als hundert gewesen sein. So ließ Bob, auf die Köpfe seiner Rösser gebeugt, seinen Wagen in den festlichen Saal einfahren.

Wir sollen alles ›genießen‹: alles ernst nehmen, was ernst ist, ernst nehmen also die Freude. Wer glücklich ist, wisse, daß er unglücklich werden kann wie andere, aber er schiele nicht aus dem Glück ins Unglück: daß er einst ruhig sich des vergangenen Glücks erinnere, das Schwere ›genieße‹ und den Tod bestehe: mit Christina und Elwina.

Drittes Kapitel

EINKÄUFE

Wer die Zeit vor dem Weltkrieg nicht kennt, und wer nicht in München gelebt hat, weiß nicht mehr, was Einkäufe bedeuten. Sie galten, so wenig wie dem bloßen Luxus oder nur einem Tand, doch selten den notwendigsten Bedürfnissen des Tages. Kartoffeln und Äpfel wurden nicht im Laden gekauft. Sie rollten vom Bauernwagen in den Keller, wo in dem vom Vater ausgeschwefelten Faß auch der saure Pfälzer lagerte, sie kamen in Fässern und Kisten aus der Heimat des Vaters am Bodensee, von Tettnang oder von Weingarten. Auch zum Metzger ging die Mama im allgemeinen nicht. Die Münchener Metzger fuhren ihre blutige Last vom Schlachthof in ihre Läden auf leichten Tafelwagen mit hohen Rädern, vor denen die weitausgreifenden Traber der Daglfinger Rennbahn in der Gabel gingen; in die Wohnungen kam das Fleisch auf Fahrrad, Metzgerburschenschulter und Holzmulde. Noch faßte auch der großstädtische Haushalt Vorräte, die vom Laden unabhängig machten: den blau eingebundenen Zuckerhut, Gewürze, Mandeln und Weinbeeren, Mehl, Erbsen und Linsen. Vieles kam aus der Ferne, wie der Wein aus Edenkoben und die Dauerwurst aus Gütersloh. Was fehlte, schickte der Nachbar und Kolonialwarenhändler Alexander Michel, dem die gute Lage an der Ecke des Elternhauses, sein Vorname und sein Regiment über den gleichnamigen Sohn eine gewisse Großartigkeit verlieh. Auch Kaffee und Tee traten erst im Weltkrieg in der Papiertüte des Kleinhändlers auf; in der guten Zeit waren sie den Sendungen von Herrn Häusler beigepackt, die dieser in einem braunen Kastenwagen vorfahren ließ. Van Houtens Kakao aber veredelte die Luft der Vorratskammer aus ansehnlichen, bebilderten Blechbüchsen.

So kaufte man im Laden nur, was das Leben schöner, die Mahlzeit lieblicher und die Wurstplatte bunter machte. Oft ging der Bob ungern und gelangweilt mit in die Läden, wie hätte es bei einem Buben anders sein sollen, aber oft mit Freude, und manches Mal mit Seligkeit. Er ging zwischen den Schwestern oder mit der Mama, glücklich geborgen in der Aussicht auf die Stunden, die vor ihm lagen, in denen man ungestört beieinander sein würde. Und nicht nur ungestört, sondern immer wieder froh begrüßt, bedient im wahren, längst vergangenen Sinn des Wortes, geehrt durch pflichtmäßige Sorgfalt, aber noch mehr durch die herzliche Freundlichkeit dieser Stadt, entlassen mit dem ewig wiederholten Segenswunsch: ›Beehren Sie uns bald wieder.‹ Das klang so aus dem Mund mächtiger, weißgeschürzter Konditoren, hinter Kassen thronender Inhaberinnen, ältlicher Ladnerinnen und der rührenden, blassen und blaugeäderten, bescheidenen Lehrmädchen, deren Lebenszweck es zu sein schien, Stoffballen über Leitern herabzuwälzen, Schuhschachteln zu türmen und in flimmernder Ofenhitze, in stockiger Luft, im grellen Gaslicht Band, Spitze und Litze nach der Schlacht des Wühlens und dem Sieg des Kaufes wieder aufzuwickeln. Diese Mädchen sind alle gestorben.

Tausend Bilder, Geräusche, Gerüche: wenn man, auf hohem Hocker, von den Käuferinnen vergessen, beim Kurzwarenhändler Kahn in der Amalienstraße neben dem glühenden Eisenofen saß; oder wenn beim Sally Eichengrün, in der ›ersten Etage‹, die Stoffballen hinter der messenden Elle schwappten, die Scheren blitzschnell, den Ohren ein Schmerz, durch Tuch und Leinen flitzten: Straßen von Glück, Plätze voll Seligkeit. Geliebte Stadt, sei geheilt durch Erinnerung, laß noch einmal die Winde um die Stirnen deiner Häuser streichen, entzünde noch einmal die Lampen deines Reichtums, entbrenne noch einmal die Lichter deiner edlen Bescheidenheit. Sinke, Abend, noch einmal über den festlichen Alltag der Theatinerstraße, klingelt noch einmal, ihr Ladenglocken, empfangt und entlaßt uns zu einem letzten Kauf, ihr königlich-bayerischen Hoflieferanten in der Haupt- und Residenzstadt München.

»Ich bin fertig. Adieu, wir gehen. Ich muß mit Bob zu Höfling. Ich hab auch noch andere Kommissionen, Aufschnitt besorge ich. Gegen sieben Uhr kommen wir heim. Komm, Bob.« Man zog die schwere, mit dem neuartigen hydraulischen Türschließer Widerstand leistende Haustür auf, die Mama trat ins Freie. »Wir gehen in die Theresienstraße.« Die Pinakothek bleibt rechts. Noch ein sehnsüchtiger, enttäuschter Blick nach links, an die Stelle, wo die Heßstraße nach ihrem langen Lauf vom Oberwiesenfeld sich an der Barerstraße totläuft: hier war ein Pferdestall, der zu einer Offizierswohnung gehörte. Hatte man Glück, so öffnete sich das eiserne Tor, und das dumpfe Rollen von acht Pferdehufen erhellte sich an der sonnigen Barerstraße zu lustigem Geklapper. Der Gipfel des Glücks wäre gewesen, hätte der Bursche die Pferde – einen Braunen, für den Bob Partei nahm, und einen Fuchs – in der Heßstraße für seinen Herrn bereit gehalten. Da wären sie gestanden, an ihren Trensen, mit langen Hälsen, die Schweife schlagend, einmal mit leisem Klappern eine Hinterhand untersetzend, für ein Münchener Kind, das früh die Welt sah, als wäre sie erst gemalt und dann geschaffen, ein Traumbild aus entrückter Welt; so wie der Pferde-Adam aus Nördlingen die Pferde malte: Abend der Schlacht, Rast in Rußland, 1812.

Aber das militärische Glück blieb überhaupt aus. Denn wenn man nun mit der Mama die Barerstraße nach Süden ging, vorbei an einem der in der Kunststadt München unzähligen Bilderrahmenhändler und Kunstaussteller, durfte man nicht weiterlaufen bis zu dem Gitter, das den Exerzierplatz des Leibregiments von der Barerstraße trennte, dem Eingang der Alten Pinakothek gegenüber. Hier hätte man den Kopf zwischen die Eisenstangen gelegt – uneingedenk der ständig wiederholten Schauergeschichte, nach der einmal ein solcher Kopf steckengeblieben war – und hätte mit Lust die langhaxigen Bauernsöhne und bebrillten Einjährigen beobachtet, an Reck und Pferd und ›Eskaladierwand‹, hätte sich das klatschende Bajonettfechten der bandagierten und vergitterten Rekruten für häusliche Nachübung eingeprägt. Später sorgte eine große Plakatwand dafür, daß die Frauen der Feldwebel ihre Wäsche unbemerkter aufhängen konnten, und daß die Bemühungen der Unteroffiziere um die bäuerliche Steifheit und die akademische Intelligenz sich nicht wie früher in der bürgerlichen Öffentlichkeit abspielten.

Mit solchen Freuden war es also nichts. Doch hakten sich Trense und Steigbügel, helles Leiberblau, rote Biese und Kommandoruf in den Knabensinn auf den weiteren Weg. Dies ist ja die Einsamkeit der Knaben, daß sie stets in vielen Welten leben. So marschierte und ritt Bob mit der Mama nach links, um die nördliche Ecke von Barer- und Theresienstraße. Auch hier war noch Militär; denn rechts wuchtete die Front der Prinz-Arnulf-Kaserne, ›Türkenkaserne‹ genannt, Trommelwirbel und Küchendünste entsendend: es war eine bayerische Kaserne, das Heim des vornehmsten Regiments, und die hundert gleichen Fenster leuchteten im Schmuck roter Geranien – wie ein senkrecht gestelltes Feld bayerischer Bauernblumen. Mama und Bob bleiben auf der nördlichen Seite. Sie haben Kommissionen, aber sie haben doch Zeit. Sie schauen einen Sprung zu Fräulein Baumüller hinauf. Eine kleine, dunkle Wohnung mit schönen alten Möbeln, wie sie Bob von daheim nicht kannte. Klein, unendlich freundlich und wohlerzogen war auch das alte Fräulein. Es dauerte nie lang, bis sie dem Sekretär eine silberne Dose mit Süßigkeiten entnahm. Dann gehen sie bald, sie haben ja Kommissionen, vielleicht beim ›Kleinen Tietz‹. Nun kam eine kleine Spannung. Würde von dem alten Ehepaar Dosch, bei dem man Kurzwaren kaufte – etwas braucht man ja immer – die Frau oder der Mann im Laden sein? Sie wackelten beide mit dem Kopf, aber die Frau von oben nach unten, der Mann von links nach rechts. Es war verwirrend, wenn sie beide da waren; den Ruhepunkt bildete dann die Ladnerin, die, von den Wacklern beaufsichtigt, das Geschäft in Wahrheit führte; sie trug immer einen Zahnbund. »Beehren Sie uns bald wieder.« Sie gehen über die Türkenstraße, die, wie später die Schule lehrte, in ihrer Verlängerung an den Türkengraben führt, den Kanal, den die türkischen Gefangenen des Kurfürsten Max Emanuel hatten schaufeln müssen. Jenseits der Türkenstraße wurde die Theresienstraße nach Süden überquert, rechtwinklig, sehr vorsichtig, denn die Mama fürchtete den Straßenverkehr; an größeren Plätzen zeigte sie sogar eine gewisse Anlage zur Platzangst, was für den Bob zur Folge hatte, daß er auch, als er nicht mehr an der Hand ging, die Mama auf der Straße anfaßte. So führte er und blieb geführt, und übte sich für viele Straßenüberquerungen seines späteren Lebens. Diese, jetzt, führte zu den Geschwistern Höfling. Eigentlich hätte man noch auf die Theresienpost gehen sollen, aber diese Ämter, die damals noch dunkel, mit grimmigen Schaltern verschrankt und im Winter überheizt waren, blieben der Mama ein Greuel, die sich immer wieder neu über die Grobheit der Beamten alterierte, über das Zupfeffern der Schalter, das brutale Stempeln, den übertriebenen Gebrauch der Landessprache. Deshalb passierten sie, von einem älteren Fräulein norddeutscher Art freudig als alte Bekannte begrüßt, sogleich Geschwister Höflings Milchglastür. Bob brauchte einen neuen Mantel. Der alte war noch gut, denn der Stoff war unverwüstlich, aber die Ärmel blieben allzuweit hinter den Handgelenken zurück, diesen dünnen Handgelenken, die so oft Gegenstand schwesterlicher Forschungen nach ›Schatten‹, den Spuren mangelhaften Seifengebrauchs, waren.

Der Kauf war einfach, denn etwas anderes als Matrosenanzüge, Matrosenmützen und Matrosenmäntel trugen die Buben in

jener Zeit des Flottenvereins eigentlich nicht. Das Fräulein bei Höfling wußte auch genau, was die Mama wollte. Von vornherein schieden die allzu getreuen Nachahmungen aus, mit denen die Kieler Firma ihre Kunden zu kleinen Matrosen machte: lange, weite Hosen wurden als unpassend, goldbetreßte Galagarnituren mit Jäckchen als kindisch, ja schon Mützen, von denen zwei lange Bänder vorschriftsmäßig in den Nacken fielen, als zu ›echt‹ empfunden. Zur blauen, bis zum Knie reichenden Hose aus ›Cheviot‹ wurde die aus bestem Marinetuch bestehende Kieler Bluse über den Kopf gezogen, über deren Kragen ein zweiter, ebenfalls blauer, doch weiß gesäumter, waschbarer Leinenkragen geknöpft wurde. Darüber kam der Mantel, ein zweireihiger, mit ankergeschmückten Knöpfen versehener Paletot. Die Mütze, ›Tellermütze‹ genannt, hatte an der linken Seite eine Schleife, die das Mützenband (S.M.S. Frauenlob) in zwei kurzen Enden auslaufen ließ. Immer verlief ein solcher Kauf rasch, unter empfehlenden Bemühungen der Verkäufer, die sie höflicherweise auch an den Bob richteten. Von jedem Anzug wurde behauptet, daß der ›Junge‹ noch in ihn hineinwachsen und daß man den Stoff beliebig ›strapazieren‹ könne. Während das letztere von Bob als willkommene Bereicherung seines Fremdwörterschatzes aufgenommen wurde, verdarb ihm der taktlose Hinweis auf das Hineinwachsen die Laune, zumal es mit jenem ausprobierenden Strammziehen des neuen Mantels verbunden war, das den Träger als bloßes Objekt der Handlung und als Kandidaten natürlichen Wachstums in seinem Stolz angriff. Freilich erhellte sich die Laune bei den Schlußformalitäten, wenn dem Bob an der Kasse ein Geschenk, etwa eine goldene Uhr aus Papiermaché, überreicht wurde. Das neue Stück behielt man an, das alte wurde eingepackt unter den Arm geklemmt. »Beehren Sie uns recht bald wieder.«
So hatte Bob seinen neuen Mantel. Die Einkäufe dieser Art wiederholten sich recht häufig, da Bob keine älteren Brüder

hatte und darum stets neue Sachen trug. Andererseits gab es wenig Variationen. Im Frühjahr, wenn die Münchener Trambahn die lustigen Sommeranhänger fahren ließ, auf denen in festlicher Zugluft weiß-blaue Regenmarquisen an ihren Stangen knatterten, wurde die blaue Tuchbluse von der weiß-blaugestreiften, oft von der ›Weißnäherin‹ im Hause gefertigten Waschbluse ersetzt, die schwarzen, damals noch über die Knie gehenden und, Folge fortwährenden Eisenbahnspielens, ständig am Knie geflickten Strümpfe wichen den niederen, buntgeringelten Socken.
Von Höfling könnte man heim. Aber sie wollen Aufschnitt kaufen, bevor es ganz dunkel wird. Die herbstliche Dämmerung senkt sich über die Straßen. Mutter und Sohn folgen der Türkenstraße nach Norden, dann biegen sie nach rechts in die Schellingstraße ein, die, anders als Theresien- und Türkenstraße mit ihrem Granitpflaster, statt des nur wenige Jahre ausprobierten ›Makadams‹ jetzt den neumodischen Asphalt trägt, der die Schritte dämpft und die Fahrradklingeln um so lauter macht – ihr Klang mischte sich deshalb für immer mit dem Namen des Philosophen Schelling. Hier reiht sich Laden an Laden, mengen sich Geräusche und Gerüche der geschäftigen Vorstadt, in dieser Welt des Schellingsalons, der Türkenblüte, der Gassenschenken, Malutensilien, Studentenzimmer und Antiquare. Während die Dämmerung Schönheit und Häßlichkeit versöhnt, schreiten, wie feierliche Boten der Nacht, Hunderte von armen Männern von Laterne zu Laterne, um mit langer Stange Gaslichter zu entzünden, eine geschickte und rasche Übung, denn die Lampen sind wohlgepflegt und hell geputzt: dafür tragen sie ihre Querstäbe, an welche die Lampenputzer ihre Leiter legen zu ihrem regelmäßigen und vorsichtigen Geschäft.
Der ›Charcutier‹ Wild gegenüber der Amalienschule war ein moderner Mann. Sein Geschäft war neu, es blitzte im Glanz vollendeter Hygiene und ernstgenommener behördlicher Vor-

schriften und hatte die Gemütlichkeit jener Altstadtgeschäfte weit hinter sich gelassen, in denen sich noch die schwarzgoldenen Schilder ›Feste Preise‹ fortschrittlich vorkamen. Hier waren Hunde an der Leine zu führen und war das Betasten der Waren zwecks Prüfung verboten. Zwar spalteten auch hier noch haarscharfe Messer in gefährlicher Nähe der haltenden Fingerkuppen die Wurst in haardünne Scheiben, aber der Schinken blätterte schon im Schwung einer Schneidemaschine vom Knochen. Vollends ungemütlich, Vorausdeutung auf mechanisierte Zeiten – um nicht zu sagen auf den Krieg – war das strenge Regiment, das Herr Wild mit seinen Kunden hielt. ›Wer war jetzt dran?‹ lautete die neue demokratische, Dienstmädchen und ›Gnädige‹ auf eine Stufe drückende Frage. So wurden die Massen bewältigt, die sich Abend für Abend bei dem Meister drängten, der seine Nachbarn, und mochten sie auch so anziehende Namen wie ›Käsbohrer‹ tragen, mit hervorragender Ware aus dem Felde schlug: mit seinen Sulzen und Fleischsalaten, westfälischen Schinken und Göttinger Würsten. Die Mama bevorzugte allerdings die Spezialitäten der Münchener Wurstmacher, die leicht verdaulichen, weißen Kalbfleischwürste, die molligen Geschwollenen im warmen, die Gelbwurst – so hieß sie nach ihrer Haut – im kalten Bereich. Und einmal in der Woche mußte es zum häuslichen, abendlichen Linsengericht die langen, braunen Dampfwürste (die charaktervolleren Schwestern der Wiener) geben, zwei für jeden, ›für den Herrn und für Fräulein Christina drei‹, wie die Menschenkennerin Zenzi zu raten pflegte. Während die Mama kaufte, saß Bob hinter den sich drängenden Rücken und Schürzenbändern auf hellgebeizter Bank, freute sich am grellen Licht über Wandkacheln und Wurstketten und träumte von Soldaten und Pferden. Aber was sind diese kleinen Erlebnisse und Träume gegen die Bilder und Gesichte anderer Tage in der inneren Stadt, beim großen Einkauf im Festbezirk hinter der Feldherrnhalle!

Friedlich singt der Motor des Zweiers (die Linie ›der besseren Leute‹) im Auf und Ab von Anziehen und Bremsen, stets ohne Anhänger, noch lang mit der alten, eckigen Karosserie und den langen, polierten Bänken sich begnügend, während fortschrittlichere Linien mit den neuen Bergmann-Wagen, mit den abgerundeten Plattformen, den umlegbaren Strohsesseln ausgestattet wurden. Der Wagen hält noch in der Theresienstraße vor der Apotheke mit ihrem schönen Treppengitter und vor den Aushängen des Hofphotographen Dittmar. Dann biegt er, ein wenig pfeifend, nach rechts in die Ludwigstraße ein. Das Kriegsministerium, die Schönfeldstraße, Von-der-Tann-Straße (damals noch eng) rauschen vorüber. Aber schon die Galeriestraße entführt den Wagen nach Osten, er hält und wird an dem schlichten, kastenartigen Arkadengebäude verlassen, das den Hofgarten nach Norden abschließt. Eine kleine Pforte führt durch die Arkaden selbst, die Hoffnung auf ein Frühstück bei Heck oder Lutz wird leichten Sinns auf den Sonntag verschoben – denn daß eine Erfrischung auch heute bevorstand, dafür bürgten die humanen Gewohnheiten der Mama beim großen Einkauf. In den Arkaden waren in Holz gemeißelt die ›Arbeiten‹ des Herkules zu sehen; mit Keule und Faust bezwang der bärtige Held die Hydra oder Lernäische Schlange und fegte den Stall des Augias. Rottmanns Fresken gaben dem Bob den ersten Begriff von antiker Landschaft und durch König Ludwigs Distichen eine holprige Bekanntschaft mit dem Hexameter: ›Steine warfst du, Berg, aus, einstens Eroberer der Gegend‹, klang es fürstlich in die warmen Wellen des Kaffeeduftes von Café Heck. Die geheimnisvolle Andeutung der Mama von der schönen Juweliersfrau mit dem Tizianhaar wurde halb vernommen, dann trat man, da es doch zu früh war, um bei Prantl Briefpapier oder in weichem Leder gebundene Notizbüchlein zu kaufen, auf den morgendlichen, geputzten Odeonsplatz hinaus. Die kleine Bude links neben dem Hofgartentor, die Taubenfutter verkaufte, schien nur für Fremde oder jedenfalls nur für andere Leute da zu sein; die Tauben zu füttern wurde Bob nie ermuntert, die Eltern waren, wie viele Münchener, taubenfeindlich und fanden, daß diese überall in der Stadt reichlich vorhandenen Boten Venedigs die Fassaden verunreinigten. Aus der Theatinerkirche schimmerte das Ewige Licht, denn selten war die Tür mit ihrem ledernen Schlagpolster in Ruhe. War es Adventszeit, so trat man ein und besah im linken Seitenschiff die neapolitanische Krippe, gab ein Scherflein und bekam ein Vergelts Gott von dem alten Kapuziner, der neben der Krippe saß. Im Windschatten zwischen Kirche und Innenministerium, geborgen in dicken Röcken und Stiefeln, fand man schon am frühen Vormittag die ›Italienerin‹ mit windgebräuntem Faltengesicht an ihrem Stand, wo sie Tag für Tag und Abend für Abend die verfrühten Gaben des südlichen Landes anbot, eine glücklichere Genossin der Maronibrater mit ihren eisernen Öfchen, die einem die heißen ›Maroni‹ in die ›Stranitzen‹ aus Zeitungspapier zählten. Am Kuhbogen und dem Buchhändler Palm vorbei ließ man auf der Gegenseite der Theatinerstraße die sagenhaft teuren Klöppelspitzen der Rosa Klauber ebenso respektvoll hinter sich wie das kleine vornehme Fenster des Juweliers Rath, und mit den Semmeln und Römischen Wecken des Hofbäckers Seidl – er führte die Brezel im bayerischen Königswappen – wollte man sich höchstens auf dem Heimweg belasten. Vielleicht war ein Gang in die Hypotheken- und Wechselbank zu tun, wo der Bob, an dem vor jedem Besucher maskenhaft die blaue Mütze lüftenden Portier vorbeischreitend, im palmengeschmückten Lichthof die Erwachsenen bewundern konnte, die durch das Plätschern eines Springbrunnens hindurch auf den höflich-leisen Aufruf ihrer Nummern warteten.

Nach dem Abschiedssalut beim Portier gab es viele Möglichkeiten. Man konnte der Theatinerstraße bis zur Perusastraße folgen, über das altertümliche Eierpflaster gehen, aus dessen

Mitte sich das Denkmal des fröhlich thronenden ersten Königs von Bayern, Maximilian Joseph, erhob. Dann hatte man links die Residenz, rechts die pompejanischrote Hauptpost, die der Welt der hellblauen Straßenbahnen ab und zu einen gelben Fremdling zusandte, vor sich Säulen, Giebel und Figurenfries des Hoftheaters und den bescheidenen Säulengang zu dem Theater der Residenz, dem Wunderwerk des kurbayerischen Baumeisters Cuvilliés. Ließen die Käufer das Hoftheater links, so war Gefahr, daß der Weg alsbald in der Maximilianstraße bei Mamas und der Schwestern Modistinnen ›Toodt und Frey, Modes‹, im ersten Stock, endete. Dann blieb dem Bob nichts übrig, als sich um die Ecke zu träumen, neben die Allerheiligen-Hofkirche in die Königliche Sattelkammer, wo Schabracken und edles Riemenwerk, fürstliche Reisekutschen und die Schlitten König Ludwigs des Zweiten ihm den Schauer des Historischen begründeten. Oder er konnte sich, während die Fachausdrücke der Hutmode zischelten, ein wenig weiter in das königlich-bayerische Armeemuseum versetzen, vor dem eben damals das neue Reiterdenkmal Ottos von Wittelsbach aufgestellt wurde. Dort hingen die seidenen Fahnen und Standarten im hohen Licht, zerfetzt oder von ihren Netzen blätternd. Dort ruhten in Reihen und Pyramiden die Mordwaffen der Vergangenheit: Morgensterne und Hellebarden, Steinschloßgewehre und brünierte Bajonettflinten, und in der ›neueren Abteilung‹ eine von den Bayern bei Wörth erbeutete Mitrailleuse. Dort starrten mit Wachsgesichtern Max Emanuels Dragoner – nicht berühren! –, da prunkte Solimans Empfangszelt; gequastete Trommeln mit dem bayerischen Rautenwappen gaben Laut aus einer Zeit, der die Instrumente des Krieges die Werkzeuge der Feste waren. So grausig, klobig und unheimlich diese eingemottete Kriegsgeschichte war – wer dachte an Blut? Wer wußte noch von den schrecklichen Wunden, die ein Morgenstern schlug? Noch blickte Otto von Wittelsbach auf einen lustigen Rasen, noch brieten die alten Prunkkanonen mit ihren verstopften Zündlöchern friedlich vor dem Museum und ließen sich von Buben, Leibern und Chevaulegers reiten und befühlen. Ahnt ihr noch nichts von dem Denkmal, das man euch einst graben wird Otto von Wittelsbach zu Füßen? Noch träumte Bob auf seinem Stühlchen arglos von der bayerischen Geschichte. ›Albrecht von Bayern schlägt Böhmens Krone aus, 1440‹, so kündete in Bild und Unterschrift das nazarenisch-blasse Fresko der westlichen Hofgartenarkaden (im Norden arbeitete ja Herkules). Im Goldhelm sprengte, den Streitkolben schwingend, Kurfürst Friedrich von der Pfalz über ein Gewühl strauchelnder Pferde, getretener Leiber, in der Schlacht bei Giengen, 1460. Unter fliehenden Reitern brach auf einem anderen Bild eine Brücke: schreckliches Getümmel gebrochener Balken, der Stürzenden, Schwimmenden, eines Verblutenden rechts im Vordergrunde. Das schönste Bild war gleich das erste: die Veroneser Klause. Tief unten in der Schlucht Kaiser Rotbart mit seinem bedrängten Heer; auf schwindelndem Felsvorsprung zielen die feigen Lombarden, gelbgesichtig und schnauzbärtig, aus spitzen Augen mit dem Bogen, nicht ahnend der nahen Rache: denn eben hat des Kaisers treuester Vasall mit seinen Bayern die Lombarden überstiegen: drohend zieht das Schwert Otto von Wittelsbach. So ist Bob wieder beim Armeemuseum. »Das Band heben wir auf: Au revoir, Madame«, so sagte sie wirklich, Frau Toodt, Modistin. Folgte die Mama nicht der Versuchung der Perusastraße, ging sie weiter in die Weinstraße und unter allerlei Einkäufen an den Marienplatz, wo in Kaisers Buchhandlung nach einem Buch, beim ›Nadler‹ Riederer nach einer Reparatur gefragt wurde, wo der Bob an der Mariensäule das verstimmte neue Rathausglockenspiel – Schäfflertanz – anhören durfte, dann aber durch den Bogen unterm Alten Rathaus zu Leutes Holz- und Bürstenwaren folgen mußte; der Rückweg mochte durch die Residenzstraße genommen werden, wo durch Gerstle und

Löffler wieder das Textilfach drohte, während Dallmayers Kaviarmulden und sprudelnde Fischteiche leicht zu Begegnungen mit den Hausballbekannten und zu viel Höflichkeit zwischen Fischpasten, Helvetia-Marmeladen, Pergamentpapier und rasselnden Registrierkassen Anlaß gaben. Der Franziskaner in der Residenzstraße wurde so wenig beachtet wie der Donisl in der Weinstraße, und doch strebten die Mama und der Bob allmählich zu ihrem eigentlichen Ziel, wo der schon ein wenig ziehende Magen getröstet werden sollte. Von der Theatinerstraße biegen die Verbündeten nach Westen: Solinger Klingen brauchen sie nicht und Böttners Frühstücksstube überlassen sie den Schlemmern anderer Gesellschaftsklassen. In der Maffeistraße mochten Hartwig und Vogels Schokoladen, die Bayerische Vereinsbank oder der Loden-Frey noch Pflichterfüllung fordern: wirklich erstrebt wurde die Bodega. Dort wurde die Tatsache begossen, daß Mama und Bob auf einem Fest waren, wenn sie ausgingen. Mit dem Bob an der Hand war die Mama sicher und fröhlich, er hatte noch nicht diese schrecklichen Probleme und sozialen Ideen, die sich die Töchter neuerdings einbildeten, und es war so gemütlich, mit ihm die bescheidene Freude am morgendlichen Sherry oder Malaga zu teilen. Man betrat den kleinen Weinladen durch eine Tür und einen dicken Wollvorhang. Ein alter Kellner machte auf einem Spiritus-Rechaud die unvermeidliche Bratwurst fertig, reichte das Weißbrot und schenkte den süßen, braunen Wein über den Tischchen ein, die aus aufrechtstehenden Fässern bestanden. Mutter und Sohn freuten sich ihres unschuldigen Streichs und beschlossen, durch ›schöne Straßen‹ das pünktliche Mittagessen zu erreichen. Für die Besorgung in der Löwengrube oder bei Sankt Johannser am Dom war es sowieso zu spät, und so ging es durch die Promenadestraße, am Palais des Erzbischofs von München-Freising vorüber durch den Durchgang beim Hugendubel, die Salvatorkirche blieb links, das Aquarium, mit dem rätselhafterweise eine

Reklame für die English Church verbunden war, reizte nach einmaligem Besuch den Bob nicht mehr, da er den Abscheu vor Amphibien und Reptilien mit seiner Familie teilte. So kam man rasch auf den Wittelsbacher Platz, wo vor Prinz Ruprechts Palais und Odeon der reitende Kurfürst Maximilian mit dem Finger aufs Leihhaus wies (wo er, der Barhäuptige, offenbar seinen Hut gelassen hatte), aber auch auf das Weinhaus Schleich, wo die Eltern, nach häufigem Bericht, einst das Hochzeitsmahl gehalten hatten. Dann wurde die strenge Pracht der Briennerstraße genossen, nach links ein Blick auf die Anlagen geworfen, wo die Denkmäler der volkstümlichsten Gelehrten standen, Franz von Pettenkofers, der die Kanalisation eingeführt und die Cholera getötet, und Justus von Liebigs, der seinem Fleischextrakt den Namen gegeben. In der Ferne rauschte Adolf von Hildebrands Wittelsbacher Brunnen, ritt Europa auf dem Stier. Bald wurden die Paläste der Briennerstraße von den edel-einfachen Villen des bayerischen Adels abgelöst, und man erreichte den Karolinenplatz mit dem Obelisken aus französischen Kanonen, der Bobs vaterländischer Geschichtskenntnis immer das neue Rätsel aufgab, wie ›dreißigtausend Bayern‹ mit und für Napoleon hatten sterben können. Klarer war der bayerische Kriegsruhm schon wieder in Barer- und Arcisstraße bezeichnet, denn bei Bar-sur-Aube und Arcis hatten die Bayern gegen die Franzosen gefochten, wie es sich für Bobs Bleisoldaten von selbst verstand. Mit der Arcisstraße war die Grenze der höfischen Welt nach Westen erreicht, die der Mama, der Kennerin Wittelsbachischer Genealogie und Doppelgängerin der Herzogin von Calabrien, so vertraut war. Vor dem Polytechnikum hob der Physiker Ohm den lehrenden Finger, und bald war man in der Heimat: durch die Pinakothek in Heßstraße 2. Der Vater wartete schon ein wenig, aber Zenzi hatte gewirkt, Elwina gedeckt. Der Bob zog seine Stiefel aus, die Mama war angeregt und glücklich, Besuch war dagewesen – schade – und das Leben – ja das Leben verstand sich von selbst.

Viertes Kapitel

DIE TÜRKENSCHULE

Im September des Jahres 1907 kam Bob in die Schule – der liberalen Art des Vaters gemäß in die ›zweite Simultanschule an der Türkenstraße‹, in deren Klassen Katholiken und Protestanten gemischt waren. Die Zeremonien des ersten Schultages waren sehr einfach. Zuckertüten gab es für die Münchener ›Erstkläßler‹ nicht, die Festlichkeit bestand eigentlich nur in der Versammlung der Mütter, die ihre Söhne in dem grauen, noch neuen Gebäude an der nordöstlichen Ecke von Türken- und Schellingstraße ablieferten. Die Eingänge waren in der Türkenstraße – daher ›Türkenschule‹, der südliche für Knaben, der nördliche, etwa dem Simplizissimus der Kathi Kobus gegenüber, für Mädchen; an der Schellingstraße zog die Mauer des fast baumlosen Schulhofes. Was die Mütter angeht, so blieb dem Bob der Federnhut einer Frau Grüner im Gedächtnis, mit deren Sohn ihn eine rasch erkaltete erste Schulfreundschaft verband. Die Mütter verließen bald das Klassenzimmer. Die Mama war schon wieder auf dem Gang, da schickte ihr Bob ein etwas heiseres ›Adieu, Mama‹ nach, was Gelächter erregte. Die Klasse – im untersten Stock, unmittelbar neben der Wohnung des bärbeißigen Hausmeisters gelegen – war zunächst überfüllt, an der Rückwand, von der eine Tür in eine Kleiderablage führte, standen die künftigen Genossen; von ihnen fiel der hoch aufgeschossene ›Freiherr von P.‹ in verwachsener Matrosenbluse auf, der dereinstige Benediktiner bei Sankt Bonifaz. Bob, der ziemlich groß war, kam mit seinem Grüner in die letzte Bank. Während der Schulgeruch seinen Weg in die Anzüge der Neulinge antrat, nahm der kräftig untersetzte, schon bejahrte Lehrer – zum wievielten Male? – seine Arbeit an den kleinen Münchenern auf. Zwei Jahre – so lange pflegten die Lehrer in der Volksschule ihre Klassen zu begleiten – genossen sie die energische

Güte des Oberlehrers Hamm. Die ersten Stunden dienten dem Unterricht im Händewaschen – nicht nur die Innenflächen, auch Knöchel und Gelenke! – und im Gebrauch der sanitären Einrichtungen. Dann las der Lehrer, für den sein weißes Haar und seine charaktervolle Knollennase einnahmen, in seinem sauberen, bayerisch gefärbten Hochdeutsch Johann Peter Hebels Geschichte vom verachteten Rat vor, der er den erklärenden Titel ›Eile mit Weile‹ gab; denn wirklich verliert der Fuhrmann ein Rad und seine Zeit, weil er, gutem Rat zuwider, nicht langsam gefahren ist; darauf, im Fuhrwesen bleibend, erzählte er von einem Schüler, der sich an ein fahrendes Fahrzeug gehängt hatte und dabei verunglückt war. Diesem Unterricht über Verkehrsdisziplin – auf Motorfahrzeuge nahm er noch keine Rücksicht – folgte das strenge, mit echtem Pathos vorgetragene und mehrfach wiederholte Gebot, sich über körperbehinderte Straßenbenutzer, besonders aber über alte Personen, nicht lustig zu machen.
Woche für Woche floß jetzt der Unterricht dahin, von acht bis elf Uhr am Vormittag und am Nachmittag von zwei bis vier Uhr; Aufgaben, von denen dem Bob die liebste das Abschreiben aus dem Lesebuch war, so daß er sich eine Zeitlang vornahm, ein Schreiber zu werden. Der Mittwochnachmittag war schulfrei wie der Samstag und wurde als halber Festtag empfunden. Die Nachmittagsschule stellte im Sommer die wichtige und gar nicht so selten bejahte Frage nach der ›Hitzvakanz‹, die bei einem bestimmten Thermometerstand eintrat. Dann trollte man selig, kirschenessend und steinespuckend, durch die Schellingstraße heim, hinter dem gelben Spritzwagen, dessen schwere Pferde rote Ohrenhauben gegen die Fliegen und wahrhaftig Strohhüte gegen die Sonne trugen – wobei das Volk wieder im Vorteil war, weil es barfuß ging. Der Morgenunterricht begann mit einem kurzen Gebet, mit Fensteröffnen und Freiübungen in der Bank, wohl einer reformerischen Maßnahme des Mün-

chener Pädagogen Georg Kerschensteiner. Dann folgten scharfes Rechnen – zunächst noch an der Rechenmaschine, an der man rote Rechenkugeln an Drähten verschob –, Schreiben und Lesen. Das Schreiben wurde taktmäßig geübt: auf ab, auf ab, dann i auf und i ab erscholl es in näselnd leierndem Chor; geschrieben wurde auf der schwarzen Schiefertafel, zu der in der Schellingstraße, der Schule gegenüber, Griffel gekauft wurden, die in einfacher Ausführung mit buntem, in Luxusausgabe aber mit goldenem Papier umwickelt waren. Die Schule lehrte deutsche Schrift mit Nuancen von Haar- und Schattenstrichen, die viel Zeit verlangten, ja noch den Schönschreibunterricht des Gymnasiums rechtfertigen sollten. Das Lesen wurde zum Genuß durch die ›Münchener Fibel‹, in welche die Künstlerhand von Adolf Hengeler eine lichte, kindliche aber fest begrenzte und gar nicht kindische Welt gezaubert hatte. Hier sprach der Igel mit der Maus, der Soldat trug einen Raupenhelm, der Rettich lächelte, der Fischer stellte friedlich rauchend den Fischen nach, das T lernte man schon am Telephon: ein kleiner Bursch steht auf dem Stuhl vor der riesigen Sprechmuschel und hält an jedes Ohr ein Hörrohr. Auf dem Deckel ging das Münchener Kindl nicht ohne Heiligenschein in die Schule, ausgestattet wie seine Schutzbefohlenen mit dem Ranzen, aus dem das Lineal guckte und der Tafelschwamm flatterte – hat es den Lappen vergessen? – Brezel und Apfel hält es in der Hand für die ›große‹ Zehnuhrpause.

Viel Raum nahm die Religion ein. Neben der Biblischen Geschichte in der Bearbeitung von Buchrucker wurde bald das Gesangbuch ein fester Bestandteil des Schulranzens. Die Konfessionen wurden getrennt, die ›Israeliten‹ heimgeschickt, zu den Protestanten kam ein fremder Lehrer, der die geistlichen Lieder auf einer kratzigen, kolophoniumüberpuderten Geige begleitete. ›Nun danket alle Gott‹ war das erste Lied, das Bob lernte. Das barocke Deutsch ließ Stellen übrig, die er nicht ver-

stand, die aber um so fleißiger gelernt wurden: ›der uns von Mutterleib und Kindesbeinen an unzählig viel zu gut, und noch jetzund getan‹; hier war jedes Wort ein dunkles Rätsel, und bei Nummer vierundzwanzig (›Ach bleib mit deiner Gnade‹) konnte niemand einem Siebenjährigen verdenken, wenn er sich unter dem Vers ›daß uns beid' hier und dorte sei Güt' und Heil beschert‹ höchstens eine Torte, im übrigen aber gar nichts dachte.
Die Schule begleitet die Schüler auf die Heimwege und dringt in die Häuser. Grüner war bald uninteressant, dagegen verband sich Bob mit einem dürftigen Jungen, der in der äußeren Heßstraße wohnte und so Bobs Schulwege verdoppelte. Das Hauptvergnügen dabei war, die Schulranzen statt auf dem Rücken vor der Brust zu tragen und sich als Militärmusik nach Hause zu grölen und zu pauken. Heiß war die Liebe zu dem sicher auftretenden Arbeiterkind Barbarino aus der Görresstraße, das dem Bob ohne Mühe seinen Willen aufzwang. Mit Schauer wurde entdeckt, daß man in einer Wohnung hausen, vielmehr in dieser Wohnung eine Küche bewohnen konnte, zu der man durch ein schwarzes Eisengitter über einen Kohlenhof gelangte; der Siebener fuhr vorbei, und anderes als Gitter und Höfe à la Barbarino sah man in der Görresstraße nicht. Bobs Verehrung für den proletarischen Freund äußerte sich freilich zuversichtlicher im eigenen Hof, und eines Tages stand er auf dem Küchenbalkon und warf dem mit einem weiteren Genossen fangbereit untenstehenden Barbarino seine liebsten Bleisoldaten Stück für Stück in die Hände. Tribut von oben. So erfuhr Bob, daß seine Sonne in der Görresstraße anders schien als zwischen den Bäumen der Pinakothek. Aber jetzt wollte sie sich überhaupt verfinstern. Bob kam in die dritte Klasse und sah sich für zwei Jahre dem Lehrer Ludwig Bauer ausgeliefert. Oder noch für länger? Dies konnte man nicht wissen, denn Herr Bauer gab der erschreckten Mama bald den Rat, ihren Sohn einen Schreiner oder einen Schuster werden zu lassen, ihn also acht Jahre in

die Volksschule und dann in eine Lehre zu schicken, denn für das Gymnasium sei er, mit einem Wort, zu dumm. Die Familie wurde unruhig, nicht nur Mama, auch Christina suchte den gefürchteten Lehrer im finsteren Schulgang auf, um sich nach dem Stand des Bruders zu erkundigen. Das Ergebnis solcher Bußgänge bestand in barschen Bescheiden und verletzenden Hinweisen auf die künftigen ›Noten‹, aus denen man alles ersehen werde. Auch der Vater, der sich vorgenommen zu haben schien, sich um die Schule wenig zu kümmern, verlor etwas von seinem Gleichmut und versuchte mit Heftigkeit und ohne Geschick seinem Sohn Rechnungsarten beizubringen, deren Gebrauch ihm selbstverständlich war, die aber noch weit über die Schrecknisse der Schule hinausgingen. So machte er den verfrühten Versuch, dem Sohn die Dezimalbrüche beizubringen. Dem aber trieben schon die ›gemeinen‹ Brüche – hätte man einen besseren Namen für die Teufel des Teilens finden können? – die Tränen in die Augen. Gar der Radfahrer, der zehn Minuten später als der Reiter aufbrach und ihn nach ebenso verzwickten wie ›gemeinen‹ Bedingungen – wann? – einholen mußte, veranlaßte daheim endlose Versuche, auf dem Papier zum richtigen ›Ansatz‹ zu kommen, tränenreiche Konsultationen Christinas und Elwinas, aber auch von Marie und Zenzi, und endlich den beherzten Gang zum Vater. Der aber spendete Steine statt Brot: eine rasche, etwas elegante Lösung – nervös auf die Schreibunterlage (stets Kalender von Prantl) oder an den Rand der Münchener Neuesten geworfen –, eine Lösung, von der Bob, um Weiterungen zu entgehen, behauptete, er habe sie verstanden. In Wahrheit war er unglücklicher als zuvor, denn das väterliche Ergebnis war auf einem in der Klasse durchaus verbotenen Wege gewonnen worden. So jagten die gräßlichen ›Textrechnungen‹ den Bob in angstvolle Träume, und am nächsten Morgen ging er mit starrem Entsetzen in das Bauersche Spottgericht. Das waren schon die Schrecken der vierten Klasse: sie waren nicht viel schrecklicher als die Ängste der dritten. Während der Durchschnitt dieser Klasse das große Einmaleins spielend, jedenfalls aber gleichmütig zu lernen schien, konnte Bob nur bei der einzigen Reihe mit Sechzehn aufatmen: die anderen gingen ihm nicht in den Kopf. Der Lehrer pflegte das Einmaleins nach der Reihenfolge der Sitzplätze abzufragen. Wie das Kaninchen die Schlange, so sah Bob die Zwölferreihe auf sich zukommen. Es wäre Zeit gewesen, das ihm zugedachte ›sieben mal zwölf‹ usw. im voraus zu rechnen und das Resultat als prompte Augenblicksleistung hinauszuschmettern. Aber Bob blieb starr. Jetzt tritt der Lehrer auf ihn zu, das Leichte fordernd, das so schwer ist. »Herr Lehrer, mir ist schlecht.« Ein leichtes Rucken des Kopfes nach der Tür: »Geh hinaus und überleg dirs.« Bob geht, und vor der schwarz geteerten Wand, über welche die Wasser der städtischen Hygiene rinnen, wird nun gerechnet: langsam, behutsam, dreimal, viermal. Alle Proben stimmen: Sieben mal zehn ist siebzig, und sieben mal zwei ist vierzehn. Siebzig (so war es doch?) und vierzehn ist vierundachtzig. Sechs mal zehn ist sechzig und sechs mal zwei ist zwölf. Sechzig und zwölf ist zweiundsiebzig. Zweiundsiebzig und zehn ist zweiundachtzig, und zwei ist vierundachtzig. Es stimmt. Es stimmt! Glücklich, fast triumphierend und jedenfalls gesund kehrte Bob in das Klassenzimmer zurück. Schon unter der Tür rief er sein freudiges ›Vierundachtzig!‹ Gelächter der Klasse, Hohn des Lehrers. Es half nichts. Beim Rechnen gab es keine Gnade. Bob schien aber wirklich dumm zu sein. Man zeichnete, mit dem Lineal, das eine Millimetereinteilung trug, den Grundriß des Schulzimmers – gewiß eine Aufgabe, die sich für Neunjährige schickt. Aber Bob begriff nicht, was man von ihm wollte, daß rotgefüllte Flächen feste Mauern, weiß gelassene aber Fenster oder Türen bedeuteten – das waren Abstraktionen, denen sein langsames Gehirn sich nicht öffnete. Bauers Ohrfeigen aber erreichten nichts, als daß Bobs ungeschickte Striche mit dem

Salzwasser seiner Tränen eine schmierige Verbindung eingingen. Damals lernte Bob die Angst kennen. Die Angst vor dem Bauer. Er konnte einem alles verleiden, sogar die geliebte Ludwigstraße, die von der Klasse, zwei und zwei, im Normalschritt von der Feldherrnhalle bis zum Siegesdenkmal durchmessen wurde. Neben der Klasse schritt, die Knie durchdrückend, den braunen Mantel geöffnet, ruckenden Kopfes und wackelnden Hutes der Bauer und richtete ab und zu das zwickerbewehrte Auge auf die Taschenuhr; denn ein Experiment war im Gange, geeignet, auch die ›Heimatkunde‹ in Rechnungen zu verwandeln. Die Ludwigstraße ist genau einen Kilometer lang, tausend Meter, wieviel Dezimeter (eine Einteilung des Meters, die nur für die Schule erfunden zu sein schien)? Man durchschritt den Kilometer, laut Uhr, in zwölf Minuten: wieviel Kilometer also in der Stunde?

Immerhin, wenigstens war der Schulausflug an die Feldherrnhalle überstanden. Mit der Klasse durch vertraute Straßen zu gehen war schon peinlich. Da waren Laternenpfähle und Ecken, um die man sonst frei herumstrich, Schaufenster, vor denen man sonst stand, Menschen, zu denen man gehörte. Zu dem allem durfte man nicht hinlaufen, in die Zweierkolonnen gebannt. Um so mehr konnte alle Welt herschauen, man hatte ein Gefühl, wie es die Mitglieder eines Gefangenentransportes haben müssen, die durch die freie Welt geführt werden, die ihnen weit entrückt bleibt. Am schlimmsten wurde es, wenn Eltern oder Geschwister dem Zug begegneten. Es blieb nur übrig, wegzuschauen, die Angehörigen durch Verleugnung vor Profanierung zu schützen. Denn in den heiligen heimatlichen Bezirk durfte die Schule nicht eindringen. Nur eines gab es, was auf diesem Gebiet unerwünschter Vermischung des Privaten mit dem Staatlichen noch schrecklicher war: das Umgekehrte nämlich, die Berührung mit dem privaten Leben des Lehrers. Mochte er gefürchtet bleiben, ein Götze, mit dem man sich eben abfand:

wenn man ihm nur keine Hefte bringen mußte in seine Zieblandstraße, dem schäbigen Gott.
Der Mensch aber sündigt und stößt sich in Ängste. Mit einem Schulgenossen besorgte sich Bob Weidenruten, die in einer Hausgangecke bereitgestellt wurden. Täglich wurden damit zwei kleine Mädchen überfallen und ihnen die Waden gestrichen, bis der empörte Vater der Opfer die Täter ertappte. Lohend vor Zorn stand er vor Bob, dem Verbrecher, mitten auf der Fahrbahn, zwischen der Nummer vier und sechs der Heßstraße. Rasch waren die empörten Fragen beantwortet: Adresse des Vaters, Schule, Klasse. Dann folgten furchtbare Tage. Der Rächer der töchterlichen Ehre war tatsächlich, wie er gedroht, zum Leiter der Türkenschule gegangen, und für Bob begannen peinliche Verhöre, Gegenüberstellungen, Bauersche Triumphe, und das Schlimmste: dumpfes Warten. Schließlich geschah das Fürchterliche, Verhör im Amtszimmer des Schulinspektors Heinrich. Dieses grau verschleierte Eulengesicht mit dem breiten Spitzbart, das sich unter einem schwarzen runden Hut plattfüßig durch die Schulstraßen bewegte, war für Bob der höchste Beamte schlechthin. Vor diesem Rächer stand er nun, von seiner Schlechtigkeit erschüttert, moralisch geschwächt durch den neuen, schlechtsitzenden ›Einsteckanzug‹, den die Hausschneiderin gemacht hatte. In Gegenwart des fremden Vaters und der zu rächenden Töchter wurde ihm eine fürchterliche Strafe zudiktiert: ›Zwei Stunden Karzer mit Prügeln‹, worunter er sich ein zweistündiges ununterbrochenes Prügeln im dunkeln Keller vorstellte. Schließlich wurde die ganze Strafe erlassen. Alle Angst löste sich schließlich in ›Wohlgefallen‹ auf und die Sachen, auch seine Sachen, nahmen doch immer ein gutes Ende. Wie schön war es jedesmal, wenn die Katastrophe nicht kam. Immer nämlich stellte sich Bob von einer Sache den schlimmsten Ausgang vor. Das Grübeln hatte er mit der Mama gemein. Sie versorgte sich den Schlaf, was ihr der ausgeschlafene Vater oft ungeduldig verwies.

Die vierte Klasse war überstanden, und der Bauer hatte sie auf seine Weise beendet. Er erklärte den vermögenderen Anwärtern der klassischen Bildung, daß sie auf dem Gymnasium von Anfang an scheitern würden, wenn er ihnen nicht die lateinischen Kunstausdrücke der Grammatik – so heiße im Gymnasium die Sprachlehre – erklären würde. Und so begann in einem Hinterzimmer des ›Gabelsberger Gartens‹ ein ›Sonderkurs‹, in dem der Satzgegenstand in ein Subjekt und das besitzanzeigende Fürwort in ein Possessivpronomen verwandelt wurden. An diesem Wirtshaustisch, an dem sich der Bauer vertraulich zu geben suchte, hatte er seine Schrecken für Bob verloren. Dieser durchschaute wohl auf seine Weise das dürftige Geschäft, als er, wie seine fünfzehn Genossen, dem Gotte das goldene Zwanzigmarkstück in die Hand drückte, das der Vater mit unwilligem Erstaunen über das Unternehmen gegeben hatte. Auch hing es nicht vom Bauer, sondern von dem Ausgang einer Aufnahmeprüfung des Gymnasiums selbst ab, ob man nicht doch noch Schreiner werden mußte. Diese Aufnahmeprüfung war bereits bestanden, als Bauers Sonderkurs begann. Zudem bereitete der Bauer hier offensichtlich auf etwas vor, was er selbst nicht konnte. Er war entzaubert, im Gabelsberger Garten.

Für die Schüler bayerischer Lehranstalten war der 14. Juli der freudigste Tag des Jahres. An diesem Tag schloß das Schuljahr, und die Ferien begannen, die wirklich große Ferien waren, denn sie dauerten neun Wochen, bis zum 18. September. Man konnte nur tiefes Mitleid mit den Norddeutschen haben, die im August aus den bayerischen Sommerfrischen abreisten, in die sie eben erst mit so viel Lärm eingefallen waren, um sich dann, ein kartoffelbauendes Volk, mit irgendwelchen Herbstferien nach Tische abspeisen zu lassen. Für einen bayerischen Schüler gliederte sich die Hoch-Zeit des Jahres – es lohnte sich schon, sie zu gliedern – so, daß man im Juli – in dem es meist regnete – das Privileg, nichts, aber auch gar nichts zu lernen, zusammen mit dem Bewußtsein genoß, daß eine unendliche Strecke von Wochen und Freuden vor einem lag. Dann kam, von Christinas Geburtstag feierlich eröffnet, der August, der den Gedanken an Repetition im Rechnen nicht mehr ganz ausschloß. Um Mariä Himmelfahrt verschwanden die Norddeutschen, in den Sommerfrischen wurde es gemütlich, das Grummet kam nach vielem Regnen doch heim, und die Ferien dauerten noch immer einen Monat. Freilich, zweite Hälften sind immer kürzer als erste, und wenn am Ludwigstag, dem 25. August, von den Bergen die Feuer des Gedenkens an König Ludwig II. glänzten, zog leise Wehmut über die Vergänglichkeit der Welt ins Schülerherz, zumal der Kampf der Stockspitze gegen die Herbstzeitlosen bald aufgegeben wurde. Am 31. August feierte man Elwinas Geburtstag und gab mit der unvermeidlichen Prinzregententorte dem August das Totenmahl. Der September zeichnete goldene Ränder um die schärfer werdenden Konturen der Welt, das Wetter hielt, und das bei Gastwirten und Zimmervermietern so beliebte ›bessere Publikum‹ – darunter verstand man kinderlose Ehepaare, die sich nicht um die Feriensaison zu kümmern brauchten – war im Anzug. Die Arithmetik verstärkte sich, und schließlich war es ja auch genug.

Der 14. Juli des Jahres 1911 war gekommen. Die Schüler der vierten Klasse, soweit sie die Volksschule verlassen sollten, sowie die zur Schulentlassung kommenden Schüler der achten Klasse wurden zum Schlußgottesdienst in die Kirche geführt. Die Protestanten marschierten unter Vorantritt des Oberlehrers Dienstag, des beleibten und als gutmütig geltenden Inhabers der achten Knabenklasse, in die weit entfernte Matthäuskirche. Bob aber, der brave, tanzte aus der Reihe, er störte. Er konnte nicht vernünftig gehen, seine Füße tanzten, galoppierten, trabten. Sie hatten keinen Raum im Trott der Zweierreihe, und Bob tat, was gar nicht zu ihm paßte: er trat aus dem Glied und fand sich allein auf dem Asphalt des Lenbachplatzes, als gäbe es die Kirchenparade gar nicht, zu der er gehörte. Er machte dem gutmütigen Dienstag, dem der Marsch schon leidig genug sein mochte, Schwierigkeiten, aber heute kannte er keine Gnade für irgend etwas, das Volksschule hieß. Er wurde verwarnt, das bedeutete ihm gar nichts, in ein paar Stunden war das alles aus, erledigt: diese Lehrer, diese Mitschüler. Einem fällt die Mütze vom Kopf. Willkommener Fußball, gerade recht für die Tritte der triumphierenden Fußspitze. Die Mütze staubt auf, Bob tritt sie stachuswärts. Ihr Besitzer hängt sich an ihn, Handgemenge. Dienstag ist entsetzt: hinter dem Nornenbrunnen wird schon die Matthäuskirche sichtbar: »Du meldest dich nach der Kirche bei mir in der achten Knabenklasse. Du bekommst zu guter Letzt eine Tracht Prügel.« Bob erschrickt, aber nicht genug. Es war zweifelhaft, ob die Drohung ganz ernst gemeint war. Ohne Zweifel aber stand fest, daß Bob diese Prügel nicht entgegennehmen würde: diesem Institut wurde kein Erfolg mehr gegönnt.

Trotzdem blieb die Sache bedenklich. In der Kirche – die Rührung, die Bob sonst im Gottesdienst empfand, kam aus diesem Anlaß nicht in Betracht – rechnete er seine Angelegenheit genau durch: ein wenig gehetzt aus einer sich nun doch meldenden Angst, aber zugleich wie ein Sieger, der für letzte Sicherungen sorgt, daß ihm der Sieg nicht aus der Tasche falle. Gesetzt, der Dienstag meldets dem Bauer: dann konnte dieser das Zeugnis verweigern. Daß man wegen einer getretenen Mütze in der Volksschule bleiben muß, ist aber unwahrscheinlich, zumal ja die Aufnahmeprüfung bestanden ist. Auch ist bekannt, daß die Noten schon geschrieben sind, und daß sie aufs Gymnasium durften, hatte auch der Bauer seinen Schülern im Gabelsberger Garten schon sagen müssen: sonst hätte er das Zwanzigmarkstück nicht fordern können. Es schien also, daß auch der ungünstigste Weg heute zur Entlassung führte, wenn auch über die Schlußprügel. Aber auch dieser peinliche, ungünstige Abgang schien, unter den erhebenden Klängen der Schlußliturgie, doch unwahrscheinlich. Viel wahrscheinlicher war, jenseits aller Berechnung, ein glückliches Ende, dem ein mutiger Anfang folgen würde: davon sprach ja die Predigt als von sicheren Dingen. Rechnete man weiter, so blieb offen – mehr war natürlich nicht zu sagen –, ob Dienstag noch vor der Zeugnisverteilung zu der Meldung an den Bauer kam, wobei der Rechner die günstigste und auch ihm wahrscheinlichste Möglichkeit krampfhaft nicht in Betracht zog: daß der Dienstag die Sache vergessen würde, oder schon jetzt, in der Kirche, vergessen habe.

Draußen, ohne Orgel, auf dem Marsch über die sommerlichen, werktäglich wimmelnden Straßen, war die errechnete Zuversicht noch einmal einer Angstprobe ausgesetzt, aber in der letzten Angst wuchs Bobs Entschlossenheit: mit dieser Volksschule war es aus. Der Vater hätte gesagt: ›Die Sache ist erledigt.‹

Es ging auch gleich alles gut. Bauer verteilte die Zeugnisse und wollte herzlich werden. Bob vermied seinen Händedruck. Er stand, nachdem er das Klassenzimmer verlassen hatte, mit den Klassengenossen ein wenig auf dem Gang herum. Das Herumstehen war vielleicht ›zu guter Letzt‹ nicht ungefährlich. Denn jetzt konnten sich Bauer und Dienstag vereinigen. Aber Bob mußte jetzt noch etwas tun. Er mußte genau sehen, was er verließ. Er wollte den Dienstag sehen. Und so stieg er zur achten Klasse hinauf, als wollte er, was ihm ja eigentlich befohlen war, sich zu den Prügeln melden. Die Tür der achten Klasse war offen. Dienstag stand hinter dem Katheder und sprach zu den künftigen Schreinerlehrlingen. Den Bob sah er nicht. Der aber wollte noch eine letzte Sicherheit beachten, die eigentlich nur mehr ein genießerisches Auskosten des Unternehmens war, und mit dieser letzten Sicherung eine Ungezogenheit verbinden. Auf dem Weg zum Knabenausgang konnte man noch einmal dem Bauer begegnen. Das sollte vermieden werden. Darum ging Bob an der achten Klasse vorbei, verfolgte den Gang, bis er in die Mädchenabteilung kam und verließ das Gebäude durch den Eingang für Mädchen: zum ersten Mal seit diesen vier Jahren. Die letzten Stufen nahm er im Sprung: als sei vor ihm der Himmel. Er sprang in die laute Türkenstraße und überquerte sie. Dann drehte er sich um. Er stand vor dem Schild der Möbelspedition Heimerl, das er von der Klasse aus so oft gesehen hatte, obwohl die unteren Scheiben der Fenster aus Milchglas waren. Jetzt nahm er die Türkenschule fest ins Auge und sagte leise, aber deutlich: »Jetzt bin ich ein Gymnasiast!« Dann wandte er sich nach rechts und rannte im Linksgalopp, Rechtsgalopp, durch die Schellingstraße. Scharfer Linkshaken vor dem Schellingsalon, Witwe Schwertfegers Schirmladen in der Barerstraße fliegt vorbei, Schwung um die Ecke von Alexander Michel, und selig-atemlos liegt Bob auf der schweren Klinke der hydraulischen Tür. Droben aber verkündet Christina einen ihrer kernigsten und weisesten Sätze: »Die Hauptsache ist immer, wenns vorbei ist.«

In diesen Wochen einmal gingen Mama und Bob durch die Theatinerstraße. Auf der Mitte der Fahrbahn sagte er: »Eigentlich möchte ich jetzt nicht mehr so gern, daß ihr Bob zu mir sagt.« »Das finde ich schon lang, Erhard.« Dann gingen sie zu Holste hinein und kauften Handschuhe.

Fünftes Kapitel

DIE HALBE VIOLINE

›Im Singen tat er sich rühmlich hervor‹: diese Bemerkung auf einem sonst durchschnittlichen Zeugnis des ersten Gymnasialjahres hätte auch schon auf Volksschulnoten stehen können. Zwar ging dem Bob der krähende und leiernde Singbetrieb der Volksschule auf die Nerven (›Das Wandern ist des Müllers Lust‹), doch tat er sich, immerhin, rühmlich hervor. Zu Hause sang er fast immer. Ging er draußen allein, und wußte er sich unbeobachtet, sang er laut sein Lieblingslied:

›Wem Gott will rechte Gunst erweisen,
Den schickt er in die weite Welt,
Dem will er seine Wunder weisen
In Berg und Wald und Strom und Feld.‹

Dann freute er sich der Melodie, des Maßes im Takt der Füße, der taufrischen Landschaft, der Freiheit in der Geborgenheit. In der Kirche aber rauschte schon früh die Herrlichkeit des musikalischen Barock an sein Ohr. Da klang es, nach der Melodie: ›Wie schön leucht' uns der Morgenstern‹ an Pfingsten:

›O heilger Geist, kehr bei uns ein,
Und laß uns deine Wohnung sein,
O komm, du Herzenssonne!
Du Himmelslicht, laß deinen Schein
Bei uns und in uns kräftig sein,
Zu steter Freud' und Wonne.‹

Und jetzt, schon mit Vorfreude geahnt, der feierlich jubelnde Wechsel des Taktes: ›Sonne, Wonne‹, klang die Fanfare der zwei Halben in kleiner Terz abwärts, um dann im Stakkato der Viertel nachzuklingen:

›Himmlisch Leben,
Willst du geben,
Wenn wir beten‹,

dann stieg der Abgesang von der Quart hinunter:

»Zu dir kommen wir getreten.«

›Sonne, Wonne‹: das Lied konnte nicht genug Strophen haben. Und mochte die Pfingstsonne durch die billigen, bunten Fenster der Kirche scheinen oder nicht, Bob war einig mit seinem Schöpfer, der sich ihm offenbarte im Takt seiner Maße, im Terzen-, Quarten- und Quintenglanz.

Die Eltern, immer auf der Wacht, was sie ihrem Sohn Gutes und Förderndes antun könnten, sahen ein, daß etwas geschehen müsse. Einst hatte die Mama die ersten Kinderlieder gesungen, wieder und wieder, zu denen in dem großen, zweibändigen Liederbuch Paul Hey die Randleisten und die Bilder gemalt hatte; und ihre Seidenbluse und goldene Uhrkette hatten mit dem Atem an Bobs Wange auf und ab gerieben. Der gute Kamerad blieb in feldgrauen Zeiten der blaue Freiheitskrieger, der liebend dem Ladenden zu Füßen liegt, als sei der Krieg ein Lied.

Die Eltern ließen sich gut beraten. Und einmal, beim Mittagessen, fragten sie Bob, ob er Violine lernen wolle.

Auf die Violine war er vorbereitet. Er hatte einst ein Ringspiel besessen: von Stäben aus spanischem Rohr wurden ebenso spanische Reifen geschleudert. Diese Reifen waren verloren, die Stäbe aber mußten Geige und Bogen ersetzen. Stundenlang strich Bob in seinem Zimmer oder in der Küche bei der Zenzi den einen Stock mit dem andern, Lieder ohne Worte singend, summend und erfindend; das spanische Rohr geigte wilde Arpeggien, auch vor dem Spiegel, und vor den dankbaren Zuhörerinnen in der Küche. Wie es für einen Münchener Buben nicht zu verwundern ist, suchte er die Kunst in Schwabing, mit dem Geigenkasten in der Hand, darüber ordentlich die neue Notenmappe – eine Anleihe bei den Schwestern wurde verschmäht, weil der schwesterlichen Tasche das Wort ›Musik‹ und somit eine Erinnerung an die Fliegenden Blätter aufgeprägt war. Fast zehn Jahre lang ging oder fuhr er den neuen, bald so vertrauten Weg: durch die Barerstraße an den Elisabethplatz, oder durch die Türkenstraße über die Georgenstraße weg in die Friedrichstraße, über den Habsburgerplatz zum Ziel, Ainmillerstraße 40. Später, mit dem Jahre 1912 und dem Umzug der Eltern in die südliche, bahnhofsnahe Luisenstraße, benutzte der vielbeschäftigte Gymnasiast die Trambahn; dann lehnte der Geigenkasten in der Ecke der Linie siebzehn, und die unvergeßlichen Haltestellen, bei knapper Zeit mit ungeduldiger Fußspitze im Geiste vorausgenommen, ereigneten sich viermal in der Woche, zweimal hin, zweimal her, Dienstag und Freitag. Aus der dunklen, lädenreichen Augustenstraße wandte sich der Wagen nach rechts auf den Alten Nördlichen Friedhof mit seiner roten Mauer zu, um alsbald wieder die Nordrichtung zu gewinnen. Mit der Tengstraße war das neue Schwabing erreicht, die Augustenstraße weit hinten gelassen. Hier gab es kaum noch Läden (und dann Blumen und Delikatessen), nur die großen Wohnkasernen der Wohlhabenden, viele in neuer Schlichtheit, manche im Schmuck jugendstiliger Karyatiden, alle in dem etwas faden Grau einheitlichen Bewurfs, doch Zeugen bequemen Wohnens, trotz frostig gekachelter Eingänge; von raschen Wohnungswechseln berichteten die weißdunkelblauen Anschläge der Maklerfirma Lyon. »Nächste Haltestelle Georgenstraße, steigt jemand aus?« Dann kam Hohenzollernplatz, in der Hohenzollernstraße gab es schon wieder Milchläden, Papierwaren und Bäcker, ja auf der Nordseite noch ein paar Häuschen vom alten Dorf Schwabing. An der Belgradstraße wurde ausgestiegen, und nach Überwindung eines Stückchens Römerstraße die Ainmillerstraße erreicht.

Die Nummer 40 war ein Schwabinger Mietshaus wie alle andern. An seiner Ostflanke ging, an einem Küchenbalkon vorbei, an dem man sich in einem bestimmten Stadium des Wachstums leicht den Kopf anschlug, ein asphaltierter Gang zu einem geräumigen, etwas nach Westen über Eck stehenden Gartenhaus. An dem unvermeidlichen schwarzen Eisengitter, das die Einfahrt nach der Straße abschloß, kündigte ein weißes Emailleschild mit schwarzen Buchstaben das ›Privat-Musikinstitut von der Planitz‹ an.

Dieses Institut vertrat eine echt neuschwabingische Lebensform. Damen, die einen guten, möglichst adligen oder adelig klingenden Namen einzusetzen hatten, suchten ihre durch irgendwelche Familienverhältnisse betroffenen Finanzen mit Musik oder ›Schwedischer Gymnastik‹ zu sanieren. Mit der Schwedischen

Gymnastik hatte sich an Bob schon vor seinem Schuleintritt ein älteres Fräulein von der Nahmer versucht, das irgendwo in der Amalienstraße einige hölzerne Kletterstangen besaß. Unter Fräulein von der Nahmers anfeuernden Worten hatte Bob die Ehre, mit seiner Königlichen Hoheit, dem semmelblonden Prinzen Klemens von Bayern, um die Wette nach Würstchen oder je nach der Jahreszeit nach Kirschen zu klettern. Im übrigen gab die eigentliche Turnlehrerin, Fräulein Fritsch, mit ihrem resoluten Namen und ihren blauen Pumphosen seinem Sinnenleben die ersten Anregungen. Den Namen eines Musikinstituts verdiente das Unternehmen nur in beschränktem Maße: von andern Instrumenten als ihren Klavieren verstanden die beiden Inhaberinnen wenig, und außer den schüchternen Versuchen des blassen, stets bedrückten Violinlehrers Gärtner, auch einmal Cello zu lehren, blieb es bei Klavier und Geige; kaum daß ein Trio zustande kam. In Wahrheit war das ›Institut‹ ein Nebeneinander einiger Musiklehrer, die nur durch die finanzielle Abhängigkeit von v. der Planitz und Freundin verbunden waren. Die Lehrer gaben ihr Können, die Freundinnen immerhin die Beziehung zu den ›besten Kreisen‹. Die Schulgemeinschaft wurde bis zu einem gewissen Grad von Fräulein Utz hergestellt, einer ausgesungenen Sängerin, um deren Klavier sich einmal in der Woche Klavier- und Violinschüler zur Singstunde im Halbkreis aufstellten. Sie brachte es durch ihre echte Frische fertig, daß Bob erhobenen Kopfes mutig und mit Lust im Chor singen lernte, sie war musikalisch genug, das Wandern den Müllern zu überlassen und ihren Zöglingen die edle und bildende Wonne des Kanonsingens zu bereiten. Freilich war das Ganze noch etwas steif und Do-Re-Mi-Fa-Sol-mäßig, noch fehlte die Freiheit des Singens, die erst die Jugendbewegung erwecken sollte; noch waren auch die alten Lieder und Kanons unerschlossen.

Eine weitere Gemeinschaftsleistung der Schüler waren ihre alljährlich wiederholten Vorspielnachmittage. Programme, die auf ebenso gutem Papier gedruckt waren wie die monatlichen Quittungen für das Schulgeld, luden zu Leistungen, die etwa vom Fröhlichen Landmann oder, vierhändig, von Beethovens Türkischem Marsch zu den Phantasien und Impromptus von Schubert und Chopin hinaufreichten und bei den Streichern ungefähr in der Höhe der Beethovenschen Frühlingssonate gipfelten. Lehrerehrgeiz, elterliche Rührung, kindlicher Eifer, harmlose Zwischenfälle und viele, viele kleine, schüchterne Mädchen ließen diese Veranstaltungen leicht gelingen, auch waren sie von den Freundinnen in dem saalartigen Hauptgemach des oberen Stockes gut vorbereitet, und sie bewiesen immer wieder, daß sich das Institut gute Lehrkräfte gesichert hatte: schlechte Leistungen wurden nicht geboten.

Bob kam mit Eltern und Geschwistern zu einer solchen Veranstaltung gleich nach seinem Eintritt in die neue Schule. Schon manches schleifengeschmückte Mädchen hatte, von der heimlich taktierenden Lehrerin ermutigt, das wochenlang geübte Stück vorgetragen und knicksend den Beifall der Mütter, der wenigen Väter und der Freundinnen entgegengenommen, schon waren mächtigere Tonfolgen als Schumanns Jugendalbum erklungen, auch das Klaviertrio zum Schlußstrich gelangt, das Herr Gärtner doch noch zuwege gebracht hatte, als Bob erklärte, nun seinerseits etwas spielen zu wollen. Darüber entstand fürs erste Verwunderung und Verlegenheit, vielleicht sogar ein kleiner Ärger: sollte das schön gedruckte Programm mit dem unvorhergesehenen Scherz eines Neunjährigen enden? Schließlich siegte Bobs tiefernstes Bitten, seine Lehrerin mußte sich eine Geige langen und ihn, der die seinige mitgebracht und während des ganzen Konzertes den Kasten nicht aus den Augen gelassen hatte, ›begleiten‹: vielmehr die bescheidene Melodie spielen, zu der Bob im Takt eines ›Bauerntanzes‹ – dieser war das dritte Stück der Violinschule und war etwa in der vierten

Geigenstunde erlernt worden – die leeren Quinten strich: denn mit Fingern greifen konnte Bob noch nicht, aber er hatte die gedruckte Einladung zu dem künstlerischen Jahresfest ernst genommen, auf der deutlich zu lesen stand, daß die Schüler des Instituts vorspielen würden, und zu diesen gehörte er jetzt ohne Zweifel. Warum sollte er nicht auftreten und der Welt von seiner Freude Nachricht geben, daß er im rechten Takt reine Quinten streichen konnte, ohne zu kratzen? Jeder Kenner mußte wissen, daß dies eine schwierige Kunst war.

Bob aber mußte ja spielen: nicht nur zum eigenen Ruhm, sondern zum Preise seiner Lehrerin.

Erika Rauscher hatte seine Sache gleich in ihre energischen Hände genommen. Beim Fiorillo am Maximiliansplatz wurde eine halbe Geige erstanden – Bob erfuhr nach anfänglichem Erstaunen bald, daß dies eine vollständige, doch für kleine Finger und kurze Arme berechnete Violine sei –, auf Erika Rauschers Geheiß mit seidenem Tuch umwickelt – Mama opferte eines der Kopftücher, mit denen die Damen damals ins Theater gingen –, in einem tüchtigen Kasten versorgt und durch einen Notenständer für das häusliche Üben vervollständigt.

Erika Rauscher ließ von der ersten Stunde an keinen Zweifel darüber, daß es wenig Rast und kein Umkehren geben würde. Wie sie dem Schüler den Bogen führte, so daß beim Abstrich der Frosch nach vorn kam, daß die A-Saite ohne Anstoß bei D und E erklang, daß der ganze Bogen ausgenutzt wurde, auch wenn die Arme spannten und die Schultern schmerzten, im Kopf ein zorniges Weinen der Müdigkeit aufkommen wollte und die Beine den Dienst zu versagen schienen, so zog sie den Bob zu sich nach oben mit ihrer sanften Gewalt. Stets empfing sie den Schüler freundlich, während der Vorgänger noch seine letzten Takte strich, und meist gab sie ihm, indem der Nachfolger auspackte, ein gutes Wort auf den Weg. Die Stunden verliefen mit wenig Scherz und fast ohne Heftigkeit, laute Worte der Lehrerin gab es nicht, und der Schüler sagte fast nie etwas. Selten wurde Erika Rauscher heftig. Sie sagte dann leise und scharf: »Nein.« Pause. Dann stampfte ihr Fuß auf das Parkett: ein Schuß in den Magen. Rückäußerung war ausgeschlossen. Jetzt wurde ziemlich viel verlangt: Mund halten, Tränen verdrängen. Müdigkeit überwinden, Unlust verachten, besser machen. Aus Lust, Eifer, Müdigkeit und Selbstbeherrschung wurde Liebe und grenzenloser Respekt. Vor dem Bauer hatte Bob Angst, vor Erika Rauscher Ehrfurcht.

Sie verdiente sie. Wenn man eine Stunde lang mit der Violine neben ihr gestanden hatte, hatte man sie fast nicht gesehen. Man schaute auf die Noten und auf den Steg, und nur im rechten Auge schimmerte undeutlich, doch desto gewisser die gefürchtete geliebte Gestalt. Wenn Bob nach der Stunde wieder auf die Ainmillerstraße hinaustrat, schien die Welt ein wenig verändert zu sein. War nicht die Luft durchsichtiger, die Menschen freundlicher, die Schule leichter? Wie herrlich war jetzt das Leben. Vielleicht hatte die Lehrerin zum Schluß der Stunde endlich die Klavierbegleitung bewilligt, welche die eigenen Töne einhüllte und verschönte. Vielleicht hatte auch nur ihre zweite Geigenstimme dem Übungsstück einen ersten Glanz sonoren Streicherklangs gegeben, die beglückenden Überraschungen gespendet, die Harmonie und Fuge einer bloßen Melodie bereiten. Aber vielleicht war die Stunde ohne Festlichkeit hingegangen, mit des ewigen Sevcik Halbtönen und Stricharten. Auch diese Töne läuterten die Seele. Freilich, wie arm, wie entmutigend irdisch und gnadenlos klang der eigene Geigenton, wenn man sich daheim ans Üben machte, nachdem Christina, sich selbst begleitend, mit dunkler Stimme den Wanderer von Schubert gesungen hatte:

›Ich wandere still, bin wenig froh – dort, wo du nicht bist, dort ist das Glück . . .‹, wie weich und voll klangen die begleitenden Achtel der linken Hand gegen Bobs E und A und G und D. Wie aussichtslos der Gedanke, einen solchen Abstand mit den armseligen vier Saiten einzuholen. Wieviel Zorn, Ärger, Neuanfang würde auf diesem Wege liegen. Und doch, hatte nicht jeder reine Ton des Geduldigen seinen eigenen Adel? War nicht die ganze Welt des Ebenmaßes in einem rein gestrichenen Dreiklang – eines Nachmittags, in der Küche in Grainau, ging Bob das Wunder des Dreiklangs auf, als er am Ausguß vor dem tropfenden Wasserhahn stand. Aber mehr als Töne, tiefere Kräfte brachten den Bob zu sich selbst und über sich selbst hinaus, wenn er mit leisem Kopfweh das Gartenhaus verließ. Diese Stunde hatte ihn ohne Pause angespannt. Die Lehrerin hatte ihm ihre eigene Leistung eingeprägt, diese Konzentration Tag für Tag, Stunde für Stunde, Schüler für Schüler. Nur die Geige galt: sie sang, wenn man ihr diente, und sie kratzte dem Unaufmerksamen. Müde verfolgte Bob am Schluß der Stunde den harten Bleistift der Lehrerin, der die Hausaufgabe anzeichnete. Er war entlassen, mit einem vollen Blick.

Für Kinder und für Schwärmer haben verehrte Personen kein Privatleben. So erfuhr Bob spät von den Lebensumständen und von den Schicksalen Erika Rauschers. Er hatte ja auch Zeit: zehn Jahre lang, vom neunten Jahr bis an die Pforte der Universität blieb Erika Rauscher seine Führerin. Sie leitete das Kind ins Knabenalter und entließ den Jüngling in die ersten Mannesjahre, sie erlebte mit ihm den Weltkrieg und die dunklen Jahre, die ihm folgten.

Tag für Tag stand sie in dem besten Unterrichtsraum, den die Planitzsche Schule der anspruchsvollsten ihrer Lehrkräfte eingeräumt hatte: in dem Eckzimmer des Erdgeschosses, in das der nervenangreifende Mißklang gleichzeitiger Klavierstunden und abweichender Tonarten am wenigsten gelangte. Der Raum, in dem es stets nach Terpentin, Kolophonium und nach der unparfümierten Seife der Lehrerin roch, bot keine Bequemlichkeit. Er enthielt ein Klavier, zwei Stühle und einen Notenständer.

Das einzige Fenster ging nach Osten, auf das Pult fiel sein volles Licht. Zum Schüler gewendet, stand die Lehrerin neben dem Klavier so, daß sie das Licht von links hatte. Erika Rauscher, die damals etwa dreißig Jahre sein mochte, war ziemlich groß. Sie hatte die tadellose Haltung, die den Mädchen in älterer Zeit anerzogen wurde, und so beugte sie sich zu dem kleinen Schüler etwas steif nach vorwärts, um den Bogen zu führen oder stimmend an den Wirbeln zu drehen. Sie war hager und etwas knochig. Die scharf hervortretenden Knöchel und Sehnen der kräftigen Hände waren Spuren unausgesetzten Übens. Unter dem lichten, ins Rötliche spielenden blonden Haar mit dem seitlichen Scheitel ein schmales, helles, etwas sommersprossiges Gesicht und eine feine, aufgeworfene Nase. Die großen, blauen Augen spiegelten die Seele von Augenblick zu Augenblick. Sie hefteten sich fest auf Noten, Sachen und Menschen. Sie lachten, lobten, zürnten und sagten nein, und Anmut sprach aus ihnen, nicht ohne Drohung und Ungeduld. Wie Bob später erfuhr, war Erika die Tochter eines Kavallerieoffiziers, von dem die Mutter sich hatte trennen müssen. Diese bewohnte mit ihren beiden Töchtern eine Parterrewohnung im Hause 11 der Ainmillerstraße, ganz nah an der Leopoldstraße. Diese Wohnung lag nach Norden. Dunkel wie die Wohnung war die Mutter: über die Jahre gealtert, half sie als tüchtige Pianistin der Tochter bei der Vorbereitung ihrer Konzerte, besorgte den Haushalt und staubte die Nippsachen ab, die sich in bedrückender Fülle auf den Möbeln und Etageren des Salons drängten, der, mit grünem Plüsch vielfach verhangen, als Musikzimmer und Unterrichtsraum diente. An der Wand mit ihrer weinroten Tapete – dunkler konnte sie nicht mehr gewählt werden – prangte neben Familienbildern, die in Stehrahmen auch auf das Klavier übergriffen, und den großen Meistern der Tonkunst die Photographie des Münchener Geigers Professor Felix Berber, mit Unterschrift: ›Seiner lieben Schülerin E.R. ...‹ Der Wohnungseinrichtung entsprach die Art der Bewohner. Wie die wenigen Zimmer alle Zeugnisse früheren Glanzes versammeln mußten, so schien die kleine, immer in Schwarz gekleidete Mutter die Benehmensregeln des achtzehnten Jahrhunderts in unsere rauhe Zeit gerettet zu haben. Zierlich, ja geziert, mit einer Schattierung ins Demütig-Mißtrauische, gab sie jedem Besucher seine Ehre; ihrem altfränkischen Leben war wohl der Tod vertraut, sie mochte ihm mutig und mit sehr guten Manieren begegnen. In ihrer gezirkelten Weise hatte sie auch die Tochter erzogen, in Korrektheit, Pflichterfüllung und Hingabe an das Gute und Schöne. So hatte sie ihr Kind verschnörkelt, und es war, außerhalb des Musikzimmers, schwer mit Erika umzugehen. Wenn die Mama, selten genug und in schriftlicher Feierlichkeit, es wagte, Fräulein Rauscher zum Tee einzuladen, kamen für Bob peinliche Stunden; denn es war fast nicht zu vermeiden, daß jemand, zumal der Vater, das Benehmen der Angebeteten lächerlich finden würde. Ihr Kommen wirkte wie eine Zeremonie aus einer alten Oper. War sie nach manchen Verbeugungen, Danksagungen und Entschuldigungen bis zum Teetisch gelangt, so streifte sie den rechten Handschuh ab. Während eines mühsamen Gespräches zerschnitt sie ihren Kuchen mit Messerchen und Gäbelchen in ganz kleine Stücke, um diese dann – mit dem Messer zum Munde zu führen. Niemand wäre auf den unfrommen Gedanken gekommen, der Gast pflege überhaupt mit dem Messer zu essen; vielmehr wurde die Abweichung als besondere Finesse gewertet, die einem Anstandsbuch aus der Zeit von Wolfgang Amadeus Mozart entstammen mochte. In unendlich verschnörkelter Schrift widmete sie später ihrem Erhard eine Ausgabe der Briefe Mozarts; nicht weniger verschlungen-idealistisch war die Widmung selbst, indem Erika Rauschers schriftliche Äußerungen etwa so klangen: ›Hebe dich, nachdem du dich gemüht, auf den Flügeln des Gesanges – der Kunst, unserer Göttin – zum Angesichte unserer großen Meister!‹ Wollte sich jemand die

Sitten dieser Insel ›Vergangenheit‹ erklären, so mochte er an eine strenge, sehr altmodische Klostererziehung denken, für ›arme Töchter von Stande‹, vielleicht Max-Josef-Stift: Sacré Coeur in Schwabing. Von Kirchlichkeit war aber keine Spur zu merken, eher schienen die Damen jenem Orden anzugehören, dessen Religion die Kunst ist, und sie sprachen wohl von der ›Seele des Universums‹. Fast etwas Freimauerndes, Rosenkreuzerisches hatten sie an sich.

Über diese Art konnte man sich, bei aller Verwunderung, nicht lustig machen. Denn in all dem geschnörkelten Wesen lebte echte, ja kräftige Natur, und wahr war der Sinn der verstiegenen Worte. Die Mutter hatte das Leben tapfer in die Hand genommen, nachdem sie den Kavalleristen fortgeschickt hatte. Von ihren Klavierstunden waren die Kinder satt geworden, und Erika hatte das teure Studium in Berbers Meisterklasse durchmachen können. Erika selbst war, so gut sie ihren Zorn beherrschte, eine leidenschaftliche Person. Wer sie, wie Erhard in späteren Jahren, da seine Stunden nicht mehr im Gartenhaus, sondern zwischen den Rauscherschen Plüschmöbeln stattfanden, beim Üben überraschte, konnte den Bogen auf die Noten klatschen und den Fuß aufs Linoleum stampfen hören, und die Pianistinnen in Nummer 40 hörten sehr deutlich akzentuierte Worte, als Erika ihren Vertrag löste, ihre Lieblingsschüler mitnahm und den Rest laufen ließ – Herr Gärtner war nicht mehr da, und so beschränkte man sich dort endlich aufs Klavierspiel. Am echtesten aber war Erika Rauscher in ihrer Kunst. Neben Berbers Bild hing das ihre: in einem weißen Spitzenkleid schaut sie sitzend den Betrachter aus traurig-entschlossenen, sehr sicheren Augen an, die Geige aufs Knie stützend: dieses Bild sah man gelegentlich auch in den Auslagen von Münchener Konzertagenturen. Aber die Konzerte! Sie waren noch peinlicher als die Teevisiten. Der Saal des Bayerischen Hofs war im besten Fall halb gefüllt, das Hauptkontingent der

Besucher bestand aus Schülern und deren Angehörigen. Trat Erika endlich, lang nach der Zeit, aufs Podium, so hätte Erhard in den Boden sinken mögen: vor Scham, weil er nicht dafür hatte sorgen können, daß dieser Saal voll war; vor Liebe zu jenem Wesen dort, das sich selbst geschmückt zur Schlachtbank führte. Dann rollte das Programm ab, vom zitternden Erhard nur halb vernommen: eine durchsichtig gespielte klassische Violinsonate – Erika hatte immer gute Begleiter, meist saß Schmid-Lindner am Flügel –, als Mittel- und Hauptstück eine Solosonate von Bach oder Reger, endlich ein Gipfel an brillanter Schwierigkeit für beide Beteiligten, Debussy oder Saint-Saëns oder ähnliches. Kräftig von Schülerhänden unterstützter Beifall, ein Blumenstrauß, der von Bobs Eltern kam, eine Zugabe vielleicht; Händedruck des Pianisten, der Saaldiener löscht die Lichter, alle hatte er schon gar nicht angezündet. In den nächsten Tagen hastiges Anblättern der Münchener Neuesten Nachrichten: eine kurze, matt lobende, einiges ausstellende Rezension, in der Mitte ein ermunterndes, am Schluß ein kritisches Wort. Und der Münchener Konzertbetrieb, dies zeigte das Blatt, ging weiter.

Mama pflegte dann zu sagen: ›Warum spielt sie auch immer so schwere Stücke?‹ Sie traf damit den Kern der Sache. Schwere Sachen mußten gespielt werden, weil die Konzerte in Wahrheit Prüfungen in der mörderischen Münchener Konkurrenz waren. In diesem grausamen Spiel hatte Erika von vornherein ein ungünstiges Los gezogen. Vielleicht durfte man schon nicht Rauscher heißen: italienische Herkunft oder doch ein spanischer Name war viele Doppelgriffe wert. Gesellschaftliche Beziehungen, ein einflußreicher Freund oder ein paar exzentrische, gut lancierte Gewohnheiten hätten den Saal schon eher gefüllt. Erika war auf ihre Anstrengungen, ihre tatsächlichen Leistungen und auf die eisige Objektivität der berufsmäßigen Kritik angewiesen. Nun stand diese in München auf beträchtlicher

Höhe, und, aufs Ganze gesehen, taten die Kritiker ihrem Opfer nicht unrecht. Dem Spiel Erikas fehlte der letzte Glanz, der den vollen Erfolg, gar den Ruhm herbeizwingt. Auch der jugendliche Hörer merkte, daß dieses Spiel eben noch kein Spiel war: kein königliches Walten mit einer nachtwandlerisch überwundenen Technik. Hier wurde gerade noch das geleistet, was das unerbittliche Notenbild vorschrieb. Das Grausame war aber, daß nur ganz wenig fehlte, das Allerletzte. Oh, wäre doch nur einmal der Saal voll gewesen. Ein voller Saal reißt den Vortragenden über sich selbst hinaus, oder sollte man sagen: zu sich selbst hinauf.

Niemand schaute hinter Erikas strenge Stirn. Niemand wußte, was vor dem Notenständer unter dem altmodischen Gaslicht daheim gedacht, gehofft und verwunden wurde. Wer Augen hatte, sah nur, daß die Wohnung mit den vielen Nippsachen ein reiner Tempel der Meister blieb. Am Abend geigte die Tochter mit der Mutter. Es war wohl sehr gut. Niemand hörte es.

Ihre Ansprüche aber übertrug sie auf ihren Schüler. Er lernte auch das Bogenklatschen und Fußstampfen von seiner Meisterin. Er lernte üben, also arbeiten, er lernte, sich den höchsten Maßstab setzen, er lernte das Glück der regelmäßigen Anstrengung und er lernte ein wenig geigen. Wer geigen gelernt hat, wer mit erlahmendem Arm sich durch die Wüste der ›Viertausend Bogenstriche‹ gewunden hat, ruft nicht auf jeder Bergtour nach Wasser; wem täglich die Stunde des Übens schlug, dem wird in versäumten Stunden das Gewissen schlagen. Erika Rauscher trieb, darin war sie modern, vom ersten Tag an Musik mit ihrem Schüler. Zwar begann keine Stunde ohne den erbarmungslosen Sevcik, doch bald folgte Hohmann-Heims Violinschule, die musikalisch und geigerisch ein wenig verstaubt war, denn sie lebte von den Geigenmeistern des neunzehnten Jahrhunderts, von Mazas, Viotti und Spohr, die jedoch den großen Vorteil hatte, daß sie die Übungen durch eine zweite Stimme versüßte. Zunächst spielte die Lehrerin jedesmal die erste Stimme mit; aber bald gab sie das ärgerliche Unisono auf, ließ die zweite Stimme klingen und schenkte die Freude an Wohlklang und Freiheit. Über die Öde der damals unvermeidlichen Jugendsonatinen des erfolgreichen Violinpädagogen Hans Sitt waren sich Lehrerin und Schüler bald einig. Dagegen sollte einen nie versiegenden Schatz musikalischer Bildung und Vortragsmöglichkeit die Sammlung spenden, die Clemens Huber – übrigens der Singlehrer, bei dem sich Bob ›rühmlich hervortat‹ – unter dem Titel ›Von Corelli bis zur Neuzeit‹ herausgegeben hatte. Diese wurde Bobs musikalisches Hausbuch, um so mehr, als Christinas leider erlahmendes Klavierspiel den getragenen Largos und Sarabanden des ersten Teiles ohne erregte Auseinandersetzungen mit dem Bruder zu folgen vermochte, der wie alle Streicher sich den Ruhm und dem Klavier eine dienstbare Fingerfertigkeit zudachte. Die Sammlung erfüllte noch nicht heutige Ansprüche an Stilreinheit, und sie enthielt manche Bearbeitungen, die besser unterblieben wären, so die Träumerei von Schumann für Klavier und Violine. Doch lernte man die Literatur kennen, und in die alte Musik führte Clemens Huber besser ein als die auf Wirkung frisierten ›Alten Weisen‹ von Burmester, durch die immerhin die alten Franzosen, besonders Leclair und Couperin, bekannt wurden, oder als Kreislers, des damaligen Beherrschers der Konzertsäle, schmissige Nachahmungen alter Stücke. Doch wurden auch diese gern gespielt: ein Scherzo nach Dittersdorf, das trockene Andantino des Padre Martini, ›Pugnanis‹ Präludium und Allegro, und mit Kreislers Dreingaben konnte der erste Versuch gemacht werden, sich auszusingen: mit den Altwiener Tanzweisen, Liebesfreud und Liebesleid, besonders aber Schön Rosmarin, einem Stück, das zugleich als Stakkato-Übung diente. Schon fühlte sich Erhard, als strenger Klassizist, dabei nicht ganz wohl; so ganz rein war sein Gewissen auch nicht, wenn er das jährliche Weihnachtsstück mit Christina den dankbaren Eltern bescherte: eine Phantasie über ›Stille Nacht‹ im ersten Jahr, später Gounods unverwüstliche ›Meditation‹, dann, mit oft wiederholtem Genuß, Jensens Romanze und die Kavatine von Raff mit den wirkungsvollen Akkorden in der Schlußzeile. So war er bedenklicher als sein Klassengenosse Forster Alfons, der, ein unverbildetes Kind des bayerischen Flachlandes, mit seinen Erzählungen aus seiner bisherigen Erziehungsstätte, dem Kloster Schäftlarn, die ganze Familie zu Freudentränen brachte. Er berichtete von Strafen, welche das straffreie Klosterleben um so heller erstrahlen ließen, besonders von der Buße der ›Bierkarenz‹, also der Strafe zeitweisen Bierentzuges für Elfjährige. Das Fasten erklärte der Verschmitzte, aus dessen Gesicht man schon damals die Miene eines Bauernpfarrers hätte schneiden können, angesichts der in den Pulten versteckten heimischen Würste und Marmeladen für ungefährlich. Dieser stets in braunem Samtanzug und Lavallière auftretende Biedermann war jederzeit und immer lächelnd bereit, das hörbarste Ergebnis seiner klerikalen Erziehung anderen mitzuteilen: auf seiner Violine kratzte er nicht ganz rein, doch taktsicher ein festes Programm von Opernpotpourris herunter, wobei er, zu Erhards Neid, in natürlicher musikantischer Begabung etwas hervorbrachte, was wirklich klang wie das Nachtlager von Granada oder sein Glanzstück, der Troubadour. Er war der geborene Gebrauchsmusiker und ist auch tatsächlich bei der Militärmusik gelandet.

Von derartigen Fertigkeiten war die Welt Erika Rauschers so weit entfernt wie ein Fixstern von der Erde. Seit sie mit Erhard, sehr früh, die erste Mozartsonate begonnen hatte, hatte sie ihn zum ehrfürchtigen Diener der großen Meister gemacht. Dabei arbeitete sie wie alle guten Erzieher mit der Tugend der Verfrühung. Mit den Werken der Großen wird man nie fertig, und wer in späteren Jahren eine neue Stufe erreicht, einen neuen Durchblick gewonnen hat, mag sich fragen, was er denn früher

bei diesen gleichen Noten gehört habe. In Wirklichkeit sind die großen Werke so reich, daß der Mensch mit ihnen wächst: darum ist die Bibel für Kinder, und die Ilias war ein Schulbuch. Auf der Höhe des Lebens kann man die Matthäuspassion entdecken, und doch ist man von ihr schon verwandelt, seit sie an die kindlichen Ohren brauste. Mit den Quartetten Beethovens, auch den gefürchteten späten, ist es nicht anders. Man darf sie früh hören, denn man soll sie oft hören: ›verstanden‹ werden sie ja auch von den wenigsten musikalischen Erwachsenen.
Bald nach ihrem vierzigsten Jahr, als ihr Erhard, der die Universität bezog, eben entglitten war, starb Erika Rauscher nach Wochen des Leidens am Magenkrebs. Wenige Tage vor ihrem Tode besuchte Erhard die Kranke. Er machte mit den mitgebrachten Blumen eine ungeschickte Bewegung und stieß eine Medizinflasche um. Erika sagte nicht gerade ›Nein‹, und aufstampfen konnte sie nicht. Aber sie sagte etwas Unwilliges, als wäre Geigenstunde bei von der Planitz: Erhard konnte nichts Lieberes hören. Dann sprachen sie irgend etwas.

Sechstes Kapitel
DER VATER

»Herr Fischer!« Der Zug der Isartalbahn kommt auf der Station Ebenhausen-Schäftlarn zum Stehen. Eine Menge entschlossener Ausflügler verläßt ihn, überquert das Gegengleis, staut sich ruhig an der Sperre unter der niedrigen auf verzierten Eisensäulchen ruhenden Halle. Würdig strebt Herr Fischer, der Stationsvorstand von Ebenhausen, gegen den Strom auf das Abteil Erster Klasse zu, in dem Mama, Christina, Elwina und Bob sitzen. Der Vater hat den Zug verlassen. Er wartet vor der Kupplung, die den ersten Personenwagen mit dem Packwagen verbindet. Mit sauber gebürstetem, langem Rock steht jetzt der spitzbärtige Fischer vor ihm, hebt grüßend die Hand an die rote

Mütze. Der Vater nickt. »Wie war der Verkehr bis jetzt?« »Wie's so ist an solchen Sonntagen, Herr Oberinspektor, auf den ersten Zug war das Wetter doch so sicher nicht, den Hauptverkehr wird Grünwald gehabt haben, München hat den Vorzug nicht gefahren, so um neun Uhr ist es doch noch schön geworden, jetzt ist der überfüllt und am Abend müssen wir die Leute heimbringen.« Der Vater zieht ein langes, schmales Blatt aus der Tasche, den graphischen Fahrplan. »Wir führen«, Fischer dreht sich ein wenig und schaut mit ins Blatt, »den 24 von Grünwald bis Wolfratshausen durch, er kreuzt uns in Baierbrunn. Für abends haben wir den 23 und den 37, und den Vorzug ab Wolfratshausen.« »Die Reserve ist immer gut,« beeilt sich Fischer zu bestätigen, »wenns um sechs Uhr ein Gewitter gibt, drängt alles in den 23, und der letzte Zug ist nicht ausgenützt.« Der Vater nickt, er hat den Fuß wieder auf dem Trittbrett. »Lassen Sie den Zug hinaus! Wie macht sich der Neumann?« »Bis jetzt gut, Herr Oberinspektor, er arbeitet sich erst einmal im Güterverkehr ein. Habe die Ehre, Frau Oberinspektor, da ist ja der Herr Sohn, wird auch immer größer.« Der Zug ist angefahren, der Vater hat sich mit dem Anfahrtschwung auf die Plattform gehoben und zieht die vergitterte Schranke hinter sich zu. »Grüß Gott, Fischer.« Der Zug bekommt Fahrt, hinunter von der Ebenhausener Höhe ins Flußtal, schon streifen ihn, indem die Bremsen sanft anlegen, die Zweige des Buchenwaldes von Icking. Auch in Wolfratshausen meldet sich der Stationsvorstand. Bob ist stolz. Das war schon in Thalkirchen so, in Pullach, Höllriegelskreuth-Grünwald, in Baierbrunn und Hohenschäftlarn. In Wolfratshausen wird der Zug endgültig leer. Wer nach Kochel will, kann auch mit der Staatsbahn fahren, die sich in Bichl mit der Isartalbahn vereinigt. Wer vom Isartal an den Starnberger See strebt, kann in Ebenhausen oder spätestens in Wolfratshausen aussteigen. Dann wird der Ausflug, oder wie man damals noch sagte, die ›Partie‹, nicht zu lang und man kann zum Abendessen wieder in München sein. Aber Spengels hatten heute, am Pfingstsonntag, den sechzehnten Mai, eine größere Partie vor; sie fuhren bis Beuerberg – die Haltestellen Bolzwang und Eurasburg wurden ohne Meldung überwunden –, dann wanderte ›man‹ – dieses unpersönliche in der Lindauer Sprechweise viel gebrauchte Pronomen zog der sachliche Vater dem sensationelleren ›Wir‹ und ›Ich‹ vor –, die ferne, breite Benediktenwand, Heimgarten und Herzogenstand im Auge, nach Süden – der beliebte Weg, auf dem sonst in Sankt Heinrich das Südufer des Starnberger Sees gewonnen wurde, genügte heute nicht – und bald nach Westen über die grünen, nur durch Birken unterbrochenen ›Filze‹ an die Osterseen. Der Vater vergaß nicht zu erklären, daß diese Seen, daß das Loisachfilz, das Waidfilz und andere Moore Spuren aus einer Zeit seien, da der Starnberger See viel weiter als heute nach Süden reichte, Loisach und Isar sich breit, die Betten vielfach verlegend, dahinwälzten; ja daß die ganze Niederung nördlich vom Kochelsee, daß das Dreieck von Loisach und Isar – an ihrem Zusammenfluß liegt Wolfratshausen – einst ein Meer mit wenigen Inseln gewesen sei. Bald kam er aufs Gefälle zwischen Walchensee und Kochelsee und damit auf das Lieblingsgespräch eines naturliebenden Elektrotechnikers, auf die Wasserkraft; vom eben ›projektierten‹ Walchenseewerk, von der ›mittleren Isar‹ und ihren künftigen Begleiterscheinungen, von Floßrinnen, Fischkulturen und Rieselfeldern erhielt die Familie häufige und gründliche Kunde. Bob hörte das gern. Der Vater kümmerte sich in seiner Ausdrucksweise kaum darum, ob er immer verstanden wurde. Er behandelte den Sohn stets ein wenig wie einen Erwachsenen, er unterrichtete ihn, indem er sich selbst belehrte, und Bob hatte an seiner Seite das Gefühl, daß man auf einem solchen Ausflug nach dem Rechten sehe, wie ein Bauer, der am Sonntag auf dem Feld spazierengeht. Immerhin kam er jetzt der Bitte der Mama und der Schwestern, er möge ihnen nicht immer ›vor den Füßen‹

herumlaufen, sondern einmal ordentlich vorausspringen, trotz dieses beleidigenden Wortes nicht ungern nach: denn bei Gefälle, Wasserdruck und Rohrstärken war man nie so recht sicher vor rechnerischen Aufgaben. Und so galoppierte Bob, indes der Vater mit manchem ›Ah‹ und ›Wunderbar‹ das blitzsaubere Landschaftsbild genoß, als Indianer und Schwerer Reiter den hügeligen Weg hinauf und hinab, überfiel als Räuber die Schwestern, zischte als Lokomotive und summte als elektrischer Triebwagen zum Restaurant ›Osterseen‹, wo Mama und die Schwestern ihre weißen Piquetröcke und pfingstlichen Hüte wohlgebügelt und unberührt vom Gezweig wegloser Abstecher ans Ziel brachten. Dort kam Christina auf ihre Rechnung, denn ›Einkehren‹ war ihre Wonne. Zwar konnte sie es nie verwinden, daß sie, soweit gewöhnliche Nachmittagsausflüge in Betracht kamen, dabei vielfach enttäuscht worden war, indem die Eltern, im guten Glauben, ihre Älteste damit zu erfreuen, nach der Gewohnheit der besseren Leute sich zu Kaffee und Kuchen niedersetzten. »Hell? Mittel? Dunkel?« fragten die Kellnerinnen und schwenkten ihre Nickelkannen, Kaffee in der rechten, Milch in der linken Hand. Christina in ihrem volkstümlichen Drange schielte sehnsuchtsvoll nach den Tischen, wo man zum selbstgeholten Bier Regensburger Wurst aß und Backsteinkäse und mitgebrachtes Brot in kleine Stückchen schnitt. Aber heute wurde richtig zu Mittag gegessen – natürlich innen, denn für Hühner hatten sie wenig Verständnis: diese ruckhaften Tiere machen sich an den Menschen heran, der mit seiner Mahlzeit den Genuß frischer Luft zu verbinden sucht. Nachdem man mit schweren Löffeln eine Leberknödelsuppe, Kalbsnierenbraten – er ist doch das einfachste und eigentlich immer am besten, sagt die Mama – und vielleicht noch einen Pfannkuchen ohne viel Wählen und Kritik verzehrt hatte, befreite sich die Familie von Bobs Ungeduld und schickte ihn mit Elwina an den nahen Weiher, wo sie Enten füttern – natürlich muß Bob noch einmal an den Tisch zurücklaufen, um Brot zu holen –, auch in den Stall gucken, dem Schenkkellner zuschauen, wie er ein neues Faß anschlägt, durch Gras laufen und unter dem großen, in voller Blüte stehenden Apfelbaum landen. Schließlich ruft man: »Bob, wir gehen«, der Nachmittag ist da, stiller und blasser als der erwartungsvolle Morgen, ein wenig wehmütig, wie Nachmittage sind. An einem schönen Punkt – wo der Weg nach Lauterbach abgeht – ist noch einmal eine Bank, man sitzt, aber nicht lange, zum späten Vesper wird man auf der Seeterrasse in Seeshaupt sein, der See schlägt an die Ufermauer, Bob denkt daran – in Seeshaupt immer –, daß man, laut Heimatkunde, Seeshaupt von Starnberg aus nicht sehen könne wegen der Erdkrümmung, vielleicht ißt man Renken, für Bob ist die Frage wichtiger, mit welchem Schiff man nach Starnberg fahren wird. Sie haben Glück, der größte Dampfer der ›Würmsee-, Ammersee- und Amperdampfschiffahrtsgesellschaft‹ legt an, der rotgestrichene, goldgezierte ›Luitpold‹. Unter den Blicken des neben seinem messingnen Sprachrohr lehnenden Kapitäns überwindet die Familie im mäßigen Gedränge der Mitbürger die Landungsbrücke. Man steigt hinauf zur Ersten Klasse. Die Damen nehmen ihre Tücher um – es ist doch immer gut, etwas mitzunehmen, ›gegen Abend wirds halt doch kühl‹ –, Bob aber tritt seine Wanderung durch das Schiff an. Vom Sonnendeck oben ist wenig zu sehen. So geht er, Hände in den Hosentaschen, denn das gibt das Gefühl, daß man zum Schiff gehöre, die Stufen mit ihren schurrenden Messingrändern hinunter und über die dampfwarme Mitte vor über das dürftige Tauwerk, an der Glocke vorbei zum Bug. Eben dreht das Schiff in den See – wie schön, die langsame, edle Bewegung vom Bugspriet in den Himmel gezeichnet zu sehen –, das Schiff nimmt Fahrt auf, und man kann auf die spritzende Bugwelle hinunterschauen. Bob hat Zeit, denn ›Luitpold‹ muß alle die fröhlichen und erholten Menschen abholen, die in Bernried und Unterambach, in Ammerland und Tutzing auf den Landungsstegen warten. So geht er hinten durch den Maschinenraum ans Heck, wo das Ruder den Anschlägen des Steuerrades – dürfte man nur einmal zu dem hinauf! – gehorcht, dann wieder vor in die Mitte, wo die Schaufelräder den friedlichen See in eine Hölle aus Gischt verwandeln. »Bob, es wird kalt!« Er spürt selbst die feuchte Kühle aus dem See, und gern läßt er sich jetzt von der sanft aufsteigenden Wärme des Maschinenraums umfangen. An der quadratischen Öffnung muß sich Bob einen Platz erkämpfen, denn noch andere Buben lehnen hier am Messinggeländer; auch sitzen in der Nähe der wärmenden Maschinen die wenigen, die nicht zum Vergnügen fahren und keine Aussicht brauchen. Von unten blickt ab und zu ein Heizergesicht nach oben – in Bubenkreisen gehen Wundermären von den Temperaturen, die diese Männer aushalten müssen. Der Heizer hat Putzwolle in der Hand, bunte, mit der er verölte Außenteile wischt, man hört Ofentüren klappen und Kohlen sich von der Schaufel reiben, und dann ist man gefangen vom Auf und Ab der schweren Kolben, auf denen im Glase das Schmieröl schwappt: in dumpfen Schlägen, die sich als sanftes Zittern dem ganzen Schiff mitteilen und sich auf die Ohren legen, treiben die blanken Riesen das Schiff. »Schau, da sind noch kleine Kolben dazwischen«, sagt der Nachbar. »Das sind keine Kolben, das sind die Exzenter« – mit technischen Fremdwörtern stand Bob auf vertrautem Fuße, während ihm vor dem Wesen der Dampfmaschine trotz väterlicher Erklärungen ein leichter Schleier des Geheimnisses hängenblieb. Das Schiff wird voll. »Bob, komm herauf, wir sind gleich in Leoni.« Leoni: was für ein Ton! Die fernen feinen Berge, der frischgewaschene Himmel, diese grünen Ufer, weiße Häuser am blauen See, ziehende Luft und Gebinde von Feldblumen in verschwitzten Mädchenhänden, dies alles ist aufgehoben in diesem Wort; die Rottmannshöhe, oft besucht, wird sichtbar, still und sonntäglich versöhnt liegt in der Abendsonne die runde Kapelle in Berg am Ufer, wo König Ludwig der Zweite den Tod im See suchte. Die Schiffsglocke schlägt an: Leoni! Der Kapitän nimmt die Verschlußklappe vom Sprachrohr und gibt halblaut seine ruhigen Kommandos: Halbe Fahrt, Stop, zurück, Stop. – Eine Leine fällt auf das alte Holz des Landungsstegs, neue Füße trappeln auf das Deck, neue Bewunderer für Kolben, Ölglas und Exzenter. Possenhofen. Fern ein rotes Gasthaus. Geranienstöcke in eisernen Gestellen wehen an Ketten durch die feuchte Zugluft der Veranda. Starnberg. Beim Aussteigen bemerkt der Vater, daß, mit Studenten, der weißbärtige Geologe der Universität auf dem Schiff gewesen war, Geheimrat Rothpletz. Er begrüßt ihn, mit weitgeschwungenem Hut, sehr achtungsvoll: Habe die Ehre. »Das ist der Mann, der die Voralpen-Endmoränen erforscht hat«, wird Bob belehrt. Was Endmoränen sind, muß Bob, echt Vater, sich selber denken. Bob, hol die Fahrkarten (das kann man nicht früh genug lernen). Wir sitzen in der Staatsbahn, etwas fremd, natürlich Dritter Klasse. Rucksackträger essen, beneidet, Brot und Landjäger. In Mühlthal steigen Leute ein, wenige in Gauting und Planegg: hier ist schon Vorortverkehr. Bald rasseln die Weichen von Pasing. Über der Pasinger Kuvertfabrik, über der Eisenbahnzentralwerkstätte ist die Sonne im Untergehen. Morgen ist Rechnen. Aber der Vater ist da. Die Damen, immer zu früh, machen sich fertig. Bob schaut den Vater an, innig und dankbar. Der ist schon auf dem Weg zur Plattform: er muß beim Aussteigen der erste sein. »Wir kriegen den Dreier, bevor er voll ist. Immer raus aus der Masse«, sagt er zu den Seinen.

Obwohl Spengels, oder doch Vater und Sohn, in der guten Jahreszeit fast an jedem schönen Sonntag aus der Stadt hinausfuhren, waren Ausflüge wie die Partie an die Osterseen verhältnismäßig selten. Der Vater entfernte sich nicht oft aus dem Bereich der Isartalbahn, er kehrte auf ihr gern auch zurück, nachdem man München mit ihr verlassen hatte, und so kam es nicht einmal besonders häufig zu den klassischen Münchener Spaziergängen, die von der Isar nach Westen, durch den Forstenrieder Park, von Hohenschäftlarn über Neufahrn nach Starnberg, von Baierbrunn zum Forsthaus Oberdill und nach Leutstetten, oder von Höllriegelskreuth auf der Römerstraße zur Römerschanze führten. Auch folgten Vater und Sohn nicht allzu oft den vielen, welche die Isartalbahn nach Osten verließen, um die ›Geräumte‹ des Forstes von Deisenhofen, des Grünwalder und Perlacher Parks zu durchstreifen. Denn der Vater benutzte die Isartalbahn stets mit halbdienstlicher Absicht, mit prüfendem Blick auf die Betriebsleiter und Stationsvorstände der Bahn: diese nämlich lief nach seinem Plane. Er war der leitende Betriebsingenieur der Bayerischen Lokalbahn-Aktiengesellschaft. Sie betrieb seit den achtziger Jahren Linien, welche das damalige Verkehrsnetz im Dienste des dichter werdenden Fremdenverkehrs, aber auch des lokalen Personen- und Gütertransports ergänzten und so in der Zeit des fortschreitenden Ausbaus aller Verkehrswege vor dem Aufkommen des Kraftwagens ihre Bedeutung hatten. Die Schönheiten des Voralpen- und Alpenlandes erschloß die Aktiengesellschaft für viele Tausende durch die Isartalbahn, durch die Salzkammergutbahn, auf der Linie von Sonthofen nach Füssen, durch die Strecke von Murnau nach Garmisch-Partenkirchen, die erst später vom Staate übernommen wurde. Murnau war durch die LAG auch mit Oberammergau verbunden, und so wurden die dortigen Passionsspiele in den Jahren 1900, 1910 und 1920 für die Familie vor allem ein vielbesprochenes Verkehrsproblem. Wie die Apostel und Herrgottsschnitzer im langwallenden Haupthaar, so war auch der Pfarrer Kneipp für Bobs früheste Erinnerungen mit der Eisenbahn verbunden; denn die Gesellschaft führte Kneipps wassertretende Jünger von der Strecke München–Buchloe–Memmingen und vom Staatsbahnhof Türkheim zu den Duschen und Güssen in Bad Wörishofen. Sachlicheren Zielen strebte, trotz ihrem Namen, die Walhallabahn zu: von Stadtamhof, dem Brückenkopf von Regensburg, über Donaustauf nach Wörth, auch die Linie Ravensburg–Meckenbeuren–Tettnang war eine rechte Bauernbahn. Der Vater war in den Anfängen der Gesellschaft in deren Dienste getreten. Waren die Bahnen gebaut, so oblag ihm nicht nur ihr Betrieb, sondern auch schon die Beschaffung und die konstruktive Durchbildung des Wagen- und Lokomotivmaterials. So hatte Bob die nie versiegende geheime Freude, daß alle Ausflügler im Isartal mit einer Bahn fuhren, die der Vater eigentlich selbst gemacht hatte, und in den kleinen Verhältnissen hatte die Eisenbahntechnik, weitab von törichter Bimmelbahnromantik, noch einmal etwas von dem Pioniermäßigen, das in ihrer Frühzeit mit einer soliden Handwerksart verbunden war. Noch war die Technik, als der Vater, als erster und einziger seiner Familie, sich ihr zuwandte, ein überblickbares Ganzes, wie denn der Vater auf der Münchener Technischen Hochschule – auf dem Polytechnikum, wie sie zu seiner Zeit noch hieß – seit dem Jahre 1877 Tunnelbau, Dampfmaschinenbau und Elektrotechnik gleichmäßig studiert hatte. Seine besondere Liebe galt der jungen Elektrotechnik, in der er ein hervorragender Fachmann war, und mit bescheidenem Stolz konnte er die eleganten Formen der elektrischen Triebwagen als sein Werk betrachten, die auf der Isartalbahn den Nahverkehr bis Grünwald bewältigten. Unter seiner technischen Leitung ging in Bayern die LAG in der Elektrifizierung der Bahnen dem Staate weit voran: wie die Isartalbahn bis Grünwald, wurden Türkheim–Wörishofen und Murnau–Oberammergau von Anfang elektrisch betrieben, und bis in sein hohes Alter war der Vater mit Gutachten über Elektrifizierungen beschäftigt, neidlos den großen Stil bewundernd, in dem die Bayerische Staatsbahn und später die Reichsbahn den Strom in ihre Dienste nahm. Für die elektrisch betriebenen

Lokalbahnen hatten besondere Elektrizitätswerke gebaut werden müssen, die auch die Umgegend mit Strom versorgten: viele Bauernhäuser verdankten ihr elektrisches Licht, ihre elektrische Zentrifuge den Werken von Murnau und Wörishofen, und der Vater war der Erleuchter so manchen oberbayerischen Kuhstalles.

Für Bob war es herrlich genug, auf der Isartalbahn zu sein. Wenn der Vater mit ihm die Gleise überschritt – was doch aller Welt verboten war – ,wenn man, Fahrkartenschalter und Kontrollsperre keines Blickes würdigend, irgendwo wie ein rechter Eisenbahner eine Stange zurückschob, um sich, immer freundlich aufgenommen, im telefonklingelnden, heimeligen Büro eines Fahrdienstleiters oder gar auf einem Stellwerk wiederzufinden, wünschte man sich hundert Lehrer und tausend Mitschüler zu Zuschauern. Hinter dem Vater trottete Bob selig und mit gespielter Sachkenntnis durch die lärmenden, von Treibriemen durchzogenen Hallen des Instandsetzungswerkes Thalkirchen; man stieg in Arbeitsgruben und stand, ein für andere Sterbliche unerreichbares Glück, gar unter einer Lokomotive, einer ausgebauten Westinghouse- oder Knorrbremse. Und überall die gleichen respektvollen und heiter-gelassenen Meldungen, die freundlichen, sachlichen und nie vertraulichen Fragen und Anweisungen des Vaters.

Seit der Erfindung der Eisenbahn gibt es keinen kleinen Buben, der nicht einmal Lokomotivführer werden wollte. Für den Bob war ein Lokomotivführer ein menschliches Ideal schlechthin, denn den Respekt vor diesem Beruf lernte er vom Vater, der selber alle Lokomotivführer-Tugenden hatte: die Treue und die Ruhe, die Liebe zur Maschine, die Andacht zu jeder Arbeit ›von Hand‹. Wer aber von den vielen, die zischend und die Fäuste vor gewinkelten Armen in Kreisen drehend auf Straßen und Hausgängen Lokomotive spielten, konnte daran denken, einmal wirklich auf diesem Fahrzeug der Fahrzeuge zu stehen? Für

Bob war das leicht. »Wir nehmen eine Maschine«, sagte der Vater in Thalkirchen, »ich muß noch einmal nach Eurasburg.« Dann kletterte Bob hinter ihm zu Führer und Heizer, und wohlgemeldet durchfuhr die kurze Tenderlokomotive, deren kurzer Radstand leichte Schlingerbewegungen nicht vermeiden ließ, die wohlbekannten Stationen. Auf dem Führerstand einer Dampflokomotive ist es gemütlich, ganz anders als auf der kühlen Elektromaschine, wo die Kraft ins Unsichtbare und fast Unhörbare gebannt ist. Die Dampfmaschine zischt und faucht, man sieht ihr die Anstrengung an, und so behält alle Dampftechnik etwas Menschliches. Sie hat auch nicht die geheimnisvolle Dämonie des Verbrennungsmotors: offen und ehrlich liegen neben dem Kessel wie daheim in der Küche Reisigbündel zum Anfeuern, mit einer Kohlenschaufel wird sie gefüttert: Wasser heiß gemacht über einem ehrlichen Feuer, sie ist eben ein fahrender Ofen, und der Führerstand eine Stube; in der Ecke steht der Henkeltopf mit Schweinefleisch und Sauerkraut und schüttert der Kaffee – denn der Bierkrug ist von Lokomotiven verbannt. Der Vater erklärt dem Sohn – »geh von der Treppe weg, daß du nicht noch hinausfällst« – die Meßinstrumente, gespannt verfolgt Bob das Auf und Ab des Wassers im Standglas – denn wenn der Wasserstand zu gering wird, fliegt die Maschine in die Luft –, er liest Öldruck und Bremsdruck ab und darf endlich wie ein rechter Heizer im Fenster liegen. Da vorn – im Zug darf man, laut Mama, stets nur nach hinten schauen, denn ›leicht könnte es ins Auge gehen‹ – streicht der Fahrwind um den hohen, so herrlich nahen Schornstein, Wasserdampf bildet, erkaltend, am Sicherheitsventil eine brodelnde Wasserkrone. Der Vater, froh, wieder einmal selber fahren zu können, hat die Führung der Maschine übernommen, ein paar Augenblicke darf Bob selber den Bremshebel halten. Überführungen drücken blaffend Rauch und Dampf nach unten, der Vater steht, das Signalwerk im ruhigen Auge.

Alle guten Eisenbahner sind ruhig, wie die Eisenbahn selbst, die solideste aller neueren Erfindungen, und entwickelte sie auch die höchste Schnelligkeit. Bobs Vater lebte noch in gemäßigten Geschwindigkeiten. Wenn er jemand loben wollte, nannte er ihn einen ruhigen Mann, und über aufgeregte Leute staunte er lächelnd. So verehrte er mit liebevollem Spott seinen älteren Freund, den Professor Pressel, den Miterbauer des Simplontunnels: mit heiserer Stimme schwärmte der Tunnelprofessor, ergriffen und aufgeregt, ein Idealist wie er in den Büchern steht, von Tunneln, Beethoven und vom Alldeutschen Verband; ein virtuoser Pianist, begann er seine Tage mit Fingerübungen am Flügel. Dies alles bewunderte der Vater, doch mit Ruhe. Auch Kritik erschien ihm meist übereilt und aufgeregt. »Heut ist der elfte Elfte Neunzehnhundertelf«, sagte er, und schaute aus den Münchener Neuesten auf. »In der Marokkosache muß ich der Regierung im allgemeinen beipflichten und verstehe die Hetze gegen den Kanzler nicht.«
In seinem Herzensgrund blieb der Vater ein großzügiger Handwerker. Und ruhig als Eisenbahner, ruhig wie ein guter Arbeiter von Hand, war er mit Ruhe und Sicherheit ein Bergsteiger. Die Erschließung des Landes durch die Eisenbahn war in seinen ersten Mannesjahren schon weiter gediehen als die der Berge durch den Alpinismus. Die Berge gehörten zum Vater wie Technik und Eisenbahn. Schon seine Bahnen führten in die Berge. Wenn der Prinzregent Luitpold nach Hohenschwangau auf die Jagd fuhr, begleitete der Vater den Hofzug nach Füssen, liebevolle Geschichten brachte er dann neben der obligaten Süßigkeitentüte für die Kinder, von der Hoftafel des ›Regenten‹, von dessen freier Art, und gute Bekanntschaft verband ihn mit Luitpolds Flügeladjutant, der aus einfachsten Verhältnissen aufgestiegenen Exzellenz Wiedemann. Steigungen und Gefälle für Bahn und Wasser waren dem Eisenbahner und Elektrotechniker stets vertraute Gegenstände, und in Höhenkurven klärte sich

ihm die Landschaft. Er war kein Gipfelstürmer und kein Gegner von Einschlagstift und Drahtseil. Er kletterte nicht, sondern ging seinen ruhigen, ausdauernden Schritt, er überzeugte den Sohn von dem geringen Gewinn von Abkürzungswegen und stieg die Serpentinen sauber aus, immer zweckmäßig ausgerüstet, hatte er Gefühl für den Fels und Blick für den Schnee. In jungen Jahren hatte er die großen Berge bestiegen, Ortler und Glockner und Scesaplana. Später wurde er ein Spezialist der Zugspitze; mehr als zwanzigmal war er droben, seltener durchs Höllental oder den weiten Weg durch die Partnachklamm, das Reintal und über die Knorrhütte und das Platt, fast immer über den Eibsee, die Wiener-Neustädter Hütte und das Bayerische Schneekar. Auch diese Wege hingen mit der Bahn zusammen, denn dienstlich und privat interessierte sich der Vater für Bergbahnprobleme und besonders für die Frage der Zugspitzbahn. Mit dem Erbauer der Wendelsteinbahn, Steinbeis dem Jüngeren, war er im Jahre 1903 in Kroatien und Dalmatien gereist, um den der Holzabfuhr dienenden Bahnbau in jenen Gebirgsländern zu studieren und mit seinem technischen Rat zu fördern. Mit den Projekten einer Zugspitzbahn hat er sich jahrzehntelang beschäftigt. Seine Gutachten und Modelle – willkommene Spielzeuge für Bob – bezogen sich auf Standbahnen und Schwebebahnen; beide Systeme zu verbinden, mit einer Schwebebahnstütze an den Ehrwalder Köpfen, war sein Gedanke. Auch in dem Bereich der Bergbahn war er ein Mann des gemäßigten Fortschritts, darum war er ein Gegner der vollen Standbahn. Sie erschien ihm mit ihren vielen Felssprengungen und Tunnelbauten zu teuer und zu gewaltsam.

In der jüngeren Generation verachteten die einen die Bergbahn, mit der die anderen gedankenlos fuhren. Auch zum Vater paßte es nicht, Menschen auf die Berge zu tragen, die sie nicht erobern konnten, den einsamen, edlen, feindlichen Berg der Masse auszuliefern. Aber der Vater machte sich weder kulturkritische

Gedanken noch gab er sich romantischen zeitfeindlichen Gefühlen hin. Er gehörte in seine Zeit. Noch ging er in einem Fortschritt mit, vor dem ihm nicht angst war. Hatte man Hütten gebaut, warum sollte man nicht Bahnen bauen. Erst spät erkannte er die Dämonie der Technik. Noch hatte sie friedliches Neuland vor sich. Um 1890 konnte ein Ingenieur wohl sehr glücklich sein.

Der Ingenieur Spengel hatte aber einen geheimen Wunsch. Er wollte ein seßhafter Mensch sein. Rufe in größere Stellungen, zumal zu Siemens-Schuckert in Berlin, lehnte er ab, er wollte bei den Bergen bleiben und schätzte Ruhe und Freiheit. War er ein Handwerker, so war ihm auch etwas vom Bauern geblieben: ein Sinn wie für den Berg, so für die Frucht, das Gras und besonders fürs Holz. Wie wäre es mit einem eigenen Haus? Es entstand, als der Vater einundfünfzig Jahre alt war, in Obergrainau bei Garmisch. Und so begann Bobs Grainauer Zeit.

Als Christina zwanzig Jahre alt wurde, am 4. August des Jahres 1910, zog Bob voll Erwartung ins neue Haus. Die ersten Ferienwochen hatte er, unglücklich genug, bei der mütterlichen Großmutter in Darmstadt zugebracht, woher auch Mamas Brudersohn und Vaters Mündel, der Vetter Lulu aus Wien, nach München gekommen war. Auf der langen Schnellzugreise, deren Stationen in Bobs Eisenbahnspielen jahrelang wiederholt wurden, hatte es manche Abenteuer gegeben: mit dem Wiener Früchtchen, mit Christinas Eisenbahnleiden, an das der Bahnhof Bruchsal schauderhafte Erinnerungen festhalten sollte. Aber heute, an diesem herrlichen Geburtstagsmorgen, wollte Christina es noch einmal mutig wagen, und es winkte ihr mit der neuen Heimat Erlösung von den Unarten des kleinen Bruders, der unter Wiener Führung recht unleidlich, der Schwester und sich selbst zum Verdruß geworden war.

Die Geschwister und der Vetter stiegen am Starnberger Bahn-

hof in den Garmischer Zug. Schon der Bahnsteig ahnt die Berge. Rucksäcke, da und dort eine Lederhose. Ein elegantes Paar, zweckmäßig gekleidet (›teure Einfachheit‹ hieß das in der Familie), wandelt zum Packwagen vor, schaut mäßig besorgt, mehr geschmeichelt, nach seinem Passagiergut, die kleinen Eisenräder der Zeitungswagen klappern, es gibt Leibnizkeks, die herrischen Münchener Gepäckträger rasseln mit ihren Handwagen, die hellblaue Mütze verwegen überm Ohr: »Obacht geben!« Ordentlicherweise fahren Spengels Dritter Klasse. Den Aufenthalt auf der Plattform konnte Christina eben noch unterbinden, und so saß man in dem neuen, sauber geputzten Wagen links vom Mittelgang, also, vom Standpunkt des Naturfreundes, auf der richtigen Seite. Bob genoß – Christina weniger – den unbeschreiblichen Geruch, der in einem Münchener Zug an einem schönen Sommermorgen aus reiner Luft, Pfeifentabak und der frischen Druckerschwärze der allenthalben entfalteten Münchener Neuesten Nachrichten sich mischt. Erwartung weckend schleicht Bremsluft durch die Schläuche, und pünktlich zur Sekunde bewegt sich der Zug über die ersten Weichen: Hackerbrücke, Donnersberger Brücke, Pasing zu.
Geliebte Strecke! Bis Murnau war sie bekannt, aber erst heute wurde sie recht erlebt: Planegg, Gauting, Mühlthal, Starnberg, Possenhofen, Feldafing, Tutzing, Diemendorf und Wilzhofen, Weilheim. Hier beginnt etwas Neues. Maschinenwechsel, Kreuzung. Weißwürste, doch Christina erlaubte es nicht. Unterland und Oberland begegnen sich. Von Augsburg bringt die Bahn über die Ammerseegegend schwäbische Laute. Aber Viehmarkt und Holzhandel kommen vom Gebirg nach Weilheim. Schon mengen sich unter die steckentragenden Viehhändler und behäbigeren Filzhutträger der Hochebene die Raubvogelgesichter aus dem Werdenfels. Polling. Huglfing. Uffing. Rechts blinkt der Staffelsee, die Waldberge kommen näher, Vorboten des Felsengebirgs ins milde Land. Links der gemalte Kirchturm von

Murnau, ein Schild ›Zur elektrischen Bahn nach Oberammergau‹. Jetzt bremst die Bahn das Gegengefälle bis Hechendorf hinunter: auf der Rückfahrt wird der Vater nicht versäumen, auf die hier nötige Schubmaschine aufmerksam zu machen. Behutsam dreht sich der Zug in die große Linkskurve. Lulu und Bob können die Maschine mit ihren langsam spielenden Kolben sehen. Aber kommt jetzt auf die rechte Seite! Da liegt es, silbern und still, fern, doch deutlich fein in den blauen Himmel des August gezeichnet: das Wetterstein. Die Kette ist breit entfaltet, schlank gelagert, die Herrin des feierlichen Tals. Es ist schneefreie Zeit. Gleichmäßig grau liegt links die lange Wettersteinwand; wenig Schnee blinkt auf der Dreitorspitze, dreigipfelig schwebt die Kette nach Westen: äußere, mittlere, innere Höllentalspitze, anmutig zeichnet sich vor sie das Dreieck der Alpspitze, tief liegen, kaum recht unterscheidbar, in kalter Schattenfarbe die Waxensteine. Über ihnen glänzt die Zugspitze in eisiger Klarheit: aus der tiefen Scharte nach dem Abfall der inneren Höllentalspitze hebt sich steil der Ostgipfel, im Westen wallt sie ab in Stufen und Falten.
Das Bild entzieht sich. Näheres ist zu sehen, Ohlstadt mit seinem Schotterwerk, die grüne, weite Mooslandschaft bis Eschenlohe. Dunkle Pferde weiden. Näher kommt rechts der Knorpelkopf des Ettaler Manndl, und hinter Oberau drängen sie sich näher von beiden Seiten, die fichtenbekränzten Schattenwände. Links grünt jetzt hell das Pfühlmoos, milchig strudelt die Loisach, Kiesel schleifend, durch ihr vermurtes Bett, Haselnuß, Zwergkiefer und allerhand Unterholz schatten über ihre Kiesbänke. Kistenkopf und Bischof, Krottenkopf, Fricken und Wank schieben sich heran und verengen das Tal. Die Fenster nach rechts sind offen. Der Rauch aus den langen Pfeifen verflüchtigt sich in den Geruch der Wiesen, die trocken in der Sonne liegen, das Grummet wächst, ein wenig kurz, doch kräftig und blumig, voll schaumiger Dolden. Von Wiese zu Wiese drängen

sich die Heuhütten, alle nach Süden offen, ein verstreutes Heer sauber gefugter Blockhäuser. Farchant: Tor in die neue Heimat. Jetzt wendet sich rechts der Königstand in die Front des Kramers. »Schaut unser Haus so aus wie das oder wie das?« »Nicht so groß, und größer als das.« Christina war schon beim Bau draußen gewesen. Seit Oberau ist rechts die Straße neben die Bahn getreten, so geleiten ihre Schotterhaufen und Vogelbeerbäume den Zug. Bob sieht die Bäume, die Straße, Häuser und Städel. Das Wetterstein ist wieder da, aber verändert, verschoben, nahe, rissig und griffig. Jetzt herrscht die Alpspitze, vom Höllentorkopf begleitet, die Waxensteine drohen, nun hat auch der kleine etwas zu sagen, der dreieckige, kräftige Gnom. Bob riecht die Wiesen, dort dengelt einer eine Sense, eine Frau im weißen Kopftuch gabelt Grünfutter auf einen Schubkarren, Heinzen liegen gestapelt für den zweiten Grasschnitt, da jubelt es in ihm, hier bin ich, hier, wirklich, und der Radschlag begleitet sein Glück. Runter die Rucksäcke, den Koffer, die Gleise mehren sich, eine Kohlenhalde, Güterwagen: Garmisch-Partenkirchen.

Hier, noch am alten von der LAG gebauten Bahnhof, war die Bahn zu Ende. Nach Mittenwald ging ein Postauto, auch nach Griesen, doch fuhr das über Untergrainau. Für die näheren Strecken war das Pferd noch im unbestrittenen Recht. Nach Hammersbach verkehrten Stellwagen mit der etwas übertriebenen Aufschrift ›Zur Höllentalklamm‹: zwei Pferde zogen ein offenes, mit Verdeck und Vorhängen geschütztes Gefährt, in dem die Insassen sich, wie in der Straßenbahn auf Längsbänken sitzend, die Gesichter zukehrten. Man gelangte in die beträchtliche Höhe auf der Hinterseite des Wagens über einen hohen Tritt und einen niedrigen Schlag; da oben war es sehr eng, aber furchtbar gemütlich: es roch nach Pferd, Seegras und Leder, auf dem roten Plüsch der Sitze lag der Staub der kalkigen Straße, das Außen und das Innen waren in der Einigkeit, von der alle

Romantiker träumen. Nach Obergrainau konnte man, je nach Zahl und Gepäck, im Einspänner oder im zweispännigen Landauer fahren, billiger als diese Privatgefährte war die Post, eine wahrhaftige gelbe, zweispännige Pferdepost. Bob durfte auf dem Bock sitzen – man glaubt nicht, wie hoch man da über der Deichsel und über den hart mahlenden Eisenfelgen sitzt – neben dem Postillon. Der, ein junger, schweigsamer Bursch, läßt sich Zeit, er nimmt Briefe ein und Pakete; endlich setzt er beim Bäcker Lödermann seine zwei Braunen in Trab auf der Straße in die Schmölz. Ein paar Autos fahren vor und schneidige Garmischer Radfahrer, links zieht der Fußweg neben der Straße. Nach dem Sägewerk rechts mit seinen Bretterlagen und gewichtigen maßstabschwingenden Männern die Fichtenschonung ›Brand im Ficht‹, dann neigt sich die Straße, in der Linkskurve dreht der Ignaz die Bremse zu. Dann kommt die Schmölz und die Hälfte. Die breite Staatsstraße, eben in der neuen Art für die Autos geteert, geht geradeaus in den dunklen Wald nach Untergrainau und Griesen, die Pferde aber wenden die Köpfe nach links auf die schmale, weiße Distriktstraße. Sie ist für Autos gesperrt, da dürfen die Pferde ihrer natürlichen Neigung folgen und in der Mitte gehen, am liebsten ein wenig links. Sie gehen Schritt, denn die Straße zieht jetzt aus der Niederung der Schmölz aufwärts. Der Ignaz bläst sein erstes Lied, viele kann er nicht, und gibt dem Bob die schweren Zügelriemen in die Hand. Weit und kräftig schlagen die Schwänze an das Spritzbrett, wohlig-gefährlich spürt Bob die Bewegung der Pferdeleiber in der kleinen Faust, genießend wandert der Blick über Kruppe und Widerrist zu den langen Hälsen. Die Ohren spielen, manchmal schrecken die Mähnen gegen die Fliegen, indes die kräftigen Beine gegen die Straße stackern. Jetzt lockern sich die Stränge, der Ignaz nimmt die Zügel wieder, die Pferde traben: Bob kann sich nicht sattsehen an dem nickenden Paar, das in edler Wiederholung die Köpfe nach innen kehrt; die Augen schimmern über den Deichselriemen, schön, aber ganz traut man ihnen nicht. Die Post holt einen Stellwagen ein, er wendet sich links nach Hammersbach. Die Alpspitze und der kleine Waxenstein schieben sich zusammen, der große Waxenstein reicht jetzt fast bis zur Zugspitze hinauf, da vorn sind die Thörlen, sagt der Ignaz, davor liegt der Eibsee, die kleine Spitze dahinter ist der Daniel, der ist schon in Tirol. Jetzt kommen die ersten Grainauer Heustädel, bald sind Christina und Lulu erlöst, sie haben es weniger schön in ihrem gelben Kasten. Der Bob erzählt dem Ignaz, und dabei bemerkt er die kleinen goldenen Ringe, die der in den Ohren hat, daß sie heute in ihr neues Haus fahren.

»Da rechts ist es,« ruft Christina vor, »das mit dem roten Dach und dem kleinen Turm!« Die Pferde müssen Schritt gehen, ein paar Meter geht es aufwärts, so bläst der Ignaz, nicht ganz passend, ›Muß i denn, muß i denn zum Städtele naus‹. Das Haus verschwindet noch einmal hinter einer Böschung aus angestaubten Buchen und Haseln, auf ihr steht rechts neben der Straße ein Kruzifix, dann öffnet sich der Blick auf die ersten Häuser von Obergrainau, aber das allererste ist jetzt das richtige. Das Lied ist aus, und auch die Reise. Da steht ein Schild auf einem weißblau gestrichenen Pfahl: ›von Brugsche Privatstraße. Benutzung nur mit besonderer Erlaubnis gestattet.‹ Der Privatweg, glatt und sauber gegen die Straße des Distrikts mit ihren kiesgefüllten Löchern, geht im rechten Winkel ab, bald macht sie einen Bogen nach links, und dorthin, wo die Kurve ausschwingt, um alsbald nach rechts zu biegen, hat der Diplomingenieur Spengel sein neues Haus gebaut. Der Ignaz hält und läßt den Bob hinunter. Die paar Schritte schleppt man den Koffer, der Vater steht strahlend am Zaun und nimmt auch das Mündel in Kauf; von droben, unter der neuen Tür, winkt die Mama. Es ist Freude, und schönes Wetter, und der vierte August neunzehnhundertzehn.

Alles war neu: der Staketenzaun an der Straße, im Rasen neben dem Tor lagen noch Spuren von Sand, Zement und Kalk. Frisch und ein wenig roh sticht gegen das Baumgrün die Bruchsteinmauer, mit der der Hügel nach Süden, nach der Waxensteinseite, abgestützt ist. Im frischen Grau glänzt der Betonsockel des Hauses, blendend weiß der Kalkbewurf, klebrig feucht darüber das Fuchsbraun des reichlichen Holzwerkes. Man erstieg die Höhe der Stützmauer in sanftem Rechtsbogen auf einem noch rohen Weg. »Da machen wir ein paar Stufen in die größte Steigung, und in die Mauer stopfen wir Wasen und Moos, das holen wir uns«, sagt der Vater. Jetzt sind sie vor dem Haus, unter den Zweigen einer mächtigen Buche. Der Vater zeigt auf einen Baumstumpf daneben: »Da ist noch eine gestanden, aber sie hätte dem Haus zuviel Schatten und Feuchtigkeit gegeben, wir werden auch die noch lichten müssen.« Dem Bob beginnt vor soviel Arbeit langsam etwas zu grauen, Christina und Lulu sind schon um den achteckigen Erker voraus, vor dessen Erdgeschoßfenstern rote Geranien stehen und begrüßen laut die Mama, wirklich sagt er »Küß die Hand, Tante«, der Wiener. Die Mama steht im Eingang, fünf Betonstufen hoch, unter einem grünen Schindeldach, das auf hölzernen Säulen ruht, über ihr heißt ein Schild, gerahmt von Latschenzweigen, die Neulinge ›Herzlich willkommen‹. Jetzt umfängt sie die Kühle des neuen Hauses. Es riecht nach neuem Holz, nach Farbe, frischen Latschen und Hefenkuchen, und weil alles frisch, neu und froh sein muß, strömt, guten Empfang verheißend, Kaffeeduft aus der neuen Küche, in der die Marie sich in selten guter Laune begrüßen läßt. »Kinder, kommt, wir gehen gleich in die Stube.« Und wie neu und freudig etwas sein kann, zeigt sich erst jetzt. Über dem geölten Bretterboden ist die Stube auf halber Wandhöhe mit einer hell gebeizten, vom Münchener Meister Lurz gefertigten Holzvertäfelung umzogen, darüber sind Wand und Decke kalkweiß, und Bob ist heute bereit, alle

Parkettböden und Tapeten gräßlich zu finden. Im Erker, nach Südosten, ist eine Bank in das Getäfel eingebaut, vor der ein runder Tisch den Erker füllt, eine Bank läuft auch um den dikken, grünen Kachelofen rechts neben der Gangtür im Westen, die Lulu gleich besetzt, um sein Leiblied, den Marsch vom ›k.u.k. Infanterieregiment, Hoch- und Deutschmeister Numero vier‹ mit Fingerspitzen und Handteller zu begleiten. »Kinder, kommt«, in der Hauptecke liegt das frische weiße Tischtuch auf der Ahornplatte des mächtigen Eßtisches, auch ihn umzieht eine Holzbank, aber der Vater liebt die Freiheit und sitzt auf der Stuhlseite. Wie gemütlich ist es hier, so gemütlich, daß man sich unterm Tisch ans Knie greifen muß vor lauter Freude. Der Kaffee ist da, bald rinnt er in die neuen weißen Tassen mit der blauen würfeligen Verzierung. Groß und wohlgelungen steht der Gesundheitskuchen, der Gugelhupf, in der Mitte des Tisches. Während sie essen und trinken und der Vater die Zigarre holt, ergreift die Stube von Bob Besitz: diese Tischecke, etwas dunkel, denn nur ein kleines Fenster, ein niedriges Rechteck, öffnet die Südwand der Sonne, und auch vor diesem Fenster blüht schattig die Geranie. Im Winkel hängt, mit Latschen verziert, das Kruzifix von Oberammergau, an der westlichen Schmalseite, wo die Mama ihren Platz hat, ein bunter Stich ›Eröffnung der Münchner-Augsburger Eisenbahn, den 1ten September 1839‹, über dem Bild hebt sich ein Hirschgeweih kräftig vom weißen Kalk. Sonst gibt es kaum Zierden, im Erker hängen zwei alte Kupferstiche, Szenen aus dem Leben eines Hirsches, die, auf der Auer Dult erworben, früher zu einer größeren Reihe gehört haben mögen. Ihr Licht erhält die Stube aus den drei Fenstern dieses Erkers und durch das große quadratisch verbleite Fenster an der Ostseite, vor dem ein kleiner Tisch, der ›Serviertisch‹, steht, zwischen ihm und dem Erker schwingt eine ins Getäfel eingebaute Standuhr, von bunten Tellern bekrönt, ihr langes Pendel und erschreckt die Gäste durch ihren raschen ratternden Schlag. An der Nordwand steht rechts neben der Gangtür, dem Ofen gegenüber, wieder im Holz der Täfelung, das breite ›Büfett‹ mit den Deckelkrügen für das Bier, mit dem Zinngeschirr aus dem Elternhaus des Vaters – ein Maßkrug mit einem Ingenieur darauf, Erinnerung von einem Technikertag, und ein zinnerner mit Tragring versehener Mostkrug, auch von der Auer Dult, waren für Bob die Glanzstücke. In winterlanger Arbeit hatten Mutter und Schwestern auf schweres Leinen in rotem Kreuzstich heraldische Löwen gestickt, die das nachzeichnende Auge nicht immer recht zusammenbrachte; sie lagen als Deckenlöwen auf den Tischen und sprangen als Vorhangtiere an den Fenstern. Die Bänke wurden bald als recht hart empfunden, so daß die Damen ihre Kunstfertigkeit an die Herstellung langer Bankkissen wenden mußten.

Nach dem Kaffee besichtigt man, durch oft gezeigte Pläne wohl vorbereitet, das Haus. Neben der München-Augsburger Eisenbahn führte eine Tür in ein zweites Wohnzimmer, das bald ›Salönchen‹ genannt wurde, und das schon in diesem Namen seine unglückliche Natur verriet. Das Salönchen litt darunter, daß das Haus ein Sommerhaus war. War das Wetter schön und warm, brauchte man kein Wohnzimmer, zumal der Vater darauf sah, daß die Familie früh ins Bett kam. Regnete es, und dann wurde es auch im Sommer kalt, entfernte sich niemand vom Ofen, und überhaupt blieb das Leben am liebsten im Herrgottswinkel. Hier las man seine Bücher, die Münchener Neuesten Nachrichten und den Loisach-Boten, hier am Tisch spielten die Großen ihren Tarock, hier wurden die Gesellschaftsspiele getrieben, die man aus der Schublade des großen Eßtisches holte, besonders den unerschöpflichen Freudenspender, das rosarote Dichterquartett. »Hast du vielleicht vom Grillparzer Des Meeres und der Liebe Wellen?« »Bedaure, nein, das hab' ich nicht, aber von dir krieg ich sicher vom Körner die Rosamunde und vom Rückert die Weisheit des Brahmanen.«

Milde, goldene Westsonne schien, bevor sie hinter den Thörlen verschwand, in die Küche. Doch strebte die Familie jetzt über die helle hölzerne Treppe in den ersten Stock, wo Geschmack und Sparsinn des Vaters eine ebenso hübsche wie vereinfachende Lösung der Möbelfrage gefunden hatten. In allen Zimmern standen die gleichen einfachen Möbel aus Tannenholz, nur durch die Farben waren die Zimmer unterschieden. Das große südliche Mittelzimmer war das Schlafzimmer der Eltern, auch das ›rote‹ genannt. Denn braunrot wie der Ofen waren hier die Betten, der Schrank, der weit ausladende Waschtisch. Links daneben lag das Fremdenzimmer, das kaum einmal leer stand: denn Gäste zu haben ist eine der Hauptfreuden des Landhausbesitzers. Dieses war das ›weiße Zimmer‹, und ihm entsprach auf der anderen Seite des elterlichen Gemachs das ›blaue‹, das immer mit Wiesenblumen geschmückte lichte, kühle Reich der Schwestern. Dann kam, wieder nach dem geliebten Westen schauend, das Badezimmer, vom Vater mit besonderer Sorgfalt eingerichtet. Auch für den Bob war das Badezimmer fast das schönste, und ein feierlicher Raum im Hause, Stätte erlesenen Genusses. Mild fällt das abendliche Licht nach einem Sommertag durch das schmale Fenster, durch das Laub von Buchen und Espen. Hier im Gebirg gehen auch heiße Tage kühl zu Ende. Draußen ist es fast kalt, unter dem Badeofen aber prasselt Fichten- und Buchenholz, das Wasser wird heiß, Bob liegt darin, glücklich hingegeben dem winterlichen Innen, schaut er hinaus in den Sommer, wenn er tief genug ins Wasser taucht, kann er die Zugspitze sehen. Das Bad dauert lang, niemand mahnt zur Eile, und Bob muß nachdenken. Worüber? Oh, worüber? Das Schönste ist das Nachdenken selbst, so schön wie das Leben. Hier bin ich, hier, in Grainau. Aber endlich meldet sich die Pflicht, der Bürste und der schäumenden Seife sind die Knie besonders empfohlen. So liegt der Bob denn doch endlich sauber in seinem Bett; sein Zimmer, neben dem Bad nach Westen gelegen, ist das ›grüne‹, einfacher eingerichtet als das weiße, das rote und das blaue. Statt des Waschtisches ein eisernes, grünes Gestell mit Schüssel und Kanne aus Email; dafür, übers Eck, ein alter, jetzt grün gestrichener Schreibtisch, auf dem Landgrafs Lateinische Grammatik und das giftig-braune Lehrbuch der Arithmetik nicht fehlen. Auf der lustigen roten Wand gibt es noch einmal Bilder von Paul Hey, über dem Bett: wieder der gute Kamerad, und ›Wer will unter die Soldaten‹: auf dem grünen Anger vor der Stadt ist die Kompanie mit Papierhelm, Holzsäbel, Pickelhaube und Steckenpferd angetreten, im Hintergrund fährt eine Postkutsche. Aber so froh das alles ist, jetzt, am Abend, ist das Zimmer dunkel, die grünen Holzläden sind zugeklappt. Die sommerliche Dämmerung dringt durch zwei Herzen ein, doch macht sie das Zimmer nicht heimeliger, und Bob, unter seine Decke gegraben wie ein Tier im Bau, hat Angst, die tägliche Angst, gegen die kein Gebet hilft, die Angst vor dem Feuer. Im vorigen Jahr hatten Spengels den Sommer in Bad Schachen am Bodensee zugebracht, in dem ›Zwinghof‹, der den Vettern Fels gehörte. Eines Abends in der Dämmerung brannte die Villa Wacker mit irgendwelchen Nebengebäuden ab. Bob hörte von verbranntem Vieh, roch verkohlte Balken, sah die glimmende Brandstätte. Wenn er vom Zwinghof zu den Lindauer Verwandten gehen mußte, bedrohte ihn die dunkelrote Ruine des schloßartigen, unverhältnismäßig hohen Hauses; nur in atemlosem Lauf überwand er die Stelle. Seitdem ließ ihn die Feuerangst nicht los. In Grainau erneuerte sie sich heftig, weil es dort kein elektrisches Licht gab. So standen die Kerzenleuchter am Abend auf dem Büfett in der Stube, und wer ins Bett ging, trug sein brennendes Licht über die Treppe, und der letzte löschte die Petroleumlampe über dem Dichterquartett. Für Bob waren so viele Lichter und so viele Kerzen Erinnerungen an die brennende Villa am Bodensee. Man wollte ja glauben, daß das Petroleumlicht unten richtig gelöscht worden war, und die anderen mochten ihre Kerzen hüten. Aber die eigene Kerze machte Sorgen. Pedantisch stierte Bob in den abglimmenden Docht; mußte er die Kerze neu entzünden, so bewachte er lang über die Zeit das ausglühende Streichholz. Schon zu dieser Wache gehörte Mut: man mußte die Augen aufmachen in der Dämmerung, in die Stille hinaushorchen, und drohend, als wüchsen sie zur Decke, spitzten sich die weißen Zipfel von Plumeau und Kissen: man mußte sie glattschlagen, aber dann war Bewegung und Geräusch und rasende Angst. Konnte nicht der Kopf des Zündholzes, konnte nicht ein Funke auf den Boden gesprungen sein? War es nicht doch besser, noch einmal nachzuschauen, in allen Ecken des Zimmers und besonders gründlich unter dem Bett? Bald setzte sich der gesunde Bubenschlaf durch, und alle Angst war vergessen, wenn am Morgen der Vater ins Zimmer stürmte. ›Die Fenster auf, die Herzen auf!‹ das war sein Weckruf; und so zog er die Fensterflügel öffnend herein und stieß die Läden hinaus. Die Westseite des Hauses war jetzt im Schatten, und doch lag die Pracht des anbrechenden Sommermorgens vor dem grünen Zimmer. Gerade unter dem Fenster goß Bobs Spezialheiliger St. Florian einen Eimer Wasser auf ein schrecklich brennendes Haus. Drunten aber fiel mit kräftigem Druck richtiges Wasser in den hölzernen Brunnentrog. Scharf zeichnen sich die Buchen vom blauen Himmel, unermüdlich spielt das Espenlaub in der scharfen Luft.

Mama las Niels Lyhne von Jacobsen, und Georg Hermanns Jettchen Gebert, und dann natürlich die Fortsetzung ›Frau Henriette Jacobi‹; und jetzt legte sie die Häkelarbeit zwischen die Seiten, die Schwestern stellten ihre Klöppelkissen weg und brachten die Emailschüssel mit den Bohnen. Die Damen saßen auf der Südseite des Hauses auf der grünen Bank und machten ihre friedliche Arbeit, auch die Freundin tat mit, die schöne Elisabeth, der die Dirndlkleider so gut standen. Eine Eidechse krabbelt auf einen Stein der Böschungsmauer, Erhard langweilt sich um die Clematis herum, es war ja die sonnige Kindheit. Abends brannte ein Lampion. Elisabeth spielte auf dem Balkon, das Holzwerk gab eine gute Akustik, die Geige klang dunkel wie Christinas Alt. Oder Elisabeth stellte sich unter die große Buche und spielte das Violinkonzert von Bruch die Hauswand hinauf. Droben über Wald und Muren standen die Alpspitze und der Waxenstein.

»Heute frühstücken wir auf dem Söller.« Der Holzbalkon umzog, die Werdenfelser Bauernhäuser nachahmend, den oberen Stock so, daß im Westen kein Zimmer an ihm Anteil hatte. Im Süden ging das Blaue Zimmer auf den Balkon, doch nur mit einem Fenster, das freilich der Bereitschaft Bobs, vom Balkon zu den Schwestern zu klettern, keine Schwierigkeiten bot. Wer den Balkon regelrecht betreten wollte, war auf die Balkontür im Süden des elterlichen Schlafzimmers angewiesen. Östlich neben ihr trat der Söller, sich zu einem rechteckigen Sitzplatz mit rotem Tisch und roten Stühlen erweiternd, auf Kosten des Schlafzimmers zurück. Von hier zog er, am elterlichen Ostfenster vorbei, so hart vor das Fremdenzimmer hin, daß der Vetter Fels ins Gästebuch dichten konnte:

›Wohl geruht im Weißen Zimmer,
Kleidest du dich ängstlich an,
Da vom hohen Söller neben
Damenblick dich treffen kann.‹

Auf diesem Söller lockte jetzt das Frühstück zum ersten Behagen des Tages. Mit seinem ›Wunderbar‹ und seinen ›Ah‹ lehnte sich der Vater zurück und genoß sein neues Haus, das sonnenwarme Balken- und Bretterwerk dieses Balkons, das frische Grummet, den laufenden Brunnen, die silberne Alpspitze. Da war der ewige Schneefleck im Schatten oberhalb der Mure des großen Waxensteins, da grünten Buchen und Fichten und Lärchen steil hinauf bis zum Fels, die Sonne aber glänzte auf dem Ostgipfel der

Zugspitze, weiß und klar leuchtete der Berg und sandte seinen Glanz wie ein König in die Runde des Gebirgs. Freier war die Aussicht von dem kleinen Balkon oben im Giebel, auf den das schöne Südzimmer von Marie und Zenzi mündete. Von dort klangen die aus der Münchener Küche bekannten Lieder oder der Ton der handgetriebenen Nähmaschine. Bob stieg täglich hinauf, denn er legte Wert darauf, daß mindestens zum Vier-Uhr-Kaffee mit dem Glöckchen geladen wurde, das im Dachreiter hing; es wurde vom oberen Balkon aus mit einem Draht betätigt, der vor dem Läuten einen etwas röhrigen Ton gab.

Diesen Kaffee, die wichtigste und am sehnlichsten erwartete Mahlzeit des Tages, konnte man auch im Garten trinken. Im Garten, oder vielmehr auf dem Grundstück, denn zu einem wirklichen Garten fehlten wichtige Voraussetzungen. Ebenes Gelände gab es in diesem innersten Teil des Werdenfels wenig, und das wenige war bäuerliche Wiese. Dem Städter, der einen Bauplatz suchte, verkauften die Einheimischen nur die Waldparzellen, die als steile Buckel die Niederung zwischen Waxenstein und Kramer zu einer steinigen und moosigen Höckerlandschaft machten. Wer hier, im Zigeunerwald, grub, kam auf Stein, und bald auf gewachsenen Fels. Das Werkzeug des Gärtners, der sanfte Spaten, versagte, man mußte zu Pickel und Schaufel greifen, und wer baute, mußte sprengen. In Untergrainau und bei älteren Grundstücken war es besser, aber die bescheidenen Hinweise der Mama auf Beispiele dafür, daß man die Majestät des Gebirgs und die Schönheit der Bäume auch hier durch die Pracht eines Blumengartens ergänzen könne, vermochten den Vater nicht, die dünne Humusschicht durch unabsehbare Zufuhren dicker zu machen. Er betrieb die gärtnerische Seite der Landhauslust mit halbem Herzen, und auch die Lektüre des ›Gelben Gartenbuches‹ mit seinen Rezepten für mildere Böden machte aus dem Freund der Buchenstämme keinen Gärtner. So entstanden Blumen – von Gemüse und

Obst, die ein klingelnder Eselkutscher vor die Zauntür brachte, war schon gar nicht die Rede – nur an den Punkten des geringsten Widerstandes. In den Beeten, aus denen wilder Wein und Geißblatt über die Hauswand gezogen wurde, säte man Kapuziner, am südlichen Zaun, wo von der weißblauen Fahnenstange zu festlichen Gelegenheiten die schwarz-weiß-rote Fahne wehte, wiegte sich der bekanntlich ›dankbare‹ Phlox. Gleich an der Tür am Zaun entstand im ersten Jahr ein kreisrundes Rosenbeet, doch wurde den Sorgen, welche die Königin der Blumen verursachte, nach wenigen Jahren durch entschlossenes Hinpflanzen einer Blautanne ein Ende gemacht. So blieb es beim ›Naturpark‹, wie der Vater das Feld seiner gärtnerischen Mißerfolge nannte. Dieser machte Arbeit genug. Denn so wenig der Vater ein Gartenarbeiter wurde, so sehr war er ein Arbeiter.

Auch das Haus gehörte in die väterliche Welt der Eisenbahn. Als Zaunpfosten waren Schwellen in den Boden versenkt, auch der Brunnenstamm ruhte auf diesen unverwüstlichen Eichen mit ihren Schraubenlöchern und Schienenspuren. Krumme Nägel schlug der Vater auf einem kleinen Amboß gerade, der sich als ein Stück Eisenbahnschiene erwies, und noch so manches Werkzeug, manches Eisen-, Holz- oder Ölwerk mußte Murnau, Thalkirchen oder die Münchener Bauleitung beisteuern.

Innerhalb des Schwellenzauns aber werkte der Diplomingenieur Spengel wie ein Eisenbahner am Feierabend – nur ein wenig großzügiger, und ein wenig schwerer. Gerade das Haus zu bauen, gerade noch den Staketenzaun zu ziehen, eben noch die ersten rohen Wege anzulegen war den Bauleuten erlaubt worden. Von jetzt an wurde alles selbst gemacht, soweit es eben ging, und ging es gar nicht mehr, dann waren die zuständigen Handwerker freilich nicht allzu bereit, die dem Fachmann doch etwas eigenwillig vorkommenden väterlichen Werke zu vollenden oder zu retten: ein Grund mehr, die Sache doch ohne sie zu zwingen. Schließlich hatte man seine eigene Begeisterung, den Sinn für die Handarbeit, gutes und reichliches Werkzeug, viel Draht und vor allem als Bewunderer, Lehrling, Freund, Ansprache und Handlanger den allezeit willigen, doch nicht jederzeit begeisterten Bob.

Es wäre unmöglich, eine Geschichte der Arbeiten des Ingenieurs Spengel nach der Zeitfolge zu schreiben. Denn sie waren unabsehbar. Eine erzeugte die andere, und aus der Erfüllung von Wünschen ergaben sich neue Notwendigkeiten. Mit dem verbreiteten Bestreben von Städtern und Geistesarbeitern, sich mit Hacke und Spaten zu erfrischen, hatten Spengels Werke wenig zu tun. Aus dem Spiel wurde Ernst, und um so echter war die Freude des Mannes an seinem Spielzeug.

Man kann die Grainauer Handwerksvergnügungen vielleicht in Uranschaffungen, Vermessung, Wege- und Stufenarbeiten, Holzarbeit und ›Laufendes‹ einteilen.

Die wichtigste Uranschaffung war der Zaun. Er war fertig, als das Haus bezogen wurde. Aber im Mai 1912 erwarb der Vater im Osten eine Parzelle hinzu, die neben neuen Steigungen und Steinen ein ebenes Wieschen umfaßte, auf dem man hoffte, das damals noch beliebte Krocketspiel betreiben zu können. Aber erst mußte das neue Stück eingezäunt werden. Schwellen des wegfallenden Zaunstücks wurden aus dem Boden gehoben, neue Schwellen angefahren. Sie mußten versenkt werden. Leicht gesagt. Vierzig Zentimeter sollten sie in den Boden, schon der zweite Pickelhieb kam auf Stein. So mußten die Löcher breit gegraben werden; immer härter wurde die Pickelarbeit. Die vier Urlaubswochen des Vaters waren kurz, so verkürzten sich die Pausen, recht früh am Morgen gingen ›die Fenster auf, die Herzen auf‹. Dann kam Draht, viel Draht, schöner dicker, wie er neben den Gleisen auf Rollen läuft, die Signale zu ziehen. Fünffach sollte er, bergauf, bergab und am Krocketplatz die Schwellen umgreifen: es war schwer, ihn zu spannen. Ein Flaschenzug mußte her, und nun wurde, als praktische Erläuterung physikalischer Gesetze, Draht gezogen, vormittags und nachmittags, bei Sonne und Regen. Endlich klangen die unfehlbar treffenden Hammerschläge des Vaters: vorsichtig klopft der Hammer an, um mit immer härter werdenden Hieben die Krampen in die Schwellen zu schlagen, die den Draht anklammern. Aber der Drahtzaun war häßlich, und durchsichtig dazu, so sollte ihn eine Hecke ergänzen. Wirklich arbeiteten bald Pickel und Schaufel, und vor dem Krocketplatz wurden junge Erlen gesetzt. Natürliche Zäune liebte der Vater, und landesüblich war eine Hecke aus dichtgepflanzten Fichten. Hunderte von solchen Fichten wurden hinter den Staketenzaun gepflanzt, mit gutem Erfolge, nur auf der Nordseite wollten die Bäumchen nicht kommen. Die Beschaffung war ebenso einfach wie mühsam. Man brauchte den Bob, zwei große Rucksäcke, den Knikker, eine kleine Hacke, die im Rucksack verschwinden konnte, und dann gings bergauf gegen den Waxenstein zu, der Vater hackte, Bob zog, und die Rucksäcke füllten sich mit stacheliger feuchter Beute. Die Überzeugung der Mama und der Schwestern, daß dieses Verfahren Forstfrevel, um nicht zu sagen Diebstahl sei, konnte und sollte nicht widerlegt werden. Die ›Männer‹ genossen sich selbst ein wenig als Wilderer, der Vater vermied natürlich Schonungen, nahm nur wilden Anflug mit und fand mit den alten Deutschen, daß ein freier Mann dem Staatseigentum gegenüber einen gewissen Spielraum haben müsse, besonders im Hochwald. Forstbeamten brauchte man trotzdem nicht zu begegnen.

Der Krocketplatz war längst nicht mehr wichtig. In seiner Baugeschichte erwähnt ihn der Vater nicht. Doch sagt er: ›Mit dem Gebietszuwachs wurde die Herstellung eines Weges mit einer Steigung von zehn Prozent möglich.‹ Inhaltsschwere Worte! Zehn Prozent, das ist eine Steigung um einen Meter auf zehn Meter Länge, eben die Steigung, die Stufen vermeiden läßt und auf der man einen vollbeladenen Handleiterwagen gerade noch von der Stelle bringt. Mit einem solchen Weg konnte der Wagenverkehr im Grundstück eröffnet werden, und zuweilen schien es, als sei dieser Verkehrsfortschritt der eigentliche Sinn des neuen Landerwerbs gewesen. Die Bedeutung des Leiterwagens für Erhards Leben in Grainau ist schwer zu übertreiben. Vor ihm trabte er als Pferd, auf ihm lenkte er, hatte er einen willigen Genossen, mit Leitseil und Peitsche den Freund. Bald motorisierte man sich: die Deichsel, unter das vordere Querscheit gezogen, wurde zum Lenkrad, und unermüdliche Übung lehrte am Fuß des Gefälles haarscharfe Kurven ziehen. Stürze blieben nicht aus, und selten waren die Bubenknie ohne Pflaster und Narben. Seit 1913, als die Bahn von Garmisch nach Reutte lief, waren Ankunft und Abfahrt mit dem Garmischer Zug ohne Leiterwagen nicht mehr denkbar, bis das ewige Gerassel des sklavischen Gefährtes lästig, dem beginnenden Jünglingsalter fast ehrenrührig wurde. Aber den ernstesten Dienst leistete der Leiterwagen, bald von einem eisernen Schubkarren unterstützt, doch auf dem Grundstück. Man tat kaum etwas ohne ihn. Sogar die Kiste mit den scheppernden Drahtbögen, den Kugeln und Schlägern wurde auf dem zehnprozentigen Weg an den Krocketplatz gefahren, wenn denn doch einmal gespielt wurde. Sackleinwand aber – ein ›Rupfen‹ – machte den offenen Sprossenwagen dicht. Irgendein Ostler oder Buchwieser hatte ein paar Kubikmeter Kies vor die Gartentür geworfen, und nun begann, für den neuen Weg oder für die alten, auf denen der Regen trotz allem Stufenbau den Kies immer wieder abwärts schwemmte, ein wohlorganisiertes Kiesfahren: der Bob stemmte als Pferd die Füße in den Weg – zehn Prozent! –, der Vater verteilte hinter dem fahrenden Wagen mit der Schaufel den frischen Kies, Fuhre um Fuhre, Stunde um Stunde. Dann schmeckte gut zur Brotzeit um zehn Uhr die Hartwurst und das Brot. Tief ermüdet genossen Vater und Sohn die Pause. Das war keine Sommerfrische mehr, kaum noch ein ›Landaufenthalt‹, das war gewöhnliche Arbeit. In späteren Jahren hatte Bob das Gefühl, in Grainau im wesentlichen Kies gefahren zu haben. Dies war natürlich unrichtig – schon darum, weil es ja viele andere Arbeiten gab. Also die Vermessung, schreckliche Anwendung von Rechnen und Geometrie im unebenen Gelände. Der Vater mußte die Höhenkurven im Plane haben, wie die Ausgaben im Kontobuch. So kletterte Bob mit Meßlatte, Wasserwaage und Zehnmeterband durch Gebüsch und über Felsen, heiß bei Sonne und naß bei Regen: die einzige Tätigkeit, die ihm zuwider war, weil er sie nie ganz verstand, weil er darum oft das Falsche tat und, immer unsicher, vom Vater ungeduldig angerufen wurde – wie sollte die Ungeduld auf zehn Meter Entfernung auch anders als barsch zu Worte kommen. Über die Meßlatte vergoß er Tränen, er verachtete in seiner Ohnmacht den Beruf eines Geometers und stellte sich mit würgender Kehle die bittere Frage, ob er nicht auch einmal ein Sommerfrischler sein könne wie andere Buben, ohne Wasserwaage und ohne Kiesfuhren. Immerhin, diese Arbeiten im Gelände waren wenigstens Großunternehmungen wie auch das Lichten des Wäldchens, wie der Wegebau, das Anhebeln der Felsbrocken, das Betonieren der Stufen. Daneben gab es die eintönige Tagesarbeit, Holzsägen und Holzbeigen hinterm Haus, nicht gelegentlich, sondern stundenlang, nicht weniger ausgedehnt das Handlangen beim Vater in der Kellerwerkstatt. Es kann nicht verschwiegen werden, daß der Ingenieur Spengel und sein Sohn einen beträchtlichen Teil ihrer Sommerferien im Keller zubrachten.

Erhard sitzt in seinem Zimmer. Er liest eins von den Lieblingsbüchern, den Sigismund Rüstig von Kapitän Marryat, Sophie Wörishöffers Robert der Schiffsjunge oder das Lappenbuch Afraja. Axtschläge dröhnen dumpf durch das stille Haus, erschüttern die Treppe, erschrecken immer von neuem die Mama:

›bei diesem Wetter! Muß der Mann an dem sonnigen Tag im Keller Holz machen? Regnet es denn nicht genug?‹
Erhard klappt das Buch zu. Er seufzt nicht einmal. Die Axtschläge warten, sie mahnen und, er findet, sie bitten. Er geht hinunter. Der Vater freut sich. Die Schläge fallen mit Wucht, etwas zu wuchtig, um nicht doch den Städter zu verraten. Doch sachgemäß dreht sich in der Luft die Axt mit dem Buchenklotz, sie fällt, Schneide nach oben, der Klotz trennt sich auf. Die Stücke fliegen – etwas zu weit. Erhard kann zureichen, dann aufbeigen. Er denkt an den Homer, er sieht Nausikaa, während sein Körper im selbstgewählten Takt die Buchenstücke greift. Er ist froh, daß er da ist. Man darf diesen Mann nicht allein arbeiten lassen. Ehre Vater und Mutter. Achte ihre Spiele. Aber das Spiel ist lang und ernst, ernst gespielter Alltag. Hinter dem Hackblock – es ist das Unterteil der einst vor dem Haus gefällten Buche – und dem selbstgemachten dreiteiligen Sägebock, in der Südwestecke des Arbeitskellers, steht die Hobelbank: aus Murnau, LAG. Hier entstehen die Werke. Hier steht Erhard an der Spindel und dreht auf und zu. Er hobelt auch einmal oder schlägt krumme rostige Nägel gerade, auf der Eisenbahnschiene, bei Regen und Sonne. Die Mama, noch immer ein wenig verwundert, bringt das Hartwurstvesper. Die Männer tragen es auf den großen Tisch in der Waschküche. Vor dem Fenster über dem Waschtisch spielt der wilde Wein. An Waschtagen tropft die Kernseife, kocht das Wasser im trefflichen Kessel, an Bügeltagen glüht noch die Holzkohle im Eisen. Die westliche Tür führt ins Freie, unter den Florian, zum Fels und Brunnen. Über die Brunnensäule hat der Vater ein kleines Dach gebaut, Schutz für die Seife, mit der er sich jetzt vor Tisch im Brunnentrog die Hände wäscht. Weiß zieht die Seife in Wolken durch das klare Bergwasser. »Wunderbar«, sagt er, und sieht die Zugspitze. Er sieht sie eben, und vorher hat er Holz gemacht, im Keller. Ist es nicht schöner als der Ausflug an den Badersee?

Bis zum Essen wäre noch etwas Zeit für Nausikaa. Aber Erhard muß jetzt aufräumen. Er weiß schon, und das Leben wird es nur bestätigen, daß eigentlich alle Arbeit Aufräumungsarbeit ist. Er weiß es für immer, seit die im nächtlichen Regen aufgeweichte Arithmetik, seit die verschlampte Schaufel dem Vater seltene Worte der Erziehung abgewann. Alles muß an seinen Platz: Schaufel, Pickel, Steinschlägel, Schubkarren, Sieb, Rupfen, der widerspenstige Draht, die Gießkanne, mehr fürs Mischen von Beton als fürs Gießen bestimmt. Unter der Decke über der langen Leiter – auch die Dacharbeit mißgönnt der Vater dem zünftigen Handwerk – hängt der Schöpfer mit der langen Stange, auch der Hebebaum, mit dem am Ring der schwere Deckel von der Versitzgrube gehoben wird. Dies geschieht, auf Vorschlag der Damen, nicht am Sonntag, und nicht gerade, wenn Gäste kommen, doch recht häufig. Auch hier ist peinliche Ordnung und Ernst. Vesper, Mittag, Feierabend: dies lernt Erhard früh, wie den Rhythmus, den glücklich machenden, der Arbeit. Nie mischt sich in die Arbeit ein Spiel. Sie ist selbst ein Spiel. Aber das Spiel des Vaters.
Für die Bücher, für die ›Tätigkeit‹ – so sagt er – des Sohnes hat der Vater Verständnis, er liebt stolz seinen Eifer, und er will ihm gern Zeit lassen für ein eigenes Leben. Darum geht der Nachmittag an wie der Morgen. Nausikaa hat nun Zeit, die Wäsche zu holen. Erhard-Odysseus schaut ihr zu. Er sitzt, unbequem genug, auf dem langen waagerechten Ast eines verkrüppelten Apfelbaums. Man glaube nicht, daß dieser Baum jemals eßbare Früchte getragen hätte, es war ein wilder Apfelbaum. Die Sommerfreuden des Kirschenessens, des Zwetschgennaschens und Birnenvertilgens vom Baum, des Beerenpflückens vom Strauch gab es in Obergrainau nicht. Davon konnte man in dieser großartigen Wüste von Fels, Buche, Fichte, Espe und Lärche nur in den Mädchenbüchern erfahren, in denen Erhard so gern las, und mit Neid dachte er an die schwäbischen oder

auch englischen Pfarrhäuser, in deren jasminduftenden Gärten sich ebenso brave wie lebhafte Kinder an Stachelbeeren überaßen, oder an die ›Vier Wildfänge‹, die als Gäste einer norddeutschen Pfarrfrau ›herrlichen Napfkuchen‹ in Geißblattlauben verzehrten; diese Kinder konnten sich in ihren Gärten sogar bewegen, ohne nach wenigen Schritten einen Steilabfall überwinden zu müssen. Der Apfelbaum stand wildverzweigt mit anderen Laubbäumchen im Fichtenwald, auf dem Erhardsberg: so hatte noch im ersten Jahr die Tante aus Lindau den zweiten, den östlichen Hügel des Grundstücks getauft. Wirklich war er Erhards Bereich. Selten stiegen Erwachsene, am seltensten die Schwestern hinauf über den verwachsenen Pfad. Oben stand, von Karbolineum getränkt, vom Vater gezimmert, Tisch und Bank. Hier konnte man Aoriste lernen und unregelmäßige Verba, fürs Lesen war der Apfelbaum bevorzugt. Er war niedrig und wiegte sich kaum. Aber Erhard sah die Wipfel der mächtigen Fichten sich im blauen Himmel neigen, deren Stämme ihn umstanden, hörte das Rauschen, das leise Sausen der langen Äste, der schweren Nadelbüschel. Wie tief war das Blau des Himmels über diesem Grün, über dem Weiß der Zugspitze, die sich zwischen den Zweigen ahnen ließ. Wie still, wie geborgen, wie klein war die Welt am Apfelbaum, am Tisch, am Lattenzaun, dem hier, im ›Naturpark‹ nicht einmal die Ehre der Fichtenhecke wurde. Wie groß war die Welt ausgespannt zwischen dem nie geschnittenen Waldgras, den Tausenden von Maiglöckchenblättern und dem Himmel, hinweg über das schwindelnde Neigen der Astspitzen. Gott, du bist bei mir. Der Schöpfer dieses Käfers (nie betrachtete Erhard diese Tiere genau oder hätte sie fangen wollen), Herr der Sterne (nie empfand Erhard den Trieb, sie zu benennen), Urheber der Liebe, die da drüben wohnt, in dem Haus, wo die Eltern wohl gerade den Mittagschlaf beenden; schon steigt der saubere Holzrauch aus dem Kamin, bald gibts den Kaffee. Erhard springt vom Apfelbaum. Steil fällt der Hang zum Zaun. Erhard gleitet durch das hohe, harte Gras hinunter, umfaßt zwei Zaunlatten, sucht mit dem Daumen den tief im Holz versenkten kühlen Nagelkopf; schüttere Rinde schält sich in die Handflächen. Man muß sich manchmal festhalten. Oder plötzlich sinnlose Worte sagen, oder galoppieren. Vor Glück. Vor Einsamkeit. Vor Erwartung. Vor der Nähe Gottes.

Jetzt ist es wieder gut, Friede. Zurück zu den Phäaken.

Erhard hört einen schurrenden Ton. So laufen Kiesel zwischen den Zähnen eines Rechens. Der Vater, mit Kragen und Krawatte, im guten Rock, recht den Weg unterm Erhardsberg. Dazwischen hackende Geräusche, kleine Feierabendarbeit. »Erhard!« Erhard möchte zornig werden, vielleicht weinen. Aber der Ruf war gut, warm, nach einem Zögern, möchte es scheinen. Also, gehen wir. »Das Gras wächst immer wieder von den Rändern in den Weg. Die Jäterei hat keinen Zweck, und mit dem vielen Rechen holt man nur die großen Steine aus dem Kies. Am besten stechen wir den Rasen weg und setzen die Steine an den Rand, die neulich an der oberen Kurve herausgekommen sind. Die Mutter ruft zum Kaffee, das machen wir morgen.«

Sie sitzen auf dem Kaffeeplatz, auf den eisernen Stühlen, die für die Eltern Armlehnen haben. Drüben, auf dem Berg, liegt der Homer. Erhard hofft. Der Vater ist unruhig. »Weißt du was?« Erhard braucht nichts mehr zu hören. Die drei Worte heißen: wir ziehen uns um, wir fangen an. Zehn Minuten später lädt Erhard die Schaufel, den Pickel, den Schlegel auf den Leiterwagen. Er ist jetzt wütend. Wir fahren Steine. Jetzt, nicht morgen. Er rasselt den Wagen über den Ablauf der Waschküche, kracht ihn über die Schwelle, haut die Räder den nächsten Weg hinunter über die Betonstufen. Das ist keine Arbeit mehr. Ein rücksichtsloses Spiel, hadert er, aber nicht das meine. Drunten wartet der Vater. Sie arbeiten behutsam. Vor dem Essen machen sie Feierabend. Wieder ist Frieden. Erhard geht noch einmal auf seinen Berg. Vielleicht regnet es heute nacht, und vielleicht regnet es morgen. Darum muß man den Homer holen, dann war es ja doch gut, daß wir die Steine heute gesetzt haben.

Siebentes Kapitel

SONNTAG-VORMITTAG

Ein helles leuchtendes Rot, ein wenig Gold darüber, das ist der Sonntag. Er ist so rot wie Gott Vaters Mantel im Liederbuch, so golden wie eben die Sonne. Er gibt auch dem Montag etwas von seinem Rot, aber es ist stumpf und ein wenig rostig wie die Blechdächer vor Erhards Fenster. Rot ist auch der Donnerstag, er spielt ins Braun, nicht unfestlich, denn mit ihm fällt die Woche zum Sonntag ab. Nahe am Sonntag ist der Freitag: hellgrau wie der Schellfisch, der an diesem Tag auf den Tisch kommt mit Rücksicht auf die katholischen Dienstboten, und weil ihn die Nordseehalle, der Sitte gemäß, zu dem Fasttag am frischesten liefert. Der Samstag, von nicht zu tiefem Schwarz, wie sein Vokal, ist nur des Sonntags Knecht, die Vorfreude der Freude, mit Feierabend und Bad, Putzeimerhenkelklappern in Gängen und Treppenhäusern. Sein kleinerer Genosse ist der Mittwoch: ockergelb mit ein wenig Grün, für Bob und Erhard nicht mehr zu trennen von Struwwelpeter und Zappelphilipp, wo diese Farben herrschen. Nachmittags ist schulfrei, und so hat die Woche, betrachtet man sie mit Lebenskunst, einen einzigen richtigen Werktag, den Dienstag. Zu ihm reichen die Strahlen des vergangenen Sonntags nicht mehr, und endlos dehnt sich die Woche nach diesem schmutzig-weißen Tag. Stumpf blickt er wie Zenzis kalter Grieß, wie das sonnenfeindliche, undurchsichtige Fensterglas der Türkenschule. Hätte sich Erhard diesen Aberglauben erlaubt, so hätte er den Dienstag seinen Unglückstag genannt. Er war der Waschtag, eine Klippe

für die häusliche Laune. Sicher war Zeichnen und Rechnen zugleich. Im Gymnasium jedenfalls waren die Mathematikprüfungen am Dienstag.
Heute ist Sonntag und die Familie ist um acht Uhr auf, nicht später, das schätzt der Vater nicht.
Aber eine Stunde ist heute Zeit, bis die Keller-Marie zum Aufstehen ruft, nicht weniger energisch, als wäre Dienstag: Zeit zum Dösen oder zum halben Weiterschlafen – ›bäfeln‹ nennt es die Mama, zum Träumen. Erhard träumt davon, einmal elf Jahre alt zu sein, oder dreizehn, oder siebzehn. Erhard kriecht unter die Decke: Kein Spalt nach außen darf jetzt offen sein, der Körper rollt sich zusammen, geht es nicht noch enger, nach innen, nach innen? Jetzt ist das Bett ein Wagen oder ein Schiff, eine geschlossene, behütete Arche auf dem Meer der Ferne, oder ein Haus mit der Fülle der Vorräte gegen ewige Winter gefeit. Dann kommt die Marie doch, und es ist über der zurückgeschlagenen Decke gar nicht so schön: man hat sich überfreut, sagen die Erwachsenen. Der Sonntag hat seine Gefahren. Zwar, die Schule ist weit. Die Aufgaben sind seit dem frühen Samstagnachmittag fertig, wohlgepackt, wie entrückt, hängt der Schulranzen rechts am Haken des Pults. Aber der Sonntag, dieser Tag der Tage, beginnt mit einem leisen Kopfweh, wohl einer Folge des Bäfelns. Die Sonntagskleider – der Cheviot kratzt etwas an den Handgelenken und am Knie, und vielleicht beißen die frischen Strümpfe – zwängen ein wenig, sie fordern Schonung, machen den Bewegungen Unbehagen: nicht viel, aber doch ein wenig. Jetzt fehlt etwas, man muß es suchen, wo nur, Ärger will aufsteigen, ihn zu bezwingen ist die erste Mühe des Tages. Die Sonntagsschuhe sind neu, also zu eng, sie drücken, nicht viel, aber doch wieder: ein wenig. Da muß noch ein Schuhbändel reißen: Erhard stampft aufs Linoleum, das tut weh, dem gezwängten Fuß und der gespannten Seele. Ach, es dauert alles so lang, es kann alles so

mühsam sein. Jetzt rufen schon die Schwestern. Man ist müde, bevor es angeht.

Die erste Mahlzeit um halb neun Uhr unterscheidet sich von den werktägigen wenig. Die Mama frühstückt heute mit, auch die Schwestern, sie kommen leicht zu spät, eine Gefahr für die sonntägliche Stimmung des Vaters. Dieser liest etwas duldsamer als sonst in seinen Münchener Neuesten, er hat Muße für eine Frühstückszigarre, weil er nicht in die Kirche geht. Das tut die Familie, und so ist es heute an ihr, den Uhrzeiger im Auge zu behalten. Geht man, Elwina zuliebe, die dort beim Pfarrer Lembert konfirmiert worden ist, nach St. Lukas, so ist es ein Gehetz: denn die Kirche steht an der Isar, man muß mit dem Zweier noch über das Maxmonument hinausfahren, und der Hauptgottesdienst geht dort um neun Uhr an. Manchmal, wenn geschätzte Prediger zu hören sind, gehen Spengels in die Matthäuskirche: auch diese liegt ziemlich weit, hinterm Stachus, doch beginnt der Gottesdienst erst um zehn Uhr. König Ludwig des Ersten protestantische Gemahlin hat sie einst, als erstes Gotteshaus ihres Bekenntnisses, vor das katholische München bauen lassen. Der Fries, nicht unklassisch, verkündet: ›Dein Wort ist die Wahrheit.‹ Der graue, gequaderte Rundbau mit dem eckigen Turm, das Weiß seiner jonischen Säulen im Innern, die Emporen, dies alles hat etwas Höfisches, Hofkirchliches. Meistens gehen Spengels nicht zu dem frühaufstehenden Lembert an der Isar, noch zu dem hofkirchlichen Nägelsbach an der Sonnenstraße, sondern in ihre Pfarrkirche St. Markus in der Gabelsbergerstraße, nicht um neun, und nicht um zehn, sondern um halb zehn Uhr.

St. Markus ist eine bescheidene, eintürmige Kirche, Gotik unter dem bekannten Einfluß des Ankersteinbaukastens. Überall stehen diese unfrohen Gebäude in Deutschland. Überall legen sie eine kalte Melancholie auf Vorübergehende und Eintretende, doppelt fremd öffnen sich ihre Pforten, hinter denen es nicht

geheimnisvoll dunkelt wie in katholischen Kirchen, hinter denen es einfach dunkel ist, nachdem sie eine Woche lang frostig und ungebraucht geschlossen waren.
Ein eisernes Gitter schloß das Kirchengelände von der Gabelsbergerstraße ab. Nach Osten (der Chor lag im Norden, gegen alle Regel), nach der nahen Amalienstraße, und gegenüber im Süden standen hohe, ältere Mietshäuser. Im Norden, etwas westlich über Eck, stand im Pfarrgarten das Pfarrhaus mit dem Konfirmandensaal, so ziegelrot wie die Kirche. Die Westfront war offen, denn zwischen der Kirche und der Türkenstraße mit ihrer Kaserne war eine Baulücke: Erhard konnte nicht in die Kirche gehen, ohne die Anpreisung des Pferdehändlers Fraenkel zu lesen, der über eine ganze Feuermauer hinweg die Güte seiner Pferde und die Zahl seiner Medaillen allen Reitern ›aus Civil und Militär‹ zur Kenntnis brachte.
Die große Baulücke aber hatte ein kleines Haus verschont. Bescheiden stand es an der Gabelsbergerstraße, als nächster und eigentlicher Nachbar der Kirche. Es war ein Überrest aus der alten Zeit; nicht eines von den steilgiebligen Dorfhäuschen mit den grüngestrichenen, wurmigen Fensterrahmen, die in Giesing und in der Au, in Schwabing und an der Äußeren Wiener Straße in Bogenhausen davon träumten, daß diese ›Stadtteile‹ einst Dörfer waren. Mit seinem flachen Dach glich es eher einem Kutscher- oder Dienerhaus aus dem adeligen, kurfürstlichen, königlichen München. In diesem Häuschen wohnte, gewiß nicht als einzige Mieterin, die Gräfin Ysenburg. Niemand sah ihr an, daß ihre Vorfahren auf der Grafenbank des Heiligen Römischen Reiches Deutscher Nation gesessen hatten. Sie war sehr klein und kleidete sich stets in Grau. Sie trug nie – damals fiel das auf – einen Schirm. Gegen Regen und gegen Kälte schützte sie sich durch einen lodenen Radmantel, wie ihn damals außer den Radfahrern und den Briefträgern nur die ärmsten Frauen des Volkes trugen. Durch dicke Brillen blickten

unendlich fromme, gütige und adelige Augen suchend auf den Boden, dem raschen Trippelgang voraus. Denn stets war die Gräfin in Eile, im Trab der Nächstenliebe, im Dienst der Inneren Mission. Erhard hatte den Vorzug, bei ihr, die über die ganze linke Bankseite des Hauptschiffs die Oberaufsicht hatte, im Kindergottesdienst die Kinderlehre zu genießen. Mit Geschick prägte sie, nach Buchrucker, mit immer heiserer Stimme der sie umringenden Gruppe die Biblische Geschichte ein, wobei die Auffindung Mose im Schilf und die Geschichte vom Jüngling zu Nain besonders schön gerieten. Der Inneren Mission diente sie auch hier durch eine Pfennigsammlung unter ihren Zöglingen: Sonntag für Sonntag quittierten die stumpfen, ruckhaft suchenden Augen, die klammen, erfrorenen Finger jedem seine kupfernen Gaben in eines jener in blauen Umschlag gehefteten Büchlein, die man für Milchrechnungen und Vokabeln um fünf oder zehn Pfennige, je nach Umfang, erwarb.

Der Kindergottesdienst begann um elf Uhr. So standen die Kinder vor der Kirche herum, in der Winterkälte, in der Novembernässe, in der Frische – denn wann wäre es nicht frisch in München? – des Sommermorgens. Sie hörten vom Pfarrgarten Gesang und Orgel: friedliche Feierlichkeit des Sonntagvormittags. Bald kamen die ersten Erwachsenen aus der Kirche; doch an ihnen vorbei durfte man sich noch nicht hineindrängen; es waren nur die Eiligen, die nach der Predigt und dem unter Glockengeläut auf der Kanzel gesprochenen Vaterunser die Kirche verließen und auf die Schlußliturgie verzichteten. Endlich aber brausten Herrn Sagerers virtuose Fugen, klimperten die Opferkästen, und die Menge, sich begrüßend, sich unschlüssig entfernend, quoll aus dem Hauptportal, die Kinder durften in die Kirche. Während der hochgewachsene, äußerst würdig schreitende Kirchendiener – für Erhard das Urbild des langbärtigen Hohenpriesters – die Bänke nach vergessenen

Regenschirmen, Handschuhen und Gesangbüchern absucht und neue Lieder- und Versnummern in die Rahmen an den Pfeilern schiebt, sammeln sich die Kindergruppen um ihre meist weiblichen Betreuer – nur ein buckliger ›Helfer‹ blieb Erhard im Gedächtnis –; die Gräfin quittierte noch ein wenig, die liturgische Umrahmung, auch eine kurze Predigt von den Chorstufen aus übernahm Herr Prieser, der Vereinsgeistliche der Inneren Mission, dann begann das tuschelnde Abhören, das flüsternde Antworten, das gedämpfte Erzählen von Gruppe zu Gruppe.
Die Hauptgottesdienste waren lang und feierlich, und Besucher aus liberaleren Gegenden fanden ihre Formen ›geradezu katholisch‹, indem sie sich besonders über das Altarbild und über die Kerzen, besonders aber über die ausgedehnte, meist vom Vikar gehaltene Liturgie verwunderten. In St. Markus konnten diesen Eindruck die von der Arcisstraße herbeieilenden Diakonissen verstärken, die auf des Chores rechter Seite eine dunkelblaue Doppelreihe bildeten: gut ausgerichtet, in ihrer strengen havelockförmigen, Neuendettelsauer Tracht (bei Regen und im Winter trugen sie ›Pelerinen‹ aus blauem Tuch), die gestärkten weißen Hauben über dem in der Mitte gescheitelten Haar mit gerader Schleife unterm Kinn gebunden, die großen Kreuze auf der Brust. Sie verliehen dem Gottesdienst etwas Hochamtliches, sie, die Liederfesten, gaben der Liturgie den Rückhalt, den sie bei der Gemeinde nicht hatte. Denn so reich die Liturgie war, so wenig gab es in München liturgisches Leben. Man ging zur Kanzel, nicht zum Altar, und was von dort tönte, erfuhr laue Antwort. Für Erhard war das eine allsonntägliche Enttäuschung. Wie großartig ist jeder Wechselgesang: von Ufer zu Ufer, von Chor zu Chor, von Berg zu Berg, von Geige und Geigen, von Priester und Volk. Wie ärgerlich aber, die Erwartung enttäuschend und beschämend, wenn dem Anruf die Antwort ausbleibt. Da stand man nun, festlich bereit, und hörte, wie der Geistliche den Anlauf nahm, als hoffte er jeden Sonntag auf

ein Pfingstwunder: »Der Herr sei mit euch!« Jetzt mußte ihm, ebenso freudig, der Gegenwunsch entgegenschallen: »Und mit deinem Geiste!« Aber nichts erscholl, nur ein Gemurmel, an dem man sich mitschuldig fühlte. Es kroch unlustig hinter dem treibenden Organisten her, mit dem sich Erhard in Entrüstung geheim verbunden meinte, ›einen Viertelston zu tief‹, wie er überheblich registrierte. Ebenso entmutigend war der Liedergesang; von der zweiten Strophe an fiel der Ton rettungslos, ohnmächtig kämpfte die Orgel gegen die zähe, schleppende, Viertel und Halbe verschleifende Masse. Der ungleiche Kampf zerstörte die Freude am Gesangbuch, das doch dem Protestanten das zweite Buch nach der Bibel ist, man war endlich froh, wenn die Singerei fertig war. Von der Predigt behielt Erhard wenig, doch tat das der Andacht keinen Schaden, die Predigten waren lang, zu lang, und wurden desto höher geschätzt, je gebildeter und zeitnäher sie waren. Mama hatte ihre besonderen Abneigungen. Martha schien ihr gegen Maria ungerecht behandelt, das Evangelium vom Weinstock zu oft wiederholt zu werden. Lembert pflegte zu donnern, es seien die falschen Leute in der Kirche. Er hatte recht. Man sah keine Zöllner, keine Jünger und auch keine Welt. Anwesend war das dunkelgekleidete Bürgertum, dessen Weltflucht sich auf die Verachtung des Friseurs und die Inanspruchnahme mäßiger Schneiderinnen zu beschränken schien, anwesend war das reife Alter, zumeist das weibliche, neben immer den selben Glatzen, die sich von den Emporen hinunterlehnten. Vor diesen Altären knickste keine Eleganz, vor diesen Portalen saßen keine Bettler. ». . . und gebe euch Frieden. Amen.« Draußen in der Sonne, auf der anderen Seite, steht der Vater, guten Gewissens, ›aus dem Ei gepellt‹, sagt Elwina, im steifen Hut. Er muß ihn ein paarmal schwingen: »Habe die Ehre. Keine Ahnung«, murmelt er und entdeckt die Seinen. »Wars schön, hat er gut gesprochen, wißt ihr was?« Eine Frage des Friedens: eine Welt liegt freundlich

bereit, man muß wählen unter ihren Geschenken. Also, wir gehen in den Kunstverein. Das ist man sich schuldig, als Mitglied, und zu Hause, freilich vom Salon allmählich in die hinteren Zimmer wandernd, hängen die lithographierten Jahresgaben: Grützners Mönche und Defreggers Gebirgler, dazu das ›Ländliche Fest in Schwaben‹. Mehr Zeit als der ziemlich summarische Rundgang durch den Kunstverein unter den Hofgarten-Arkaden – Erhard wäre lieber nebenan in das Museum für Völkerkunde mit seinen unheimlichen Maskenfratzen gegangen – nahm im Frühjahr und Herbst die Kunstausstellung im Glaspalast ein. Die offizielle, höfisch und bürgerlich anerkannte Kunst der Künstlergenossenschaft des Herrn von Marr bot dem Auge des Vaters, der Landschaften und besonders Interieurs liebte, manche Weide, man verweilte lange, während Erhard hängenden Magens, mit Gähnen und Seitenstechen kämpfend, zwischen den Schwestern trottete. Für die ›merkwürdige‹ Kunst der Sezession und das elterliche Entsetzen über die noch modernere Malerei kleiner Malervereinigungen blieb dann weniger Zeit, die Schritte wurden länger, die Blicke in den Katalog kürzer, für Erhard war wenig Unterschied der Schulen, er träumte mehr als er sah, es roch überall nach Parkettboden, Ölfarben und Kölnischem Wasser. Wohl gefiel ihm manches: Zügels Schafe, die Pferde und Reiter Angelo Janks, am besten seine ›Rastende Infanterie‹: oberbayerische Bauernbuben in aufgeknöpften Leiberröcken, an eine Grasböschung gelagert, oder abgesessene, gespornte Schwere Reiter, um Feuer stehend, in langen Mänteln: Manöver, Friede, Kunst. Er fand, daß auch die Großen, die Wandelnden, Sich-Begrüßenden, auf Polsterbänken Ruhenden nicht zu sehr bei der Sache waren.
War der Kunstverein erledigt, und war, wie meist, der Glaspalast geschlossen, so gab es Museen und hundert Möglichkeiten in dieser reichen, herrlichen Stadt, die ihre Schätze so wohlgeordnet und wohlverwaltet darbot. Die Pinakotheken

überließ man, da man sie ja ›kannte‹, wie überhaupt die Klassiker, gern den Fremden, wie überdies auch das Hofbräuhaus, auch zu den Weißwürsten gingen Spengels damals noch nicht, denn Münchener lebten weniger münchnerisch, als Fremde glaubten; es wäre auch zu spät gewesen, denn eine Weißwurst ›darf das Elfuhrläuten nicht gehört haben‹. Hatten Spengels gar keine Bildungspflichten, wollten sie die Strapaze zwischen Kirche und Mittagessen recht bequem überwinden, dann gingen sie einfach auf die Parad.

»Geht ihr voraus, ich muß noch zum Erbshäuser hinein.« Erhard sah darauf, daß er mit der Mama in den Laden in der Fürstenstraße kam, so gingen die Schwestern mit dem Vater über den Platz vor dem Odeon und boten im Ausschreiten einen stattlichen Anblick.

In der Welt, an die wir uns erinnern, gab es viele Konditoren: anspruchsvolle, wie Trautmann und Vokt am Promenadeplatz und den Glonner in der Rosenstraße, bescheidene Feinbäcker, wie den von Mama Spengel wegen seiner gütigen Frau bevorzugten Hafenbrädl in der Schellingstraße, einen Laden von Hunderten, wo unter dem Regulator und Millets Ährenleserinnen neben den Cremeschnitten, den runden Apfelkuchen und dem rechteckigen Zwetschgendatschi sich der Semmelkorb und, im Hintergrund, die gekümmelten Hausbrotlaibe behaupteten. Auch Erbshäuser war ein Konditor, aber nein, er war eben der Erbshäuser. Er war – gab es den Mann überhaupt? – so münchnerisch wie sein Name. Zwar, ein langes, schwarzes, goldbeschriftetes Firmenschild mit vielen fürstlichen Wappen hatten andere ›Hoflieferanten‹ auch; aber keiner brachte es zu der hochmütigen Schlichtheit wie dieser Bäcker aller Bäcker. Still war der Laden, als mache er Sonntagsdienst wie eine Apotheke. Still waren die Straßen, an die er eckte. Der Ladentür gegenüber lagen die goldgelben Gebäude des Luitpoldpalais; durch das nördliche Schaufenster erblickte man in der engen

Glückstraße den Blumenladen, der statt anderer Reklame einen einzigen überirdischen Blumenstrauß im Fenster zu zeigen pflegte. Auch beim Erbshäuser war Platz. Hier türmte sich nicht die gespritzte Genußsucht einer schleckigen Masse. Ruhig diktierten die Damen ihre in der Bahn der Gewohnheit sich haltenden Wünsche, und Frau Erbshäuser, die Zange in der Rechten, den weißen Pappendeckel in der Linken, den Blick manchmal gelangweilt zum Blumennachbarn sendend, respondierte: »Zehn Dreipfennigstückerl, sechs Teeblätter, die Petit-Fours haben wir schon, ein Fünftel Pralinés gemischt, das wär dann alles?« Seidenpapier raschelt, Silber wird gewechselt, kurz schnurrt die Registrierkasse. Ruhige, sonntägliche Sicherheit, Ruhe der Meisterschaft. Denn Frau Erbshäuser verschmäht es, Genüsse zu verkaufen, die nicht in ihrem Haus gemacht sind: die Pralinés – oh, diese Mannigfalt – entstehen hier, sie rollen auf einer Schaufel in weiße Tüten, aber die Schokoladetafeln, Galapeter-Braun und Cailler-Blau kauft man woanders. Jetzt ist die Mama dran: »Zehn Dreipfennigstückchen . . .« Nun die Petit-Fours (so nannte man sie nie, aber für Leser müssen die Sachen eben einen Namen bekommen), jedes ein Individuum: in einer kleinen plissierten, weißblauen Papierwanne steht, mäßig anklebend, ein Gebilde aus wenig Sandkuchenteig, mit einer unfaßlich glatten Glasur und einem unsagbar sämigen Inhalt: kleine Zylinder mit runden Kuppeln, manchmal mit einer Perle geziert, sonst nur geschmückt in den Farben, die auf dem Teetisch über Leinenweiß, Porzellanblume und Löffelsilber glänzen werden, rosa, und wieder weiß, grün und schokoladebraun und gelb. ›Erbshäuser Gutseln‹ nannten die Münchener die unvergleichlichen Genüsse. »Ich nehme auch die Prinzregententorte mit, ich habe sie gestern bestellt.« Wirklich lag der feste braune, runde Karton, weißblau verschnürt, schon bereit. »Vielleicht nimmt ihn der junge Mann, aber vorsichtig.« Der junge Mann, trotz des ärgerlichen Titels, nahm ihn. Welch unvergeßliches Gefühl vom Sonntagvormittag. Wie oft ging Erhard durch stille Straßen nach Hause mit einer solchen Schachtel, oder mit dem unvergeßlichen vorsichtigen Griff von Fingerspitzen und Handballen unter dem zerbrechlichen Konditorpaket: keine hastige Bewegung, daß nicht oben das Papier an eine weiche Stelle der Süßigkeit sich klebe. »Adieu ...«, Spengels sind fertig. In einer Hälfte des Ladens stehen ein paar Marmortischchen, an denen Erbshäuser seine Schokolade (den Schoklad) ausschenkt, sie werden heute nicht beachtet. Während Spengels gehen, ist die Liturgie im Gange: ›Zehn Dreipfennigstückerl ...‹

Hätte man, im Weltkrieg, hundert Buben von Erhards Art gefragt, was sie vom Frieden erwarteten, so hätten sie gesagt, dann gibt es wieder Prinzregententorte. Für ein Münchener Kind war diese Torte ein Friedensdenkmal wie der Regent selber, der als goldener Reiter an der Front des Neuen Rathauses verewigt war. Will man sich eines sachlich beschreibenden Ausdrucks bedienen, der auch für Torten anderer Städte anwendbar und deshalb abwegig ist, mag man gestehen, daß die Prinzregententorte eine Schichtentorte war. Es kam dabei offenbar darauf an, Nässe und Verschmelzen der Schichten, aber auch Trockenheit zu vermeiden. Die Masse, sauber gelb- und braun-gestreift, war gerade fest genug, um den Zähnen jenen Widerstand zu leisten, der jedes Entzücken dieser Welt verdoppelt, das Biskuit selber schmeckte man nicht, es schien nur eingebaut, um den Schokoladegenuß zu Katarakten zu stauen. Die Torte war so niedrig als fest, ihr ganzer Zauber aber spiegelte sich im tiefbraunen Guß. Keine Verzierung störte die Feierlichkeit, mit der daheim das Messer die teilende Spinne über die Spiegelfläche zog.

Mama und Erhard waren ein wenig zu beladen für die Parad. Aber man brauchte ja nicht ins Gewühl zu gehen, und das ganze Programm vom Musinan-Marsch über die Leichte Kavallerie und die Stumme von Portici bis zu ›Motive aus Richard

Wagners Ring des Nibelungen‹ anzuhören, war so wenig in Familie Spengels Absicht, wie eine solche allzu sachliche Aufmerksamkeit die Gewohnheit der flanierenden Münchener Gesellschaft gewesen wäre. Vater und Schwestern wurden vor den zahlreichen Fenstern von Littauer eingeholt; dort sah man an der Odeonsplatzfront Reproduktionen der alten Meister, auch Neues in älterem Stil, im Fenster an der Ludwigstraße aber die neueste Kunst, dort erwartete man den neuen Habermann, ein neues von den rasch sich folgenden erregten Bildnissen aus Welt und Halbwelt: eine neue Meduse, ein irrendes Gesicht unter dem Schatten eines alles wagenden Hutes, Schultern leuchtend aus grauer Seide, schwelenden Hintergrunds.
Unter der Stabführung ihres Musikmeisters dröhnten von droben, von der Feldherrnhalle, zwischen Wrede und Tilly, die Tschinellen, die Obertöne der Holzbläser zogen über den Platz, um die Heiligen vor der Theatinerkirche, in die widerhallenden Straßen. Man konnte beim Littauer stehenbleiben, oder ein wenig näherkommen bis zur Ecke der Briennerstraße und sich vor die Nymphenburger Porzellanmanufaktur stellen, und der Schauplatz lag vor dem Auge. Ein Bild von Monet, doch erinnerte der Himmel (fand Erhard später) eher an Florenz als an Paris. Die dichteste Menge staute sich auf dem erhöhten Pflaster vor den Löwen, zwischen den kürzlich der Ruhmeshalle vorgesetzten hohen Fahnenmasten: Sonnenschirme in allen Farben, studentisches Bunt, das Rot der Pfälzer, das Grün der Isaria, helles und dunkles Blau der Infanterie und Artillerie, dazwischen das Grünrot eines Augsburger, das Grünweiß eines Dillinger Chevaulegers, viel gedämpfte Eleganz, Dunkel beider Konfessionen. Man sieht und wird gesehen, man grüßt sich, man fühlt sich. Nah, und doch wie von fern, weht das sanfte Trio des Militärmarsches über die Hüte, wie der Wind durch die weißblaue Fahne. Man zeigt sich, ohne zuviel Beflissenheit, bekannte Persönlichkeiten, den ernsten kleinen Freiherrn von

Pechmann, das Haupt des protestantischen München, die ewig junge Nelli Sedlmayer – der elegante gummibereifte Einspänner mit dem Fuchs davor hält beim Littauer – oft sagt der Vater »Habe die Ehre« oder »Keine Ahnung«. Christina hat schon die schöne Dame der Gesellschaft entdeckt, welche die Annalen eben dieser Gesellschaft um ein uneheliches Kind bereichert hat (womit man vor 1914 noch berühmt werden konnte), die Mama schweigt. »Ach, da ist ja der Lissignolo«: das sagt Elwina, anmutig und ein wenig frech die Nüstern blähend – wirklich kommt er vom Palm her, schief über die Trambahnschienen der Theatinerstraße schlendernd, auf die Parad, graue Eleganz, mit angeborenem Monokel und eingeklemmtem Stock, den Schnauzl an der Seite: mit ernstem, wetterfarbenem Genießergesicht grüßt der Oberst gnädig seine Welt. Der viel jüngere Kamerad vom Leibregiment, der eben mit geschwungenem Degen die Residenzwache abgelöst hat, schaut sich dieselbe Welt von seinem Gitterfenster an: die Ablösung – sie eigentlich war ja die Parad – hat sich ziemlich unbemerkt vollzogen, nun steht der neue Posten vor der Residenz, unter dem langen Schutzdach, vor dem geschnitzten Gewehrständer, auch er lauscht, stramm und lässig, einer vom Infanterie-Leibregiment. »Kinder kommt, wir gehen durch die Lotzbeckstraße.« Zuerst ist wieder der Erbshäuser, der Blumenladen Wittelsbach, dann der Schuster Rid, nicht weniger hochmütig zeigt er einen Bergschuh in der schmalen Vitrine neben dem Schaufenster, hinter dem auf samtenen Stollen Sporen glänzen. Verwunschen, fast unheimlich ist der geschlossene Laden, so still und verzaubert warten Pferdebandagen, Reitpeitschen, Damenschuhe auf den Werktag, der sie belebt. Mit Erhard geht die Furcht. Die Schritte hallen in der festtäglich toten Straße. Aber die Eltern gehen ja mit, vorn ist das Leben, der Tisch, die Wärme. In der Lotzbeckstraße streift die Tortenschachtel ein wenig an der Plakatwand zur Linken. Im Hoftheater, weißblau angezeigt, ist heute der Barbier von Bagdad von Cornelius, davor die Cavalleria Rusticana, vielleicht tanzt Klothilde von Derp, das ist dann gelb mit schwarzen Buchstaben, aber auch Kils Kolosseum zeigt sich an und Papa Schmidts Marionetten. Von der Markuskirche trödeln die letzten Jünger der Gräfin heimwärts, heim wie Spengels, durch die verstummten Straßen, und die Straßen werden schlafen, den ganzen Nachmittag.

Achtes Kapitel

SONNTAG-NACHMITTAG

Der Tag bleibt stehen, bevor er sich in den Tod schickt. Sechsmal in der Woche sieht man ihm nicht an, wie er erbleicht. Der Sonntag kann es nicht verbergen. Es ist dann drei Uhr nachmittags.

»Erhard, der Robert war da, du sollst um halb vier Uhr hinüberkommen.« So war entschieden, daß der Robert nicht herüberkam. Entweder kam der Robert zum Erhard oder der Erhard zum Robert, dies war die Regel, nach der die Sonntage zu Ende liefen.

Denn Robert war *der* Freund. Mit ihm ›kommt‹ man ›zusammen‹, auch wenn man keine Lust hat: man weiß nicht einmal immer mit Sicherheit, ob man ihn mag. Er ist eben der Freund.

Es war auch ganz nah. Erhard brauchte nur, am Alexander Michel vorbei, die Barerstraße zu überqueren, dann war er vor den Schaufenstern der Wamslerherde. Dann mußte er in dem gutgehaltenen Haus Nummer 58 eine weißgekachelte Durchfahrt und drei düstere Treppen überwinden und stand vor der Wohnungstür: ›Faber‹ kündete ein etwas zu reich verziertes Messingschild. Läuten war unnötig. Längst hatte der sehnsüchtig wartende Robert, übers schützende Fenstergeländer gelehnt, tief unten den Freund kommen sehen, unter den sanft wiegenden, da und dort bläulich aufblitzenden Leitungsdrähten des Sechsers. So stand er jetzt in der Tür, Wächter auch der

väterlichen Ruhe. Denn der Major pflegte von drei Uhr bis vier Uhr zu schlafen.
Die Freunde mußten also zunächst leise sein. Darum lehnten jetzt zwei Buben aus dem Fenster und genossen das Schwindelgefühl hoch über dem Granit. Sobald aber Roberts Schlaguhr Vier rasselte, war die Bahn frei und Eile tat not. Der Major erhob sich, um alsbald frisch zu sein, denn in einer Viertelstunde wartete des Ausgeschlafenen der Teetisch. In derselben Frist wollten die Buben die Eisenbahn zusammengesetzt oder doch, wie Mutter Faber sich auszudrücken liebte, ›herausgerissen‹ haben.
»Komm jetzt erst zum Tee, grüß dich Gott, gehts gut zu Haus? Nur rausgerissen alles, gelt, daß es dann gleich losgehen kann.« Die dicke, doch gut geschnürte Majorin gab ihrer Stimme einen scheinbar energisch entschlossenen, äußerst liebevollen Schnarrton, als wollte sie sich mit allen wohlgesinnten Bubenmüttern solidarisch erklären. Erhard war in diesem Haus immer hochwillkommen, so selbstverständlich wohlgelitten, wie das einzige Kind, der Robertl, geliebt und verwöhnt war. Güte sprach ihn auch aus dem ungeduldig wehmütigen Blick des Majors an. Und während sich die Buben vornahmen, den lästigen Aufenthalt der Teestunde so schnell wie möglich hinter sich zu bringen, wurden sie unversehens durch die Fabersche Gewohnheit besiegt, dem späteren Nachmittag – nicht nur dem Sonntagnachmittag – durch eine reichliche Zwischenmahlzeit die Stirn zu bieten. An ihr beteiligte sich noch ›Tant' Julchen‹, eine gichtbrüchige ältere Schwester des Majors, die, bleichen Antlitzes und leeren Blickes, am Sonntag ihr Altersheim in der Von-der-Tannstraße verließ, um sich bei ihren Verwandten satt zu essen, wobei sie es nicht übelnahm, daß ihre heiseren, fast tonlosen Bemerkungen nur selten beachtet wurden. Eine andere ›Tante‹, die frühergraute Maria Mendini, war in Wahrheit eine Freundin der Familie, sie kam oft aus Innsbruck und vermehrte dann am gastlichen Tische die Zahl der Wohlgesinnten. Sie gehörte zu

den häßlichen Frauen, die durch Güte verschönt sind. Sie hatte die südtirolische Ramsnase und das mittelmeerische Gelbgesicht eines Münchener Blumenweibes. Immer zur Aushilfe in den kleinen damals so wichtigen Haushaltsnöten bereit, sprach sie nur freundlich Gemeintes und brachte dabei ihre ziselierten silbernen Ohrringe ins Pendeln.

»Sie könnens schon nicht mehr aushalten, also los«, so entließ die Majorin die Eisenbahner. Wirklich hatten diese Semmeln, Butter und Honig zur Genüge gegessen, aus der Teekanne – bei Fabers gab es sogar einen Samowar – sich reichlich einschenken lassen und waren im übrigen sicher, daß ihnen der Griff nach den mit Äpfeln, Orangen, Feigen und Datteln stets gehäuften bemalten Tellern immer freigegeben war. So verließen sie getrost die Tafel, an welcher der Major, um Projekte nie verlegen, als nahen Triumph der chemischen Wissenschaft die Nahrungstube verhieß, die den Menschen des kulturfeindlichen Zeitaufwandes für Essen und Trinken entheben würde. Fürs erste freilich hielt er sich an die gesicherten Ergebnisse der älteren Chemie und empfahl ein Salzsäurepräparat als vorbeugenden Abschluß reichlicher Mahlzeiten.

Man kann auf verschiedene Art Eisenbahn spielen: katastrophal und konservativ, dramatisch und episch. Robert war für beide Arten zu gewinnen, und auch Erhard konnte nicht umhin, dem Reich der unabsehbaren Möglichkeiten, der Welt der Katastrophen, den Tribut zu zahlen. Aus Stühlen, Bücherstößen und Baukastensteinen konnte eine schiefe Schienenebene entstehen, auf der die Wagen von der Höhe sausten, um aus einer Schlußkurve auf den Boden zu fliegen. Man konnte, der Geschichte ›Stellwerk Nr. 3‹ im ›Neuen Universum‹ eingedenk, auf der kunstgerecht aufgebauten Schienenfigur die Weichen absichtlich falsch stellen und einem Güterzug den Orientexpreß ›Paris – Belgrad über München‹ in die Flanke jagen, oder möglichst in dem blechernen, mit Wald bemalten Tunnel die

Schienenbindung lösen und das Eisenbahnunglück im Simplon nachahmen, auch durch falsches Signal das Bahnhofgleis mit einem möglichst echt wirkenden Knäuel von aufeinandergeschobenen und umgeworfenen Wagen erfüllen. Auf die Dauer war Erhard bei diesem Spiel unglücklich. Man hatte die Arbeit des Aufbauens, dann, nach einem kurzen Krach, die Mühe des ›Was nun?‹. Es war mehr anstrengend als schön, immer neues Unheil zu ersinnen. Gar der Mißbrauch der Eisenbahn zu schwindelhaften Achterbahnen (Vorbild Oktoberfest) hatte auf die Dauer etwas terroristisch Aufgeregtes und führte wie alle Zimmertoberei zu Überdruß. Streit und Kopfweh. Da alles Spiel zur Echtheit strebt, hatten Eisenbahnkatastrophen etwas Unechtes, Gemachtes, Gelesenes. Die Eisenbahn mußte laufen, und sie lief wie die echte über die Verbindungsstellen der Schienen: das gab, überhörte man nur das aufdringliche Surren des treibenden Uhrwerks, einen echten Radschlag, diesen Takt, der den eigentlichen Genuß auch des wirklichen Eisenbahnfahrens ausmacht. Es gab ein einfaches Mittel, die Echtheit zu steigern: man legte sich auf den Boden, Kopf und Ohr den Schienen nahe. Dann brauste der Zug, als sei er groß, mit den richtigen Oberbaugeräuschen auf die Augen los, er donnerte an und rollte ab, und legte man sich nur richtig hinter die Kurve, so war mit Jubel zu genießen, daß die Maschine, im Näherkommen größer werdend, als fahre sie majestätisch in den Münchener Hauptbahnhof ein, drohend auf den Beschauer losfuhr, um im letzten Augenblick in die rettende Kurve zu gehen – bis endlich der letzte Wagen mit verhallendem Radschlag sich entfernte. Natürlich passierte immer noch genug, und es war dann an den zwei Betriebsleitern, unter viel ›Telefonieren‹ und Verbrauch von Fachausdrücken Erhards Zorn über die Störung zu unterdrücken, Ursachen zu suchen und Schäden zu heben. Sie verwandelten sich in Streckengeher und prüften die Sicherungen, die ein Auseinanderzerren der Schienen verhinderten.

Der Drang nach der Echtheit kannte keine Schranken, außer der Grenze der elterlichen Opferwilligkeit. Ein ewiges Problem war der kurzatmige Uhrfederantrieb. Immer wenn alles am schönsten ging, mußte man aufziehen. Oder der Zug hielt, statt ›echt‹ unter dem Glasdach des Bahnhofs, irgendwo auf der Strecke, mit einem Ruck, denn mildes Anfahren und Nachlassen war den schnarrenden Federn schon gar nicht abzugewinnen. Aber die Dampflokomotiven, die damals aufkamen, flößten der Tante Mimi Entsetzen ein, da sie, mit Recht, den unvermeidlichen Spiritusbrenner in der Nähe von Teppichen und Vorhängen kentern sah; übrigens liefen diese Ungetüme nur auf der breiten Spur ›I‹ – die Buben nannten sie die russische –, während man an die Spurweite ›O‹ gebunden war. An elektrischen Betrieb wagte man damals noch nicht zu denken, und so mußte man sich auch mit kleinen Kerzen behelfen, um, nach Schließung der Fensterläden, die Strecke zu beleuchten und die roten Papierfenster des Bahnhofs erglühen zu lassen: denn auf den Zauber der Nachtfahrt wurde nicht verzichtet. Schließlich waren die Hauptfeinde der Echtheit die vielen engen und zu eckig durchfahrenen Kurven. Eine flachere Kurve lieferte die Nürnberger Industrie aber denn doch nicht, schon mit Rücksicht auf die begrenzte Ausdehnung bürgerlicher Wohnungen. Dieses ganze Wesen sprengte die Kinderzimmer, und Fabers ließen es sich gern gefallen, daß die Flügeltür von ihrem Robertl in das Schlafzimmer offen stand und der Orientexpreß den gewaltigen Tunnel des Ehebettes durcheilte. Man war es ja auch in anderen Häusern gewohnt, daß bei Sonntagsbesuchen der Weg zum Gastgeber über zusammengerollte Teppiche und Gleisanlagen führte.

Einigermaßen gleichen Rang mit der Eisenbahn hatte nur das ältere und edlere Soldatenspielen, das bei Spengels mehr betrieben wurde als von Robertl, dem Soldatensohn. Die richtigen Soldaten, die dünnen, winzigen, wurden nicht im Spielwaren-

laden erworben, sondern beim Zinngießer Mory: altes Zinn und immer neue Soldaten gehörten zusammen. Neben dem Hemdenkünstler Petit behauptete der Zinngießer Mory am Promenadeplatz, Kreittmayr und Orlando di Lasso gegenüber, das Innere der Ecke, das die Fenster des Loden-Frey gerade noch übrig ließen. Sein kleiner, dunkler, mit Tellern und Krügen aus Zinn vollgestopfter Laden drückte sich neben den Durchgang, der, durch einen eisernen Pfahl vor Fahrzeugen gesichert, den Platz mit der Löwengrube verband. Und hier, in der altmodisch heimeligen Höhle, verkaufte das alte Ehepaar Mory auf altersschwarzem Ladentisch außer Indianern und Gauchos blaue Preußen und rothosige Franzosen, von den ersteren natürlich mehr, so daß der Ausgang der Gefechte nicht zweifelhaft blieb. Die Soldaten wohnten in kleinen ovalen Schachteln aus Spanholz; ebenso ovales Papier trennte Lage von Lage, wobei die Soldaten mit ihren Fußbrettchen die Schachtel entlang laufen und in der Mitte, wie Hippodrom-Pferde, die Köpfe zusammenstecken mußten. Auf den stets etwas zwängenden Deckel hatte Mory sein blau bedrucktes Firmenschild geklebt, und hausgemacht wie Dreifruchtmarmelade erhielten auf dem Zettel die Soldaten in feiner Handschrift ihre Namen: ›Spahis abgesessen, 25 Stück.‹ Altes, feines, bescheidenes München. So warst du, dort im Schatten deines Doms, der in deine kleinen Läden dunkelte, die bedächtigen Bewegungen, die leisen Stimmen der Alten segnete, mochtest du Meßparamente, Wollknäuel, Kaffee, Laugenbrezen oder Soldaten verkaufen und daneben dem Franzosen erlauben, seine gewiß unübertrefflichen Frackhemden ins Fenster zu legen.
Jetzt ging es gegen sieben Uhr. Magisch leuchtete der Bahnhof, angeflackert vom Kerzenlicht fuhren die Züge durch Wälder und Tunnel, klacksten echt über die Brücke, tauchten unter Tisch und Stühle. Den Buben glühten die Backen, in schmerzhafter Hockerstellung oder auf brennenden Knien – Vorsicht mit den Füßen! – wurde Weiche um Weiche gestellt, die zwei

Züge – denn zwei Lokomotiven waren vorhanden – kunstgerecht aneinander vorbeigeleitet, Signale gestellt und beachtet, auch ein Abstellgleis mit Prellbock war da, so daß die Personenzüge, ›echt‹ genug, an Güterwagen vorbeifahren konnten. Längst hatte Tante Mimi oder die Köchin Babett zum Aufräumen gerufen, aber auch der Major war versunken in das rasselnde Schauspiel. »Der Erhard bleibt zum Essen« da. »Buben, wascht euch die Händ.« Hier nahte das Verhängnis. Die Hände wusch man sich an der Wanne im Badezimmer, das, fensterlos, dem bastelnden Hausherrn auch als photographische Dunkelkammer diente und darum künstlich beleuchtet werden mußte. Da lag das neue vom Robertl gebaute Segelboot. Den Hahn aufgedreht, den Stöpsel zu, und Zentimeter um Zentimeter hebt sich mit dem Wasser das Schiff, seine Seetüchtigkeit beweisend. Liebevoll wird es in die Mitte des Wasserspiegels geleitet, oft, denn immer wieder läßt die Strömung, die der Wasserstrahl verursacht, den Bord mit sanftem Stoß sich an das graue Hochufer aus Zink anlegen, immer wieder: ›glunk‹. »Hast du schon einen Namen?« »Nein, aber wahrscheinlich Scharnhorst.« »Scharnhorst? Für die Jolle da? Das gibt's doch gar nicht. Übrigens sind Schiffe fast immer weiblich.« »Warum sollen Schiffe weiblich sein, blöd. Natürlich die Fräulein Schwestern, mit den engen Humpelröcken, die können ja gar nicht mehr gehen, nennen wir's doch gleich ›Christina‹, nach der Modedame, der affektierten.« Hätte der Robertl das nicht gesagt! Dann hätte er jetzt keine Ohrfeige. Dann bekäme der Erhard keinen Boxhieb an die Schläfe. Dann müßten sich nicht die zwei Buben verbeißen, sich an die Wanne drängen, bis Scharnhorst-Christina ins Tanzen kommt. Wäre nur das Schiff nicht dagelegen! Dann müßte jetzt nicht der Major, zornroten Gesichtes, die Klinke aufschmettern: »Wo bleibt denn eigentlich ihr Lausbuben? Schriftliche Einladung nötig? Soll man auf euch warten?« Jetzt hat Robert eine zweite Ohrfeige, aber eine väterliche, wieder eine, noch eine, Tränen kommen, der Major haut noch einmal zu und trifft in die Wanne statt auf den Sohn, der sich an den Badeofen drückt, hoch spritzt das Wasser, die Jolle hat nasse Segel, die Buben sind naß, auch die väterliche Manschette, fassungslos ist er vor Zorn, Scham und Mißerfolg. »Mitgegangen!« Erhard trottet hinterdrein, übrigens ist er ganz sicher vor dem Major, das Gastrecht schützt ihn. Robertl flennt über diese Ungerechtigkeit. Gut, daß die Maria Mendini noch da ist. Sie erzählt schnell etwas von Innsbruck. Und gut, daß es Salat gibt, den macht der Major selbst am Tisch an, sehr scharf, mit vielen Kräutern, kenner- und meisterhaft. Er schüttet den Essig hinein, wirft den Salzstreuer aufs Tuch: »Schon wieder verstopft!« Dann gabelt er seinen Zorn in die geduldigen Salatblätter. ›Dem Knaben gleich, der Disteln köpft‹: das hat Erhard sich gemerkt, er hat es neulich vom Possart gehört, in der Tonhalle. Er wird ein wenig überheblich. Der Zorn ist mit Hilfe des Salats verraucht. Man genießt die halbierten Eier dazu, die riesige Wurstplatte beendet auch den Fußkampf der Helden unterm Tisch. Sie sprechen dem dunklen, eiskalten Spatenbier zu, das es an Fabers Tisch immer gibt, für die Buben in Viertelsbechern aus Zinn. Mit der Käsglocke (die gibt es zu Hause auch nicht) kommt für Erhard die Belehrung, daß man, aus sozialen Gründen, den Schweizer Käs quer zur Rinde schneidet. Dann der Zwetschgenkuchen, die Orangen, die Feigen. »Grüß dich Gott, bis zum nächsten Mal.« »Vertragen wir uns wieder«, sagt der Major, aber er sagt es müde. Er hat Nerven. Das rötliche Soldatengesicht verrät sie, mit dem blauen Geäder, auch die feine, empfindliche Nase, der energisch zuckende weiche Mund.

Von Zeit zu Zeit finden Eltern, daß die Kinder, wie sie selbst, ›an die Luft gehören‹. Dies führt die Familie auf den Spaziergang am Sonntagnachmittag.

Wie oft ist er verflucht, wie selten recht beschrieben worden. Erhards Gefühle schildern, heißt mit Gewalt die toten Straßen zurückzaubern, den Schwabinger Asphalt beschwören, läßt die unerbittlichen Fluchten der See- und Mandlstraße, den sanften Schwung der Königinstraße – damals hatte sie noch rostig vergitterte Vorgärten – neu durchmessen, Ärger, Zorn, Mattigkeit und Träume erneuern, die des Englischen Gartens Rand umschwebten, wenn das Münchener Volk mit Kind und Hund, in Sonntagsstaat und Ausgehuniform, satt und müd vom Sonntagsbraten, durch die Veterinärstraße seinem Park zuströmte. Da hinten fließt das Wasser als breite Dolde über die Brunnen vor der sonntäglich vergitterten Universität: da vorn, dem klobig gequaderten Prachtbau der tierärztlichen Hochschule gegenüber, glotzt das ausgestopfte Pferd der chirurgischen Handlung, von schrecklichen Instrumenten umgeben, während Zivil und Militär, die Schuhe schon leicht bestaubt, die Brücke über den Schwabinger Bach gewinnt. Jetzt ist nachmittägliche Sommerglut. Die Fassaden schlafen, die Mauer des Priesterseminars Georgianum strahlt Hitze aus, zwei und zwei, mit Havelocks, Lavallièren und flachen Strohhüten rückt eben das Max-Josef-Stift aus, sittsam und kichernd, die Kleinen vorn, am Schluß die Surveillance. Nur das leise Gehen der Menschen, das Pfeifen eines Kinderwagens und das erfrischende Plätschern der Wasserkunst ist zu hören, ab und zu huscht der rasche Lärm einer Straßenbahn von der frisch gespritzten Ludwigstraße, die Bremsen schreien ein wenig in die heiße Sonntagsstille: ›Adalbertstraße – Universität.‹ Dann wieder Schweigen, geduldige Pilgerschaft.

Oder es ist Frühling: März. ›Wir treffen uns am Harmlos‹, mit Fabers heute. Hunderte strömen an der kleinen verschämt in Büschen stehenden Knabenfigur vorbei, wo sich vom Hofgarten das Gelände über die Galeriestraße hinweg gegen den Englischen Garten senkt. Es ist ein erster warmer Tag, um Josefi herum, die Zeit, in der sich die Sepperln am Nockherberg den ersten Rausch in freier Luft holen, die Marias und Notburgas zum ersten Mal den neuen Strohhut tragen und die roten Küchenfinger durch die eleganten Halbhandschuhe strecken. Das gesittete München wallt heute am Harmlos zum Prinz-Karl-Palais, denn dort, in den Neuesten Nachrichten ordentlich angezeigt, sind am vergitterten Gartenhang die ersten Krokusse zu sehen. Der Englische Garten hat schmutzige Wege, Eisbach und Schwabingerbach führen noch Schollen, das Draußensitzen am Chinesischen Turm, wo heute der Wirt zum ersten Mal die Tische hinausgestellt hat, »ist ein Unsinn«, sagt Mimi, »man erkältet sich jedes Jahr, am letzten Februar wollen die Leut am Kleinhesselohersee Schlittschuh fahren und am ersten März am Turm Eis essen, so sind die Menschen, zu dumm.« Sie sagt es so zornig, wie die beiden Familien sind, so zornig und grantig, wie die meisten Münchener, wenn sie am Sonntagnachmittag um drei Uhr zu ihrem Lieblingsspaziergang antreten. Zorn, Langweile und Streit würgen auch den Buben im Hals, seitdem es ›geht nur voraus!‹ geheißen hat. Man ist müd aus schlechter Laune, Kopfweh hat man in der Märzsonne sowieso, die Schuhe drücken in der ungewohnten Wärme, die Sohlen haften ein wenig am Boden, man fühlt sich klebrig wie die Kastanienknospen, von denen die Erwachsenen heute so viel Wesens machen.

Den Englischen Garten lassen die Freunde also links, und zwischen ihnen und dem Samowar oder der Teekanne liegt als lange Pflichtstrecke die Prinzregentenstraße: immer auf der linken, der Parkseite, wird durch Frühlingsbläue und Sonntagsöde hinausgeschlichen bis zum Friedensengel. Ist es nicht eine schöne Straße? Breit, an der rechten Seite hohe Häuser, großzügiger Blick zum Ziel, dem vergoldeten Engel auf seiner Säule, gute, neuere Münchener Architektur ist zu sehen. Aber Erhard und Robert schätzen weder Architektur noch genießen sie Aussicht, denn Kinder sind Käfern gleich, sie leben im Nahen, nicht im Fernen, oder im Allerfernsten, weit von allen Münchener Häusern. Mißmutig träumt Erhard von seiner Eisenbahn, sie müßte, mit unendlichen Geraden, im Freien laufen. Jetzt stört ihn der Freund beim Träumen. Gereizt und verspielt zerrt der aufgeschossene Erhard, die vorausgewachsenen großen Füße unordentlich setzend, den drahtigen, zierlichen Robert – er ist so klein und so komplett – über die Lerchenfeldstraße hinüber, die in sanftem Bogen, dem Park angeschmiegt, die Spazierbahn trifft, belebt von den Mutigeren, die dem Locken der Blasmusik an den Chinesischen Turm folgen. An der Ecke ist ein kleiner Brunnen in Mosaik, dann trappsen sie auf der untersten Stufe des pergolaähnlichen westlichen Anbaus von Gabriel Seidls Nationalmuseum, doch sehen sie nicht, wie schön er ist, wie hell und edel und südlich sich München in diesen Säulen fühlt, sie trappen nur, jetzt hintereinander, in noch immer zornigem Gleichtritt, dann fallen sie in Trab, wo sich der Platz vor dem Hauptgebäude öffnet, Galopp durch die Taxushecken, schon ein wenig versöhnt, Halt vor dem Rundbau mit dem Hubertusbrunnen, er ist geschlossen, drinnen dunkelt über dem stillen Becken der Hirsch, man muß den vergitterten Tempel umkreisen, bis man auch den heiligen Jäger ganz gesehen hat. Aber mehr als ein gelangweilter Augenschein, ein halbgemeinter Ringkampf – Sonntagsmäntel! – kommt nicht zustande, gesittet und resigniert überwinden die Familien die Trambahngleise der Oettingenstraße. Dann kommt links die glatte Pracht des preußischen Gesandtschaftsgebäudes, das die Münchener nur die Schackgalerie nennen, wie ein verschlafener Schacht der Langweile gähnt die Reitmorstraße, immer mühsamer wird das asphaltene Frühjahr. Breit lagert sich der Übergang über die Widenmayerstraße, ein treibender Baumstamm hat immerhin Kraft genug, die Buben auf die rechte, dann auf die linke Seite der Brücke zu locken, man muß sehen, wie er wieder zum Vorschein kommt; die Eltern haben aufgeholt, der Vater sagt etwas von Hochwasserbett, denn die Isar führt hohes, braunes Schmelzwasser, der Baumstamm bleibt nicht allein, Geäst treibt auf der schnellen Flut. Die Buben summen stumpfsinnig ›auf der grünen Isar schwamm ein Krokodil‹, sie hören nicht recht hin und vernehmen doch, was Erhard schon vom Lehrer Hamm wußte, daß 1899 – graue Vorzeit ist noch jedes Jahr vor der eigenen Geburt – die alte Brücke weggerissen wurde, daß dann diese schöne Luitpoldbrücke gebaut worden ist. Was bedeuten eigentlich die Figuren, die ›vier Weiber‹, sagt Robert, niemand hat eine Ahnung außer Vater Faber, der solche Dinge weiß: es sind Bayern, Schwaben, Franken und Pfalz, aber welche von den liegenden Betondamen die Pfalz ist, entscheidet auch er nicht, obwohl man es am Sockel lesen könnte. Drüben stehen sie vor dem Ziel: an der Böschungsmauer, über der das Friedensdenkmal das Hochufer der Isar krönt. Ein bißchen Interesse findet der Moosbrunnen unter der Mauer. Über barock verteiltes Moos rieselt hundertfach verzweigt das Wasser ins geschwungene Marmorbecken. Frisch weht es vom Brunnenwasser, und die Freitreppen zum Denkmal laden auch die Unlustigen zum Wettlauf: »Ich links rum, du rechts rum, wer zuerst droben ist.« Natürlich ist der Robert der erste, stolz setzt er den Fuß aufs Geländer. Seinen Triumph unterbrechen bald die Großen, sie freuen sich ihrer Stadt, die jetzt so schön sich breitet, die Mühe hat sich doch gelohnt, der Vater erklärt die Türme, mit Mühe folgt Erhard und weicht Rückfragen aus. ›Wie gehen wir heim, Isarauen? Gasteig ist zu weit.‹ Keiner gesteht dem andern, daß er auf den kürzesten Weg hofft, so kommt ein Vergleich zustande, es wird noch bis zur Villa Stuck gegangen, eine Pinie steht da, oder war es eine Zypresse? Oder doch nur eine Pappel? Dann wieder Luitpoldbrücke, noch einmal erfordert Anstand und Pflicht einen kleinen Umweg, also die Widenmayerstraße hinab, die Buben galoppieren ein Stück auf dem Reitweg zwischen den Hecken, die Hufspuren sind alt und hart, die Reitsaison hat noch nicht begonnen. ›Wir gehen beim Vinzentinum herum.‹ Der etwas mystische Ausruf bedeutet einfach: zurück auf dem schnellsten Weg, bald trinken wir in der Heßstraße gemütlich Tee, Fabers sind geladen.

›Teegespräche‹ liebte der Vater nicht, er forderte Sachlichkeit. Doch war er freundlich genug, dem Major und seiner Mimi zuzuhören, zumal die Gegenstände der Unterhaltung voraussehbar waren und ohne Anstrengung hingenommen werden konnten. Die Herren sprachen über Gegenstände, von denen damals alle verabschiedeten Majore sprachen, von Papieren, Zinsen und Steuern, im Jahre 1913 besonders von dem ›Wehrbeitrag‹ und der Vermögenszuwachssteuer, die, als erste direkte Reichssteuern, den an Landessteuern gewöhnten Bürger erregten und zusammen mit dem zweiten Balkankrieg und der damals in Frankreich wieder eingeführten dreijährigen Dienstzeit die friedlichen Gemüter aufschreckten, wobei der Vater die neuen Steuern als lästig, der Major sie als nötig empfand.
Um Pläne nie verlegen, stets mithörend, wo die Münchener von Projekten vernahmen, schlug der Major dem Oberinspektor ein Unternehmen für den nächsten Sonntag vor. Droben neben der Bavaria war vor einigen Jahren das Ausstellungsgelände entstanden, und die diesjährige Ausstellung war eben eröffnet: da sie Wasserbau und Binnenschiffahrt betraf, konnte sie den Vater schon interessieren. Erhard, der ins Zimmer getreten war, hörte mit einiger Sorge die Väter planen. Das schlimmste wäre wohl Straßenbahnfahrt und Spaziergang an den Waldfriedhof gewesen. Es gab aber auch sonst Gefahren: blühte nicht, laut Generalanzeiger, im neuen Botanischen Garten, den der Professor Goebel in Nymphenburg neben dem Schloßpark angelegt hatte, die Viktoria Regia? Die lockte die Mama, dann traf man sich an irgendeiner Trambahnhalte-

stelle (wenn wir nur schon wieder daheim wären!), man mußte durch schwüle Gewächshäuser prozessieren, das Entzücken der Erwachsenen über die ›wunderbaren Anlagen‹ anhören. Für diesmal wurde der Tierpark Hellabrunn erkoren, die neuen Bisons waren eingetroffen. Der Tierpark war wirklich eine Sache des Münchener Volkes. Seit Jahren waren die Eltern im Verein Tierpark Hellabrunn, und die Quittungsabschnitte mit dem Bären darauf vermischten sich mit den Visitenkarten vor der Spiegelgarderobe. Hellabrunn hatte dazu den Vorteil, daß seine Besucher durch die Isarauen hingehen mußten, und so kam die Familie, besonders wenn sie den weiteren Weg über den Flaucher wählte, wieder einmal an die Luft.
Es gibt Vergnügungen, die man sich wünscht, obwohl man sie beschwerlich, ja, beim Worte genommen, zuwider findet. Ein solches Vergnügen war der Zoologische Garten. In der Tat: eine wundervolle Anlage. Die Tiere lebten im Freigelände, nur im Winter und bei Regen liefen Löwen und Tiger hinter den Gitterstäben hin und her, mit denen ihre Heimat – nach der anderen Seite hatten sie eben den Auslauf in das Freigelände – gegen die menschlichen Beschauer abgegrenzt war. Dann freilich ereignete sich auch hier das Entsetzliche, dessen Name ›Menagerie‹ ist. Gestank und Gebrüll, Gier nach schmierigem Pferdefleisch, dumpfe Wildheit, gepfercht vor den Menschen, die sich auf nichts verlassen als auf diese Eisenstäbe, auf diese aber bedingungslos. Aber das Freigelände! Ein breiter Graben mit Wasser schützt Bestien, Großmutter, Mutter und Kind voreinander, Geier, Bären und Gnus langweilen sich hinter taktvollem Maschendraht in geräumigen Revieren. Mit Rücksicht auf den menschlichen Mittagsschlaf wurden die Tiere von halb vier Uhr ab gefüttert, dann rannten die Buben vom Raubtierhaus zum Robbenteich, vom Adlerkäfig zum Eisbärengebirge. Von Stangen troff Pferdeblut, Knochen knackten, aus Eimern flogen die Fische zu den hustenden, tauchenden Seehunden, der

Eisbär gab sein stumpfsinniges Kopfpendeln auf, überall schrie, grunzte und schmatzte es. Diese Urgeräusche vermischten sich alsbald mit der unvermeidlichen Freiluftmusik des Tiergarten-Restaurants, wo alt und jung sich wieder traf: von fernem Gebrüll begleitet, zogen die Töne um Tische, Torten und Zigarrenmänner, um Majolika-Papageien und ähnliche ortsgemäße Schöpfungen guter Münchener Gebrauchskunst. Vom erhöhten Rund der Restauration genoß man hübsche Aussicht auf das Reihergelände und auf stelzende Flamingos, wovon aber der rechte Sonntagsschuh nicht weiter und das Kopfweh nicht besser wurde. Bald brachen die Familien auf, der Heimweg war weit, und bis zu den Blockhütten des Ausgangs war noch manches zu sehen. Da war eine runde betonierte Vertiefung mit einem Baumstamm in der Mitte, für die ach so niedlichen Malaienbären. Sie krochen auf ihren Baum, sie tasteten mit ihren Plattfüßen längs der Betonwand, sie setzten sich auf und bettelten menschlich mit den Vorderpfoten und waren allein mit ihrem Beton, ihren Exkrementen und den Orangenschalen, die sie am Sonntagabend liegen ließen: am Werktag nagten sie wohl dafür an dem Baum, der, tausendmal erklettert, nichts mehr war als tote braune Glätte. Und niemals wurde einem das Affenhaus geschenkt. Wie schrecklich es war, erkannte Erhard damals nicht, und mit Worten hätte er nicht sagen können, was für eine fragwürdige Sache so ein Zoo eigentlich war. Er glaubte wirklich froh zu sein und war doch müde und geekelt. Bizarre Formen der Natur (auch überraschende Pflanzenformen genügten) jagten ihm einen eisigen Schrecken ein. Das Buntbild mit den Schlangen im Naturkundebuch wurde zitternd überschlagen; Gefahren lauerten in Meyers Konversationslexikon. Vor Leguanen und Chamäleons, gar vor Schuppentieren und Krokodilen mußte man einfach die Augen zumachen, aber erst recht hinschauen wurde dann eine gewaltsam betriebene Übung des Willens, und der Zoo bot selbst die Heilung:

Wildpferde, galoppierende Zebras, viele Antilopenarten, Damwild. Bei den Affen war es doch anders. Die Menschen lachten, Erhard lachte mit und wurde ganz unglücklich. Ein Mensch vor einem Affenkäfig hat etwas Verzweifelndes. Zum Ekel kam der Schrecken: denn ekelhaft und schrecklich ist des Affen Menschenähnlichkeit. Man sollte seiner nicht spotten und sich nicht zu viel an ihm vergnügen. Man sollte wissen, wie traurig und wie wild er ist, wie nah und wie fern den Menschen. Der Mensch ist, so lernte man, geschaffen als Gottes Ebenbild. Der Mensch selbst hat kein Ebenbild, der Affe ist ein behendes Tier wie andere, laßt ihn in seinen Wäldern. Fängt man ihn, wird er des Menschen Zerrbild. Aber ist auch der Mensch zu Gottes Zerrbild geworden? Wie furchtbar wäre der Gedanke, daß Gott den Menschen possierlich fände. Weg von diesen Affen. »Für den Heimweg nehmen wir eine Droschke.« Ein Pferd geht davor, in steifem Trab. Ohne Zweifel ein Tier wie Antilopen und Zebras, kein Dämon wie Affe und Riesengürteltier: priodon gygas. Während die Droschke über das neu eingeführte Kleinsteinpflaster rasselt, dann auf dem Asphalt mit hartem Brummen dem Klacken der Pferdehufe die Hauptstimme läßt, rukkend einen Randstein streift, beim Überqueren von Trambahnweichen ein wenig zur Seite rutscht, erzählen sich die Väter von den Sorgen des Tages, vielmehr der Vater hört aus des Majors Mund die Sorgen der Münchener. »Haben Sie gesehen, wie im Tierparkrestaurant das Bier schlecht eingeschenkt worden ist? Aber die Herren Schenkkellner werden sich schon noch wundern, jetzt, wo der ›Verein gegen schlechtes Einschenken‹ eingetragen ist – schicken sie unnachsichtlich jedes Glas zurück, wo das Eichmaß nicht eingehalten ist.« »Ja«, sagt der Vater etwas abwesend, »die Geheimnisse des Wurstkessels!« Dies war die Überschrift eines empörten Artikels der Neuesten, einem Metzger hatte man Pferdefleisch in der Wurst nachgewiesen, oder rechtfertigte sich gar Trichinenverdacht? Jedenfalls, die

Bande der Ordnung schienen sich zu lockern. Das Pfund Kalbfleisch kostete eine Mark, für eine Mark bekommt man nur mehr dreizehn Eier, sagt die Mama. Eier, Eier, Bob döst und reimt im Pferdetrab: Frau Meier. Denn Frau Meier brachte Hühner und Eier an die Tür: zu teuer, reimte sichs weiter, denn Frau Meier brachte ihre Waren nur mit Aufschlag vom Viktualienmarkt, zu oft für Mamas Geduld, und jedesmal gab es einen kleinen Schrecken. Frau Meier war zwar geschätzter als die Hausierer mit Schuhbändeln und Bürsten, welche das rechteckige Emailschild an der Wohnungstür zu beachten hatten: ›Betteln und Hausieren verboten.‹ Doch war sie weniger beliebt als die Frauen mit Meerrettich, Hagebutten und Zinnkraut, die nur einmal im Jahr kamen. Sie roch ähnlich wie die alte Pferdedecke hier in der Droschke, nach ihrem braunen Lodenmantel, nach Nässe und Armut, doch auch nach dem Blut der Hühner, deren Köpfe über den Korbrand baumelten. Zwei Suppenhennen kauft ihr die Mama dann doch ab, nachdem Frau Meier ihre Eier vergeblich angepriesen hat, ohne Stimme schreiend aus der armen erkälteten Brust, als wäre sie selber schon abgegurgelt wie ihre halb gerupften Hühner. Durch die ganze Wohnung knarzte ihr Korb, die Hühner rochen, die Armut flüsterte und heischte den kleinen Gewinn von dem schlechten Gewissen des überfallenen Wohlstands – immer kam Frau Meier, wenn man eben die Suppe ausgeschöpft hatte. Der Wagen hält. »Eben«, sagt im Aussteigen der Major, »ich habe es immer gesagt, Herr Spengel, es muß einen Krieg geben.«

Die Droschkenkutscher lachen nicht mehr über die Autos, kaum daß sie ihnen noch nachschimpfen. Sie sind alt, Nachwuchs haben sie keinen mehr, stundenlang schlafen sie auf ihren Böcken, manche lesen die sozialdemokratische Münchener Post, die meisten das Tageblatt, die katholische Zeitung der kleinen Leute. Oder sie stehen im Kreis, schneiden ihren Käs in kleine Stückchen, lassen den Maßkrug umgehen, schnallen den zugedeckten Gäulen die Futterbeutel vor. Sie werden zu Ende leben können, Pferde und Pferdefutter sind billig geworden, noch gibt es alte Herrschaften, die den Automobilen mißtrauen und Anlagen, in denen das Autofahren verboten ist.

Aber Fabers nehmen heute ein Auto, Erhard darf mit, Spengels haben abgesagt. Endlich ist es soweit, man hat sich entschlossen, die Ausstellung zu besuchen. Schon ein paarmal sind Robert und Erhard Auto gefahren in der Stadt und in Garmisch mit dem Öttl, so hat auch hier die Gerechtigkeit, die mächtigste Göttin aller Buben, ihren Brauch. Heute ist Erhard dran, auf dem Platz aller Plätze zu sitzen, vorn links neben dem Chauffeur. Ganz neue nie gewohnte Weichheit: rotes Lederpolster, Luftreifen, Asphalt wiegen ineinander. Ganz neue Schnelligkeit: denn näher als der Eisenbahn sind dem Auto der Boden, die Häuser, die Menschen. Ganz ungewohnter neu genossener Reiz, wie das Schutzblech weit ausladet und über dem Vorderrad die Luft schneidet, um Haaresbreite durchs Gewühl sich drängt, neue Bewunderung für den Lenker, der unter seiner Schirmmütze die Straße beherrscht, die Hand am schweren Steuerrad, am Handgas, am Schaltknüppel, der noch plump außen an der Karosserie sichtbar ist und doch so weich und fein die Zugkraft des Motors löst und bindet. Noch verleugnet das knalligrote Fahrzeug mit den Messinglampen nicht die Herkunft von der Kutsche, hoch sitzen, ein wenig geschleudert, Albert und Mimi, die Hüte festhaltend, im gewaltigen Fond, ihnen gegenüber das Robertl auf steifem Rücksitz wie in der Pferdechaise. Noch hupt der Chauffeur oft aus offenem Horn mit Gummiball, schnell gegen alle Gewohnheit ist man am Bahnhof, überfüllte Straßenbahnen – alles interessiert sich für die Binnenschiffahrt – werden überholt, die Bayerstraße steigt, rechts ist Dampf und Geschiebe der Eisenbahn, bald kommt

das neue Hauptzollamt, dann geht es – welcher Genuß – in eine scharfe Linkskurve, der Wagen, nun schon in einer Kolonne, ersteigt die Theresienhöhe, vorn zeigt sich die Bavaria, links unten breitet sich die Wiese, von Menschen überwimmelt, die zur Binnenschiffahrt wollen, aber viele streben auch zu den Kellern auf der Höhe. Die Brauereien senden Malzgeruch, der Bavariakeller, der Hackerkeller fliehen vorüber, wieder weht Blechmusik. Aber schon sind da rechts die hohen Staketen des Ausstellungsparks, links, über dem Wiesenhang, knattern Fahnen von mächtigen Masten, jede zweite weißblau, sonst Deutschland, deutsche Länder, Ausland, Sternenbanner. Noch einmal genießt Erhard Kurve und Auffahrt, dann steigt man aus. Onkel Albert zahlt, die ›Frei‹-Tafel knackt aus dem Taxameter, schon singt der Motor wieder in die Höhe, andere Wagenschläge klappen.
Als die nachmittägliche Gesellschaft die Kasse und den Engpaß mit der Drehschranke überwunden hatte, trat sie in einen Bereich, in dem alles neu, frisch gestrichen und zuversichtlich war. Sorgfältig vom Rechen gekämmt, wanden sich braune Sandwege um Rasen und Rabatten und Flächen von Heliotrop, geputzt gingen die Menschen, froh des Neuen, das ihrer wartete. Etwas von der goldenen giftgrünen Heiterkeit des irdischen Paradieses, ein Böcklinscher Hauch spielte um die Theresienhöhe. Mächtig, im Schwabinger Grau, waren die Ausstellungshallen errichtet: feste Gebäude, für lange Zukunft bestimmt, für die Zeiten des Glücks, des Wohlstands, des Aufstiegs, denen die Stadtverwaltung Häuser baute. Jahr für Jahr würden unter diesen Glasdächern die friedlichen Siege des Jahrhunderts gefeiert werden: Wasserbau und Binnenschiffahrt, Kunstgewerbe, Elektrizität im Haushalt (mit Schaubacken täglich vier Uhr und Staubsaugen in staunenden Menschenknäueln), Landmaschinen, Kohle und Wirtschaft. Ihr Fahnenstangen, ihr Zäune, ihr lehrreichen Hallen! Bald werdet ihr sinken, eure Farbe wird

abblättern, ihr werdet geschlossen sein: Kraftfahrpark des ersten Armeekorps, Ersatzteillager, Halle sieben Pioniergerät, Jahrgang 1900 Nachmusterung, Ausstellungshallen. Noch ahnte die Halle nichts. Mit grünem Rupfen ausgeschlagen, in Kojen geteilt für die ›Einzelheiten‹, bot sie festlich den Alltag des Wasserbaus und der Wasserstraßen: denn festlich wird das Ferne, Zerstreute, da und dort Dienstbare, wenn es in der sichtbaren Kunde vereinigt wird. Die Menge, die gedämpften Schrittes über die groben Läufer schlurft, fühlt es: diese Schiffahrt ist ein Ganzes, das uns unsichtbar umgibt, uns, die in Büros sitzen, hinter Ladentischen stehen, am Sonntag nach Lochham oder auf die Kugleralm ausfliegen, nie an den Rhein kommen: wir wärmen uns an der Kohle, die im tiefgeladenen Kahn von Ruhrort nach Mannheim geschleppt wird. Herrscherin Wasser, Kohle die Macht. Eine Majestät erscheint dem Volk, nur durch Belehrung, Hinweis, Schau. Dies ist das Geheimnis, der Zauber; immer wird gezaubert, wenn ein verborgener Zusammenhang sichtbar gemacht: ausgestellt wird. Da ist hoch an der Wand ein Brocken Steinkohle. Von ihm strahlen nach unten Schnüre zu den ›Derivaten‹: chemische Industrie, gespeist aus Kohle, gesteigert und verteilt durch Wasserkraft und Wasserweg. Koks und Gas und Fett gehören zusammen: Wunder der Teerprodukte. Eine kleine Weltschöpfung geschieht, und immer dann kommt eine kleine Rührung über die Menschen. Man zeigt es ihnen nicht nur in der Weite: Schiffahrt auf dem Main, Schleuse an der Loire, Flöße auf dem Kongo, der Huang-ho als Wasserstraße, nein, ebenso in der Tiefe, und auch die Geschichte rührt, und je alltäglicher ihr Gegenstand, desto majestätischer erscheint sich der Mensch in diesem Spiegel. Geschichtlicher Teil: Nilregulierung, ein römischer Kanal, Karl der Große verbindet Rhein und Donau. Frankreich, das Land Colberts, das Netz der Kanäle. Wolgaschiffer, wie treidelte man in alter Zeit? Auch die Mühle im kühlen Grunde gehörte in den geschichtlichen

Zusammenhang: wie überwand die Schiffahrt den Mühlstau? Neue Rührung der Volksliedsänger durch Realität. Tullas Regulierung des Oberrheins. Bayern im Wasserbau voran! Der Ludwig-Donau-Mainkanal. Erhard gab sich willig hin. Es war von ihm so wenig wie von den Erwachsenen zu verlangen, daß er die Statistiken las, welche die Wände schmückten, die graphischen Darstellungen, die Kurven näher würdigte. Es war auch wie in allen Ausstellungen. Zu viel. Um so lieber beugten sich die Buben über die Glaskästen, unter denen Schleusen und Schlepper, Pferde und Treidelmaschinen, Flußrinnen und Kraftwerke nachgebildet waren. Man mag gegen den Fortschrittsgedanken einwenden, was man will, man kann der Technik müde werden und endlich ihren Flüchen fluchen, ihre Eitelkeiten einsehen; wie rührend, wie tüchtig, wie groß, ja wie groß ist doch der Mensch in seinem unablässigen Streben. Wie er den Einbaum höhlt, das Mühlrad erfindet, wie sorgfältig macht er schon eine solche Ausstellung, diese Modelle, wie treu sind diese Feldeisenbahnen, diese Ägypter, diese Krananlagen. Und ein großer Friede liegt über dem Menschen, der arbeitet, plant, sich vorwärtsbringt. Die Ausstellung hat etwas Versöhnliches, als versammle sie alle Gutgesinnten, alle Tüchtigkeit aus Zeit und Raum. Diese bleiernen Kohlentrimmer fluchen nicht, die Reibungen, der Streit, die bösen Folgen des guten Fortschritts, all dieses ist nicht ausgestellt, nur die Sache, die Entwicklung, der Erfolg.

Der Major schwärmt. Mimi seufzt und hofft auf das Ende. Auch die Buben sind müd, sie ›blödeln‹. Im Bummeln kramt Robert eine bleierne Biene aus der Hosentasche. »Hab ich von einer Honigbüchse, paßt als Galionsfigur für die Jolle, jetzt hat sie einen Namen.« Erhard schaut ziemlich dumm. »Wie willst du das Schiff nennen?« »Biene. Schiffe sind meistens weiblich.«

Ein früher Abendimbiß im großen Ausstellungsrestaurant ist vorgesehen, dann kommt man mit den Buben zur rechten Zeit heim. Man sitzt im Freien, Lampions erglühen, von Baum zu Baum zieht sich der elektrische Draht, ranken sich Ketten mit bunten Glühbirnen. Es ist Hochbetrieb. Fabers finden gerade noch Platz, an einem nicht mehr ganz freien Tisch, Robert bekommt einen ärgerlichen Tadel. »Wärst du ein wenig schneller gewesen, da hinten der Tisch war vorhin noch frei, aber ihr müßt ja lallen.« Der Major war schon geladen. Grund genug, die Leistungen von Küche und Kellnern, denen er von vornherein nicht traut, erst recht herauszufordern. Der Kellner – hier ist männliche Bedienung, eigentlich unmünchnerisch – kommt auf barschen Ruf, bringt die Speisekarte. Mit den zukkenden Kopfbewegungen des Gehetzten blickt er in die Runde seines Reviers, wischt sich verstohlen den Hals. »Ich komme«! ruft er irgendwohin. Dann fliegt sein kurzer Bleistift auf das Blatt: Beuscherl gestrichen, Schulterbraten aus, nun streicht er auch noch den Rehbraten und den Kalbskopf, des Majors Lieblingsspeise. »Wunderbare Küche, wo alles gestrichen ist«; der Major sucht in der Runde Beifall, doch die Fremden blicken teilnahmslos, sie haben schon gegessen. »Was soll man dann essen?« »Ich rate den Herrschaften zu dem Schnitzel, das nehmen jetzt alle, geht am schnellsten.« Erhard beginnt zu hoffen, vielleicht vergeht die Szene, vor der man jetzt zittern muß. Der Kellner stößt Luft aus. »Es ist furchtbar«, sagt er, wie zu sich selbst und fast bittend, die Gäste möchten ihm seine Hetzjagd verkürzen. Derweil ruft es von allen Tischen. »Sofort!« Mimi will helfen: »Nehmen wir Schnitzel, es ist doch ganz gleich.« Aber mit verbissener Ruhe studiert der Major den Rest der Karte. Dann diktiert er dem Kellner – der himmelt mit den Augen – einen langen Befehl, einen verzwickten Wunschzettel aus dem abgelegeneren Teil der Karte. »Dauert aber länger«, baut der Kellner vor. »Dann bringen Sie uns erst Semmeln, und ein Glas Wasser.« »Mir auch eins«, klappt Robertl nach. »Jetzt können wir warten«, sagt die Majorin. Und sie warten. Schnit-

zelkollektionen werden vorbeigetragen, Düfte erwecken Hoffnungen und trügen sie. Dumpf wartet die Familie. Ein Pikkolo bringt Bier. »Ich habe Wasser bestellt.« »Ach laß doch.« Ein fremder Kellner fliegt vorbei, der Major faßt seinen Arm »Semmeln!« »Nicht mein Service.« Da ist der richtige, er schwingt einen Teller auf den Tisch, mit Schwarzbrot. Der Major erbleicht. Dann fliegen die Hausbrotscheiben auf den Kies. »Semmeln!« Der Major brüllt jetzt, die Leute schauen her, manche lachen. Der Park wird immer schöner. Die Dämmerung dunkelt. Man ahnt den Mond, der Rasen atmet Ruhe, die Beete glühen rot und leuchten gelb und lila, Levkojen, Löwenmaul, frühe Astern sind über die Flächen verschwendet. Alles löst sich, das Restaurant wird langsam leer, neue Menschenketten schieben sich den Scheidenden entgegen, es ist wie eine Ablösung. Aber Fabers warten noch immer auf das Pilzomelette mit Kräutersauce. Sie haben schon keinen Appetit mehr vor Zorn und Hunger. Übrigens sind die Semmeln da. Endlich, endlich schlägt auch diesem Tisch die Stunde. Der Kellner bringt viermal Schnitzel. »Das hätten wir gleich haben können«, sagt Mimi. Zum Widerstand hat der Major keine Kraft mehr, auch muß der Kellner den Tisch frei haben für die neue Garnitur.
Die Gesättigten gehen. Dort, hinter den Bäumen, geistert die Front des Künstlertheaters. Der Park hat sich verändert, andere Leute sind gekommen, Männer mit Geigen und Celli streben theaterwärts, bald werden sie ihre Quinten stimmen. Mendelssohns Vorspiel wird rauschen, Sommernachtstraum. Herren kommen, in hellen Sommermänteln, doch leuchtet die Smokingbrust, Frauenschmuck blitzt, Seide wellt sich um die feinen Knöchel. Die Familie ist dem Ausgang nahe, das Kasperltheater schläft. Gehen dort nicht Christina und Elwina? Wie schön sie sind. Heim geht man zu Fuß. Erhard will auch gar nicht Auto fahren, zu laut für der Schwestern Bild. Er wird rechtzeitig abgeliefert. »Wars schön?« Der Schulranzen ist gepackt. Eine

lange Woche kommt auf einen langen Tag. Erhard ist bald im Bett. Beruhigt und geborgen, dankbar und gespannt.
Denn Dein ist das Reich und die Kraft und die Herrlichkeit in Ewigkeit. Amen.

Neuntes Kapitel

DER PARK

Große Männer verdienen die Bewunderung, edle Menschenfreunde den Dank der Nachwelt. Die Bemühungen der Bildhauer Schwanthaler und Widmann, Brugger, Halbig und Zumbusch und die Werkstatt des Erzgießers Ferdinand von Miller verfehlten nicht, das kindliche Gemüt mit dem Hauch unvergänglicher Verdienste anzuwehen. Auf Rossen ritten Kaiser, Könige und Helden des Krieges; auf die Kanonenkugel, als ›Belgrads Eroberer‹ einen Schanzkorb übersteigend, setzte Kurfürst Max Emanuel auf dem Promenadeplatz geschwungenen Degens seinen siegreichen gespornten Fuß. Milden Blicks schuf auf demselben Platz der Ritter Willibald von Gluck noch einmal das deutsche Singspiel, jenseits des Türkensiegers stützte sich Orlando di Lasso auf sein Orgelpositiv, neben ihm blickte Bayerns Staatskanzler Kreittmayr bezopft auf sein grausames Werk, den Codex Criminalis Bavariae. Wesen höherer Welt, ernsten, bedeutenden Blicks rafften erzene Denker Gehrock, Talar und Toga, Griffel schrieben auf grünspanige Tafeln Unvergängliches, auf ewig schien am Maximiliansplatz Friedrich von Schiller den Lorbeerkranz in der Hand zu halten, Gedanken von Erz der Philosoph Friedrich Wilhelm Joseph von Schelling aus der Maximilianstraße nach Norden zu senden. Einem kleinen Buben waren Goethe und Goethemonument besonders groß, schon die Sockel waren gewaltig und lehrreich, man konnte an ihnen die römischen Zahlzeichen erlernen. Daß Lorenz von Westenrieder MDCCXLVIII–MDCCCXXIX ein

großer bayerischer Geschichtsschreiber gewesen, wußte man aus Oberlehrer Bauers Schulwanderungen. Daß aber die Menschheit durch die in Münchener Schulen unablässig gerühmte Erfindung des Steindrucks durch den ehemaligen Hirtenbuben Alois Senefelder wirklich so gefördert worden sei, wie seine Büste auf dem Sendlingertorplatz kündete, wollte Erhard, einsichtslos wie Buben manchmal sind, nicht so recht begreifen; auch der Stenograph Franz Xaver Gabelsberger schien ihm, mit Straße, Museum und Denkmal – am südlichen Ende der Barerstraße, wo sie mit der Ottostraße zusammenfließt, saß er auf seinem Denkerstuhl – ein wenig zu oft gefeiert zu sein (aber freilich, die Alten rechneten den Erfinder der Buchstaben unter die Götter, warum sollte München dem Verkürzer und Entzauberer der Schrift kein Denkmal setzen). Es gab aber besondere Wohltäter der Menschheit und Münchens, und auch ihrer wurde im Unterrichtsplan der Münchener Volksschulen in Treue gedacht. Von ihnen aber war, nächst, außer, neben und unter Bayerns Herrschern älterer und neuerer Zeit der rühmenswerteste der amerikanische Menschenfreund Sir Benjamin Thompson, den Kurfürst Karl Theodor, selbst ein Philanthrop, in seinen Dienst gezogen und zum Reichsgrafen von Rumford gemacht hatte. Für Münchener Buben war dieser Amerikaner ein wahrer Münchener geworden, was sich schon darin hören ließ, daß man ihn aussprach, wie er sich schrieb. Er hatte sich den Dank der Armen verdient, weniger durch sein Arbeitshaus auf dem Anger, mehr durch die Einführung des Kartoffelbaues in Bayern. Und schon die Rumford-Suppen hätten ihn, wenn nicht berühmt, doch volkstümlich machen können. Aber sein Denkmal – neben dem General Deroy, Fraunhofer und Schelling gegenüber – verdiente er sich durch eine andere Tat: er und der kurfürstliche Gärtner Friedrich Ludwig von Sckell schufen dem Münchener Volk seinen Park: den Englischen Garten.
Im Jahre 1789, als die Pariser die Bastille stürmten, schenkte ein

bayerischer Kurfürst und sein amerikanischer Freund den Münchenern den ›ersten Volkspark‹, wie es im Lexikon heißt. Aber hier war nichts von dem Rohen und Herablassenden, in dem sich vom Hoftheater das Volkstheater unterschied, nichts von dem Populären, das draußen in Nymphenburg mit Wippschaukel, Menagerie, Glückshafen und ›Haut den Lukas‹ das Volk im ›Volksgarten‹ an seine Schranken erinnerte, weit vor den Gittern des königlichen Schloßparks. Wie vom Hofgarten das Land in sanftem Schwung in den Hirschanger fällt, aus dem Sckell seinen Garten lichtete, so friedlich übergab der Graf Rumford den Englischen Garten an Bayerns Herrscher und Münchens Volk. Dieses Volk hielt sich, wie in der Pinakothek, an die Wege und warf seine Abfälle in die Papierkörbe, an deren Vorhandensein und Bestimmung man jedenfalls in Erhards Jugend nachdrücklich erinnert wurde.
Der Park des Volkes: dem Stadtvolk heiter dienstbare Natur, dem Armen und dem Reichen grün, ruhig dem Gedrängten, dem Einfältigen vieles bietend, Auslauf dem Gedankenreichen, Ordnung dem Geist, Bühne dem Glück, Schutz den Liebenden: der Liebe unendliche Bahn.

Satt grünt der Rasen, dicht dunkeln Büsche, Flieder und bald Jasmin, mit schwärzlichen Stämmen stehen die Bäume, Kastanien und Platanen, Akazien und Ulmen, Weiden über den Bächen. Alles ist ruhig und scheint noch ein wenig eng, die Stadt hat den Park noch nicht entlassen, seine Wege säumen ihren Rand, Rundwege ohne Ziel dem mäßigen, dem müßigen Spaziergänger. Noch wandelt er im Schatten der Häuser an der Königinstraße. Er ist aus der engen Von-der-Tann-Straße gekommen, vorbei an dem Haus Elvira mit dem violetten und grünen Meerwesen außen und dem photographischen Atelier Elvira innen: dem einst belächelten, bald gewohnten Wagstück des Jugendstils; oder er ist der Schönfeldstraße entronnen, die mit dem Bayerischen Kriegsministerium beginnt, mit wählerischen Sattlern und Schustern endet. Jetzt hat er, hinter den Büschen, die Villen der Königinstraße zur Linken, Haus und Museum der großen Tragödin Klara Ziegler, dann höhere Mietshäuser, von denen ihn später der Schwabinger Bach trennt. Beruhigte den Wandelnden die Nähe, der zutrauliche Vogel auf dem Weg, die Bänke der Ruhenden, so erhob ihn, blickte er nach rechts, durch Gruppen von Büschen und Bäumen, eine stets lieblich und menschlich unterbrochene Weite. Die große Wiese ist besäumt von Baumkronen; als ein Gruß aus der Zeit, da der bayerische Prinz Otto König von Griechenland war, steht der Monopteros – wie gemütlich ist dieses Griechisch – unter dem tiefblauen Münchener Himmel auf künstlichem Hügel. Wäre der Wandler entschlossener, hielte er sich nicht an den Weg unter den Häusern, er nähme den freieren, zielbewußteren Pfad zum Brunnhaus mit seinen Felsen und Wehren, wo Eisbach und Schwabinger Bach sich berühren und trennen, und käme, mit dem Weg ein wenig am Abfall des Hügels teilnehmend, unter den Monopteros selbst. Doch ›alle Wege führen nach Rom‹, sagt der Vater, und im Englischen Garten alle an den Chinesischen Turm. Hier endet die große südliche Wiese, der Gemächliche mag sie umkreisen und zurückgehen oder durch neue Büsche, wieder unter Baumschatten, alsbald den Blick über die kleinere Nordwiese befreien – denn in einem englischen Park, der die Ferne und die Nähe verbindet, Natur und Kunst versöhnt, ist stets zurückzukehren, immer neu zu schweifen erlaubt. Jetzt, noch im Dunkeln, erweitert sich rechts der Eisbach zu einer Pferdefurt und Pferdeschwemme; blauhalsige Enteriche tauchen, braune Enten führen schwimmende Brut. Dann mündet der Bach, vom Weg überbrückt, links im Hellen in den Kleinhesseloher See; die Wege schmiegen sich an seine Ufer, Schwäne landen, schwimmen, der Kopf schläft auf schaukelndem Gefieder, jetzt hebt er sich sanft, die schwarzen Füße schaufeln zum sonnigen Ufer, den Brotkrumen der Kinder, der Greise entgegen. Flache Boote plätschern ziellos auf dem See, drücken sich in die Bachenge, umfahren die buschigen Inseln, die Landzunge mit Sckells Denkmalsäule: ›Auch du, Lustwandler, ehre das Andenken des Biedermannes!‹ Weiter noch? Nun wird auch der Garten kühner, freier, dichter liegt das Laub, der Park möchte ein Wald werden, die Eisenbänder verschwinden, Wagenspuren erscheinen, der Ernst des Lebens meldet sich, die Straße für die Spazierdroschken nähert sich den Fabrikgebäuden des Loden-Frey, von rechts, von der Kunstmühle Tivoli, drängt die Hirschauerstraße an den See, dort, hinterm Seehaus, schützt, auf einer Böschung, das hohe Denkmal des Generals von Werneck, des Schöpfers des Kleinhesseloher Sees, den Blick des Ruhenden vor der rauhen Welt. Wer das harte Pflaster überschritt und links Park und Schlößchen Biederstein mit dem Auge griff, kann nicht mehr zurück, er kehre denn um: der See bot die letzte müßige Kehre. Der Park, bald die Hirschau genannt, streckt sich nach Norden, du brauchst ein Ziel und festere Schuhe, schreite aus, bald querst du ein Eisenbahngleis, dann kommst du an den Aumeister, vor dem alten Forsthaus stehen hölzerne Bänke und Tische, kein großer Verkehr ist hier, aber es gibt einen guten Käs, ein Paar Regensburger und den ›deutschen‹ süßen Senf dazu, ein frisches Bier, drinnen hangen ein paar gute Geweihe an der Wand, die Fenster schauen über Spaliere auf Ökonomie. Bist du noch kühner, willst du einen Ausflug wagen, wartet kein Vater mit gezogener Uhr, so wende dich rechts, laß hinter dir den Park, tritt ins Ufergrün der strömenden Isar, bald findest du bei St. Emmeram eine Fähre, die setzt dich nach Föhring über, bleib dort in der Einkehr zum Fischessen oder beim berühmten Preßsack, dann geh mit ratternden Fuhrwerken heim auf der Ismaningerstraße am Burgfrieden vorbei, am Pflasterzoll.

Du hast hinter dir eine Welt. Denn wahrlich ist der Englische

Garten eine Welt. Wie jeder Park ihr Spiegel und Abbild, ihre Verkürzung und Erhöhung.

Allen ist er vieles, so wollten es Spender und Schöpfer. Zwar, Jahrmarktlärm darf sich nicht in den Park wagen: das Karussell am Chinesischen Turm mußte in einer runden Hütte sich verstecken, und populär ist es nie geworden. Welche Kraft aber hat der Englische Garten, anzuziehen und wieder abzustoßen, sich zu öffnen und rein zu bleiben. Im Winterschnee lockern sich die heiligen Schranken um die Rasenflächen. Unter schreienden Genossen rodelt Erhard vom Monopteros hinunter, bald ist am steilen Hang der Schnee vereist, verdreckt, schwarz und glatt, Berg, Auslauf und Wiederanstieg wimmeln von Rotznasen aller Stände, Buben und Mädchen. Wild schauen aus ihren wollenen Helmen Volksschülergesichter, mit dem Bauch liegen diese rauhen Beherrscher der Bahn auf den Rodeln, zehnmal, hundertmal saust die Fahrt, ruft es ›Bahn frei‹ durch die Winterluft. Von fußkalten Müttern umstanden, duldet der See die ungleichen Künste der Schlittschuhläufer und trägt auch einen Eisschlitten dazwischen mit einer bemufften Dame wie zu Goethes Zeiten. Es geht grob zu in der Bude, wo man die Eintrittskarten kauft, an den Bänken, auf denen man sich mit Schlittschuhschlüsseln plagt, ist es kalt, unfreundlich und naß von halbgeschmolzenem Schnee, die hier üblichen Wiener Würstel helfen auch nicht viel, um so schöner ist die Bewegung draußen auf dem Eis, gar am Musiknachmittag, bis der Tag sinkt. Erhard kommt, wenn er müd wird, wieder in das Knöchelknikken und Stolpern, das er eben fleißig überwand. Halbgötter sind durch Balken vom laufenden, fallenden, lachenden Menschengewimmel geschieden, dahinter ziehen trainierende Bogenkünstler, tiefernste Schnelläufer ihre bewunderten Bahnen. In den Straßen, durch die man heimgeht, warten die Maronibrater, durch den Garten klingeln gelbkufige Droschkenschlitten.

Wenn dann der Winter vorbei ist, trocknen die Wege bald. Die

Münchener finden die ersten Hälmchen im alten Laub, die frühesten Veilchen. Bald grünen die Sträucher, man öffnet den Wintermantel, doch freut man sich noch der Ofenbank im Aumeister. Bis dann der Frühling wirklich da ist: eine Zeitlang stinkt der Schlamm des abgelassenen Sees, dann strömt frisches Wasser ein, die Bäche sind gereinigt. Monat für Monat empfängt der Park seine Gäste. Stunde für Stunde spendet er Trost, die Nahewohnenden suchen ihn Tag für Tag. Viele durcheilen ihn geschäftig, ihnen ist er nur ein Durchgang, gar ein Verkehrshindernis, und durch Jahrzehnte muß der Park gegen die Bogenhausener verteidigt werden, die ihn mit einer Straßenbahn durchschneiden möchten. Auch das Auto greift den Gartenfrieden an. Doch im ganzen kann er sich halten, den meisten Lärm machen noch immer die Enten und die Buben am Monopteros. Viele aber wandeln in ihm täglich und gemächlich, der Tagesspaziergang führt in den Englischen.

Nachmittag für Nachmittag, wenn sie nicht krank ist oder sich schont, was sehr oft vorkommt, oder schlechtes Wetter ist, schreitet im Park Tante Anna, schweigend, hoheitsvoll die Wimpern gesenkt, mit und ohne Sonnenschirm, die Jungfer an der Seite, die auch Anna heißt, oder Christina ist befohlen, manchmal auch Erhard gewürdigt. Meist endet der feierliche Umzug im engsten Kreis, schon der Kleinhesseloher See ist meistens ›heute viel zu weit‹, es genügt auch. Erhard ist gerädert von den vielen, kurzen, gemessenen Stechschritten, Christina hat schon am Brunnhaus zu viel Zorn getrunken, eigentlich müßte sie sich jetzt hinlegen und heulen über die unbegreifliche, unerbittliche, verkehrte Welt. Jedes neue Leiden erinnert an die alten, und alle heißen sie Tante Anna. Es gibt ja wohl in jeder Familie eine schwierige Tante, und immer ist die eigene die schlimmste, unvergleichbar allen übrigen. Keine Aussage erschöpft sie. Wie blaß, zu sagen, sie war der Mutter älteste Halb-

schwester, von gleicher Mutter, anderm Vater; oder die Witwe vom Onkel Carl, des ältesten Halbbruders des Vaters, von gleichem Vater und anderer Mutter; oder: sie war eine kinderlose, wohlhabende Oberstleutnantswitwe oder dies noch und das. »Die Schwägerin«, sagte der Vater in ohnmächtigem Zorn. »Anna«, seufzte die Mama. »Carl und Anna«, sagten die Eltern und sprachen von der Zeit, da ›Bruder Carl‹ noch lebte.
»Du mußt die Füße auswärts setzen und dich gerade halten, ich habe das in deinen Alter gelernt. Ich war in Holland in eine Schule bei zwei Damen. Dort wurde uns ein Brett zwischen den Rücken und die Oberarmen geschoben, übrigens haben wir immer müssen Französisch sprechen.« Ein Brett am Rücken! Das erklärt manches, dachte Bob – Tante Anna nannte ihn immer weiter so. Sie sagte wirklich »in deinen Alter« und »die Oberarmen«. ›Jetzt lebt sie vierzig Jahre in München, aber Deutsch lernt sie nie. Dazu ist sie zu bequem und zu hochmütig.‹ Wirklich, die pikanten Fehler in deutscher Aussprache und Grammatik, die Anklänge an das mütterliche Holländisch gehörten zu Tante Annas System der Abschließung von der gemeinen Welt. Hochmütig, dachte Erhard, auf was eigentlich? Sie arbeitet doch nichts – so weit war man schon, vor 1914. Die Tante hätte solche ungeziemenden Urteile als schwere Kränkungen empfinden müssen. Sie arbeitete immer. Aber jetzt war Spaziergang, bis zum Tee, Bob bekam dazu eine Buttersemmel, Tante Anna ein paar Friedrichsdorfer Zwieback, auf ärztlichen Rat. »Bob, was spielst du jetzt?« »Die Kavatine von Raff, da sind am Schluß Doppelgriffe.« »Ich arbeite jetzt« (aha, dachte Bob) »wieder Clementi, es ist doch das beste für die Technik, Pressel (der Simplon-Pressel), sagt es auch.« »Ich darf in den Wilhelm Tell«, suchte Erhard sich zur Geltung zu bringen. »Ich bin wieder bei Fontane, ich lese ihn doch lieber als Spielhagen.« Da die Tante, wie man sieht, meistens zu sich und von sich sprach, machte sie wenig Unterschiede und redete zu Kindern

wie zu Erwachsenen, während die Großen sich beklagten, sie würden wie Kinder behandelt. »Goethe ist tiefer als Schiller, das kannst du noch nicht verstehen. Schiller ist für die Jugend, Goethe wird dir erst später mehr sagen.« Dem Erhard leuchtete das ein. »Was sind das für Männer?« Leute in Monteuranzügen machten sich an einem Rohr zu schaffen. »Heute spricht man so viel von die Arbeiter und Dienstboten. Früher war alles idealer. Ich zeige dir einmal das Album, es ist von der Doelen (Erhards mütterliche Großeltern besaßen dieses berühmte Hotel in Amsterdam), da hat sich auch die Patti eingetragen, ich habe sie noch gehört.« Aus Kunstgesprächen der Erwachsenen mußte Erhard die Überzeugung gewinnen, daß es nur zwischen 1860 und 1890 gute Sänger und große Mimen gegeben habe. »Wir müssen nach Haus, es war heute so ein schöner Blick auf den Monopteros, und man kann sich so gut mit dir unterhalten.« Tante Anna konnte etwas Kameradschaftlich-Unternehmendes haben – wie man ja auch von Götterbildern erzählt, die sich belebten und freundlich neigten. »Gestern bin ich nicht ausgegangen« (oh, Erhard erinnerte sich der Szene, die Mama war befohlen gewesen und hatte dafür eine Teevisite abgesagt, in letzter Minute kam Annas Absage, und die Teefreude war umsonst verdorben). »Ich mußte einmal ausruhen« (ist Spazierengehen eine Arbeit, dachte der unmündige Sozialist), »vorgestern war so viel zu tun, die Büglerin war da, und Anna hat Kleider geändert.« Erhard erkundigte sich bei der Mama: die Büglerin hat doch gebügelt, und die Jungfrau Anna (so sagte er immer) hat genäht. »Man muß doch manches richten.« Erhard dachte an die Büglerin, die sicher auch ›manches richten‹ mußte, ihre Sachen selbst und vor allem für fremde Leute auswärts bügelte, auch, dem Vernehmen nach, einen Mann hatte, dem sie ›aufkochte‹, aber er sagte nichts. »Jetzt mußt du gehen.« Erhard war entlassen. »Ich habe noch Arbeit am Schreibtisch.«

Tante Annas Wohnungen wechselten verhältnismäßig rasch, doch blieben sie immer im Schattenbezirk des heiligen Haines, stets zog Tante Anna so um, daß sie nicht zu weit in den Englischen Garten hatte. In ihrer besten Witwenzeit wohnte sie in der Georgenstraße, in der Nr. 22 zuerst, dann 20. Die Nummern sind wichtig, denn Schwabinger Straßen verwandelten sich mit jedem Meter, durch den sie sich von der Leopoldstraße nach Westen entfernten, von den feierlichen, frohen Pappelreihen, in denen die Ludwigstraße durch das Siegestor nach Norden läuft. Mochten Erwachsene und mochten die Schwestern auch schon damals mit Seufzen den Dienst versehen, Erhard ging gern zu der Tante in die Georgenstraße und war auch nicht selten geladen. Mochten später die Kunstkritiker einwenden, so viel sie wollten – Erhard träumte sich glücklich in die stille und doch etwas phantastische Pracht hinein, mit der die ruhigen Linien des Leopold-Palais in der Georgenstraße sich umbogen. Doch nur kurz, nur bis zur Friedrichstraße, reichte der Villenbezirk, jenes Ziegelrot und Gitterschwarz, das auch den Pappeln der großen Straße den Hintergrund gab. Jenseits begann das Schwabing, das man mit der Violine durcheilte, Friedrichstraße: ›Eingang nur für Herrschaften‹, Georgenstraße: Bürgerwohnungen, bald Ateliers, Tanzinstitut Gistl, möblierte Zimmer zu vermieten. Wo Tante Anna wohnte, klebten solche Zettel nicht an den Regenabflußrohren. Hatte Erhard die Parterrewohnung erreicht, hinter deren geräumigem Erker er die Tante lesend, schreibend, stillesitzend vermutete, so öffnete ihm auf sein Läuten die ›Jungfrau Anna‹ Schieneis, klein, blaß und still, und Erhard trat in den Vorplatz, der ihn angenehm und feierlich empfing und ihm gefiel, und sei es auch nur durch den seit früher Kindheit bewunderten zylinderförmigen Schirmständer aus Meißner Porzellan. Nicht zu laut unterhielt er sich mit der freundlichen Jungfer, labte sich an dem immer gleichbleibenden Geruch der Wohnung nach Hyazinthen, Kölnischem Wasser und wenig, ganz wenig Küche, empfing ein kurzes Bulletin über Befinden und Laune der Frau Oberstleutnant, streifte gewitzigt, Mut holend und Abstand nehmend, ausführlich die Stiefel ab und mußte sodann scharf aufmerken, um auf sein Klopfen das leise ›Herein‹ der Tante zu vernehmen. Meist wurde er erfreut empfangen, mit gnädig erstauntem, etwas aus dem Handgelenk gegebenem Handschlag begrüßt. Wurde nicht gleich in den Englischen Garten aufgebrochen, so erhob sich die Tante, indem sie die Lesebrille – von dieser wurden Klavier- und Ausgehgläser unterschieden – als Buchzeichen in Goethes Wahlverwandtschaften legte (»Nichts für dich und deine Schwestern«, merkte sie lächelnd an), begab sich an die Gangtür, läutete nach der Jungfer, teilte dieser mit froher oder leidender Betonung mit, was Anna wußte, daß nämlich der Neffe gekommen sei, und verfügte den Tee ins Eßzimmer. Je nach Laune und Befinden mochte sich nun, denn der Tee hatte noch Zeit, ein Gespräch von den Wahlverwandtschaften anspinnen, obwohl sie für den Neffen noch gar nichts waren, wirklich nicht, oder über den letzten Quartettabend. »Die Böhmen sind doch die Besten«, Erhard versuchte, als Enkelschüler sozusagen, das Berber-Quartett herauszustreichen, wurde aber nicht erhört. Oder die Einsame spielte, froh des Hörers, die zuletzt geübte Invention von Bach dem Neffen vor, schwierige Stellen pflegte die Tante mit einem halb singenden, halb zählenden Gesumme zu begleiten. Derweil saß Erhard in einem der schönen, tiefen Sessel, wobei er, drohenden Scheuerns wegen, die Hände nicht auf die Lehnen legen durfte, und genoß das Zimmer. Über die Spiegelfläche des Bechstein-Flügels ging sein Blick auf ein Mobiliar, das sich vom elterlichen Zeitstil nicht unterschied, doch reicher und geschonter war und in Aufstellung und Beiwerk die vom Vater oft belächelte Teefreundschaft der Tante mit dem Innenarchitekten Robert Ballin verriet. Die Ölbilder an der Wand waren gutes neunzehntes Jahrhundert, zwei Wüstenstücke blieben Erhard im Gedächtnis, vor allem aber – die Tante taktierte weiter – war ihm immer neue Wonne das über dem Schreibtisch hängende Schlachtenbild – nach den Uniformen konnte es Radetzkys Sieg bei Custozza sein – von Albrecht Adam (1786–1862): aus dem Mittelgrund, großartig gemalten Staub aufwirbelnd, sprengen Schwadronen in eine helle, feindliche Ferne. Der Vordergrund hält den bewegten Massen das Gegengewicht in ruhigen Gebärden. Soldaten mühen sich um einen Verwundeten, die Hauptfigur, in langem, grauem Reitermantel mit weißem Bandelier, schwerem Säbel und mächtigem Raupenhelm, beugt sich helfend auf die Bahre. Riß der Blick sich endlich von der Reiterschlacht los, so wanderte er über den Scheitel der spielenden Tante und ihre strenge, flanellene Hemdbluse, über die blumengeschmückten Erkerfenster zu der Portiere, die das Zimmer der Musik und der Bücher vom ›Boudoir‹ – ja, wirklich, Boudoir – trennte.

Das Fugenspiel verstummte.

»Das nächste Mal spielen wir deine Mozartsonate.« Für Erhard war dieses Ensemblespiel eine bedenkliche Dreiheit aus Schmach, Ehre und Verzweiflung. Schmach, denn vor dem Notenständer lag ein Putzlumpen, auf den sich der Violinist zum Schutz des Parkettbodens stellen mußte. Ehre, denn vom selben Pulte spielte Herma Studeny, die energisch zur öffentlichen Geltung aufsteigende Geigerin – die Tante machte Anläufe zum Mäzenat – Verzweiflung, denn Tante Anna nahm die Tatsache, daß Mozart nicht Violinstücke, sondern Sonaten für das Klavier mit ›Accompagnement‹ der Violine geschrieben, wörtlich, und übte während des Zusammenspiels, als stünde niemand auf dem Putzlumpen. Da sie niemals hudelte, ›die Läufen‹ aber nicht beherrschte, blieb sie an schwierigen Stellen zurück, während Erhard erhobenen Bogens in anmaßender Geduld wartete, bis er wieder einsetzen durfte. So von einem Tempo ins andere gerissen, wagte er den respektlosen Vorschlag, sich auf die Ausführung langsamer Sätze zu beschränken, erreichte damit aber nur den zermürbenden Ausweg, daß auch die Allegri im Einheitstempo des Andante durchpflügt wurden.

Für heute war es aus mit der Musik, und Tante und Neffe ließen sich, von der Jungfer bedient und beherrscht, am runden Eßzimmertische nieder. Hier war es wieder schön: Porzellan und Silber, noch im besten Staat, weniges, aber gutes Zinn auf der spiegelnden Anrichte, auf der grünen Tapete die Bilder, die Bob fast noch lieber hatte als die Schlacht bei Custozza: die letzten Dienstpferde des Onkels.

Die Teestunde war bald gestört, Besucher kamen. Vielleicht kam Hofrat Stieler, der Sohn des Hofmalers und Bruder des Dichters, der Leibarzt, oder Doktor Crämer, der Magendoktor, oder ›der Wiedemann‹, der Major, der Sohn des herzhafteren Flügeladjutanten, zum Plaudern, oder Fräulein Kehl, die hagere, arme Offizierstochter, zum Klagen. Fräulein Kehl ging oft in den Englischen Garten mit, die Jungfer hatte doch manches zu richten. Heute aber war Erhard wieder dran. Martiusstraße, Nikolaiplatz, Seestraße wurden überwunden: kleiner Kreis bis zum Rosipalpark, Königinstraße zurück war vorgesehen. Die Tante erzählte von ihren Reisen: San Remo, vertrauter Klang, denn davon war in Bobs Gegenwart, nicht ohne Hinweis auf Kaiser Friedrich, oft die Rede, die Baedeker der Schweiz, Italiens, Ägyptens standen in roter Reihe in der Nähe der Wüstenstücke.

»Weißt du noch?« Dann kam dies und das aus der gemeinsamen Reise der Familie nach Holland im Jahre 1908. Oh, Bob wußte noch. Aber für heute war man am Schwabinger Bach. Und Bob also wußte noch. Er wußte auch so ziemlich, was nun noch kommen könnte. »Deine Mutter hat deine Schwestern falsch erzogen. Sie haben so merkwürdige Ansichten. Was tun sie in dem gräßlichen Giesing?« »Sie helfen in der Agilolfingerschule im Kinderhort«, versuchte Erhard sachlich zu werden, doch Tante Anna zuckte mit dem Mund. »Erzähl doch noch einmal die Geschichte von dem Maler.« So erzählte Bob zum dritten Male, was die Erwachsenen so komisch fanden. Ein gütiger, witziger, alter Mann, der Maler Müller-Lincke, malte Bobs Porträt, irgendwo im höchsten Stock der Adalbertstraße. Müller-Lincke – er fertigte saubere, glatte Bildnisse in Defreggers Manier – unterhielt sich mit dem Neunjährigen, der, im rotbestickten blauen Fuhrmannskittel, eine Hand in der Hosentasche, auf einem Podest stand, von dem alten Herrn, der ein krankes Auge unter schwarzer Binde barg, fixiert. »Er hat mich gefragt, was ich lese. Ich habe gesagt, die fromme Helene. Er hat gesagt, so, so. Ja, habe ich gesagt, es ist mein Lieblingsbuch. Wollen Sie es auch lesen, ich leihe es Ihnen.« Diese Geschichte konnte die Tante immer wieder hören, sie war, ungeachtet des Boudoirs, in ihren Ansprüchen an Erlebnisse äußerst bescheiden und hatte, trotz Ostende und San Remo, wenig vom Leben. Tante Annas Geschichten wiederholten sich ständig, weil sie eigentlich nichts erlebte und weil sie unendlich viel Zeit hatte. Episoden – ein Lieblingswort der Zeit – wurden zu Erlebnissen, diese, im Munde von Tante und Mitwelt, zu Sagen. »Ach Gott«, hauchte die Tante. Wenn Gott angerufen wurde, war etwas Schreckliches da, eine Maus, eine Spinne, überhaupt Natur, die tot, unwirklich und darum schrecklich war, wenn sie sich nun doch als lebendig und wirklich zeigte. Diesmal, beim Chinesischen Turm, war's eine Eidechse. Von der Eidechsenepisode würde noch oft die Rede sein. Die Tante würde dann den Neffen verständnisvoll anblicken, als wären sie verschworene Alligatorenjäger. Dem Erhard war es jetzt zu dumm. Er nahm sich eine furchtbare Frechheit vor. Heute sollte die Tante ahnungslos etwas tun, wovor ihr graust, etwas Unmögliches sollte wirklich werden. Man wird sehen.

Sie hatten den Kreis erweitert, jetzt wurde der Schritt beschleunigt, sogar erwogen, ob für den Heimweg nicht ein ›Aut‹ genommen werden sollte – so nannte die Tante die Autos. Schließlich unterblieb das. Bob hörte nicht mehr hin, er genoß die Vorfreude seiner Tat und rekapitulierte den Sagenschatz, der sich in der Familie um Tante Anna ansammelte. Die erfolgreichste Sagenerzählerin war Christina, von der Erhard nicht nur die Sagen, sondern auch seine verfrühte Weisheit hatte, daß die Großen sich selbst um die Freuden brachten, auf die sie sich fortwährend vorbereiteten. Es mußte sehr anstrengend sein, sich mit Gepäck, Trinkgeldausrechnen und umständlicher Garderobe in europäischen Hauptstädten zu bilden und in berühmten Badeorten zu erholen. Die schönsten Sagen, mit denen sich die achtzehnjährige Reisebegleiterin Christina für ihre Leiden in Hotels und Gemäldegalerien entschädigte, waren die Sage von der Korsettschnur und die Sage vom zweispännigen Professor. Beide Sagen spielten in Brüssel. Christina mußte an der Korsettschnur ziehen, da riß die Schnur, und Christina lag am Boden. Auch Erhard lag und keuchte und hatte vor Lachen Seitenstechen. Es war nicht mehr zu hemmen und zu dämmen.

Am schönsten lachte man in der Küche, wenn Christina der Zenzi abtrocknen half. Auch Zenzi hatte Tränen. Kaum erholt, jappten die Hörer nach der zweiten Sage. Brüssel, Hotelzimmer. Tante fühlte sich krank, tief in der Nacht. Christina wird zum Arzt geschickt – bei Tage durfte ein junges Mädchen nicht allein auf die Straße – aber Professor X sendet seinen Assistenten. Der aber wird nicht empfangen, große Szene. Schließlich kam wirklich der Professor, mit Zweispänner: Klick, klack. Wunderschön. Hör jetzt auf zu lachen.

Erhard blieb heute zum Abendessen. Er strich um den gedeckten Tisch, die Tante war nebenan im Wintergarten, viele Blumen dufteten um Tische und Korbsessel. Jetzt wird's getan. In der silbernen Brotschale liegen zwei Semmeln: genau zwei, von einer wird die Tante sicher essen. Der Wintergarten ist noch ruhig. Jetzt geht Erhard hin und schleckt die beiden Semmeln ab, rund um und gründlich. Wie würde ihr grausen, wenn sie wüßte! Und wie heiter genießt sie jetzt die ekle Speise. Das Gewissen rührt sich nicht. Nur süße Rache ist geübt, Rache nicht für Sagen, sondern für Geschichten, Rache für Szenen, die er erlebte, als er ein paar Wochen in der Georgenstraße zubrachte. Vergeltung für mütterliche Tränen über die immer drohenden Störungen, über abgesagte und verdorbene Feste, über Umstände, Wünsche der Einsamen. Alles seufzte, und alles diente. Der Vater fand sich mit der Schwägerin ab, wie man sich schließlich mit der Natur abfindet, er ging nie mit in den Englischen Garten. An jedem Neujahrstage überreichte er einen weißen Fliederstrauß. Er gab die geforderten Bank- und Steuerberatungen und wußte, daß ihm die Göttin die letzten Geheimnisse ihres Einnahmeregisters vorenthielt, daß sie andere fragte, die weit vom Schuß unverbindlichere Ratschläge gaben, daß man der Schwägerin nie von der Sache her beikommen konnte. Er begriff nicht, daß eben diese Unsachlichkeit die Stärke und zuletzt die einzige Waffe der Tante war. Unsachlich waren gewiß die Damen vor der Französischen Revolution, und sie waren mächtig gewesen. Tante Annas ganzes Leben aber war der Versuch, Ancien régime in einer Welt festzuhalten, die es für sie gar nicht gab. Wer seine Zeit vermeiden will, lasse sich nicht auf die Sachen ein: sonst ist er verloren. Er muß nur durchhalten. Tante Anna tat es lächelnd und leidend.

Tante Anna grüßte nicht oft, wenn sie durch den Englischen Garten ging; sie empfing zu Hause. Für Begegnungen war der Park überhaupt nicht da. München traf sich auf der Parad, im Englischen Garten verlief es sich. Er segnete den Einsamen, er segnete jede Zweiheit in seinen Labyrinthen. Wie froh besprach sich da die Welt. Wie viele Kochrezepte haben diese Büsche gehört, wie viele Pläne hat Paar um Paar über diese Wege gebreitet, wie große und wie viele Luftschlösser habt ihr ragen sehen, ihr ragenden Bäume. Wie gemütlich war es, mit der Mama durch den Park zu gehen. Hier wurde sie froh und sicher. »Ich hab mir gedacht, nach deiner Konfirmation machen wir eine Reise, vielleicht nach Nürnberg, wir zwei, das wird gemütlich. Ich hab gedacht, wir gehen einmal zum Gerstle und Löffler, du solltest Hemden haben.« Da redete sich gut, dies und das, Sorgen beruhigten, Hoffnungen belebten sich, und die Mutterliebe wie alle Liebe sprach sich frei, ob die Büsche grünten, ob Heufuhren auf der großen Wiese standen, ob der September schärfere Linien um Häuser und Baumwipfel zog, ob der Oktober raschelnd an die Gräber mahnte: ich hab mir gedacht, wir gehen morgen einmal auf den Friedhof zum Grab vom Louis, der Obergärtner hat gesagt, ich soll jetzt einmal nachschauen. Die Tage werden kürzer, früher erglühen in den Fenstern um den dämmernden Park die Lichter. Aber immer gleich geduldig löst der Garten den Menschen die Zunge. ›Ich sag's ja immer.‹ Wo anders als im Englischen Garten kann eine Münchener Bürgersfrau so frei das Herz vor der Freundin ausschütten, alle Lebenserfahrung, alle Schlechtigkeit dritter Personen ausbreiten, sich selbst zu Bekräftigung und Ruhm? Eilig, ab und zu einen Stein vor sich treibend, einen Ast aufnehmend und knikkend und an die Schenkel schlagend, schieben zwei Gymnasiasten gesenkten Blickes neben den Reitwegen. »Die Geschichte entwickelt sich vom Einfachen zum Vollkommenen: Du siehst es in der Natur, sieh es in der Musik, von Haydn über Mozart geht der Weg zu Beethoven.« »So«, sagt Erhard, »und wie geht es weiter, vielleicht zu Wagner? Geht es immer weiter? Wars nicht früher besser, ist nicht die Geschichte eine Folge von einzelnen Höhen, dann ist Mozart die größte.« Nun, das war niemals auszumachen. Doch hörten Fuß- und Reitwege, daß am Gottesbeweis des Anselm von Canterbury nun wirklich nicht zu zweifeln sei. Buben und Jünglinge – im Englischen Garten hattet ihr Augenblicke, wo die Wahrheit an den Bäumen hing, ihr brauchtet sie nur zu pflücken. Gelöst schienen die alten, großen, ewig erneuerten Fragen, vom freien Willen, vom Ding an sich, behielt nicht Zwingli endgültig recht gegen Luthers Abendmahlslehre? In jenen verwehten, verkehrten Gesprächen blinkte da und dort wirklich das Auge der Wahrheit selbst, wirklich bahnten sich die Redenden, vom Park Ermutigten, um den See Erhobenen den rechten Weg.

Viele Paare hatten die Buben, zu Argumenten schmiedend, was sie von Kant und Schopenhauer gelesen, gestreift: hundert bedächtige Tanten Annas mit ebensoviel Annas und Nichten und Freundinnen, Mütter mit Töchtern in Aussteuersorgen vertieft, schließlich verfing sich das Gespräch ein wenig im Alltag um den See, wo das Wandeln zum Gewimmel wurde, um die stets besetzten Bänke, unter dem milden Joch, das ein waagrecht wachsender dicker Baumast über den Weg spannte.

Noch waren die Buben blind für die Paare der Paare, die Liebespaare. Diese aber hätten am meisten Grund gehabt, vor das Rumfordmonument vor der Regierung von Oberbayern Kränze zu legen. Glücklich, verspielt, ein bißchen langweilig, trägt der Schwere Reiter das modische Täschchen der Angebeteten in der Rechten, während ihm an der Schwertseite der Pallasch baumelt. Gefaßt wartet auf ihrer Bank die achtunddreißigjährige, natur- und musikliebende, hellblonde, gute Erscheinung mit etwas Vermögen auf den Erfolg ihres Inserats – ohne Blick auf die Seligkeit, die im jungen Gleichschritt die Wege mißt. Die Liebenden finden sich, wo immer sie sich getroffen haben, im Englischen Garten, und sie wissen nicht mehr, wie sie hineingekommen sind.

Und neue Gnade schenkt der Park denen, die ihn allein betreten. Der Einsame entdeckt ihn wirklich, und sähe er ihn nicht, auf sich selbst gewandt; auch dem Blinden müßte er lieblich sein: im Tau des Morgens, wenn Reiter ihn durchschwingen: dann blickt man ihnen sehnsüchtig nach, wohlig knarzt Sattelleder, in der frühen Sonne glühen die Füchse, glänzen die Braunen; am hohen Tag, wenn das tiefgelbe Rumfordhaus am Chinesischen Turm Goldglanz empfängt um seine edlen, schlichten Linien, als sei es ein Parkbild, vor hundert Jahren gemalt, gegen Abend, wenn die Wasservögel stiller werden. Von Bank zu Bank wandern die Knaben, die Mädchen. Viele Vokabeln sind hier gelernt worden, lateinische und französische. Wer sucht die Jünglinge noch auf, die in diesem Garten den Homer entdeckten, verhaucht ist das Murmeln der Schauspieler, die auf diesen Bänken ihre Rollen lernten, aufgegangen die Saat der Leser, die auf den gleichen Ruhebänken sich dem Karl Marx verschrieben. An welchem Parteiprogramm hat der Englische Garten nicht irgendeinen Anteil? Hier grüßte der Schul- und Landtagstyrann Orterer den demokratischen Philologen und Donnerer Hammerschmidt, hier trugen Primadonnen ihren Ruhm, Chorsänger ihre Verzichte spazieren. Was sich trennen will, vereinigt sich unter diesen Bäumen, die ein Kurfürst pflanzte und die das graue Ende eines erlauchten Königtums beschatteten. Auf diesen Wegen wandelte Stefan George, wanderten seine Jünger, steil von Zeit und Menge getrennt – doch sie schritten im selben Frieden, mit dem unter den Glöckchen des Chinesischen Turms der Bürger sein Vesper aß und trank. Tausend Verse tönten im Park unter der milden Sonne des Nachmittags.

> Da stieg ein Baum. O reine Übersteigung!
> Oh Orpheus singt! O hoher Baum im Ohr ...

Und die gleiche Sonne wärmte die Armut, im gleichen Schatten verschnauften sich alte Weiblein mit ihrer Holzlast. An den Sandbänken backen die Kinder ihre Kuchen. Die Veteranen wärmen sich, die Alten vom nahen Altersheim. Viel Geist zog über diese Wege. Im Sommer, schon vor den Reitern und längst vor seinem Tagewerk, stelzt der Professor Hellmann mit seinem Sophoklestext durch den Englischen Garten. Die Hände klamm vor Dürftigkeit, versunken in die Treue zu seinem Werk, strebt der

Privatgelehrte Bastian durch den Park in die Bibliothek. Er denkt an alte Handelspapiere, an Urkunden des Mittelalters, er sieht die Bäume nicht, doch segnen sie ihn. Hunde beriechen sich, zerren an den Leinen, der Dackel des Herrn Privatier, der Foxl der gut erhaltenen Dame, Schnauzer und Windspiele.
Erhard sitzt auf der Bank am überhangenden Baum. Er hat sich das erste Buch vom Antiquar gekauft. Der Mann mit dem Dackel setzt sich neben ihn und sagt: »Grüß Gott, Herr Nachbar.« Bob ist gestört. Er sollte stolz sein. Tante Anna wird sterben, doch wird sie sich auch im Tod vom Englischen Garten nicht weit entfernen, sie wird draußen im Neuen Nordfriedhof unter dem Engelskopf liegen, den der Bildhauer Baierer gemacht hat, dem Oberstleutnant zum Gedächtnis. Von Herrn Baierer war oft die Rede. Tante Anna sprach so gern von Künstlern.
Es wird dunkel und kalt. Erhard trägt sein Buch fort und träumt davon, daß es eine Bibliothek sein wird. Bei der Deckerschen Klinik kommt ihm ein Paar entgegen. Der Park wird es aufnehmen: der Liebe unendliche Bahn.

Zehntes Kapitel
RAUM UND ZEIT

Diese Stadt, von der die Heimatkunde in der Schule lehrte, als sei sie eben eine einzige Heimat, war dem Gemüt in hundert Städte, dem Gedächtnis in tausend Erinnerungen zerspalten. Der Mensch hat sich die Erde unterworfen oder ist doch, zu seinem namenlosen Jammer, im Begriff, es vollends zu tun. Aber die wirkliche Welt des Menschen ist klein, und viel größer wird sie im Lauf des Lebens nicht, als das Haus und die Straßen seiner Kindheit. Eine Wendung um die Ecke, und eine neue Stadt ist da, ein Seitenweg, eine Lichtung entrückt den Wanderer von Wald zu Wald; und kaum gewöhnt er sich, reißt es ihn fort. Nach einer Weile hebt der Flüchtige den Blick und faßt als Heimat, schaut als Land, was ihn eben von Fremde zu Fremde, von Eck zu Eck und von Ort zu Ort geschreckt hat: dieses Licht, diese Gräser, diese unvertrauten Felsen. Jetzt hat er einen Raum, in dem er gehen, rasten und leben kann, wo auch um die Ecke noch die Heimat ist. Aber bald zwingt ihn das Leben, das Getümmel um die Unterwerfung der Erde, weiter, bis er endlich sich verläuft und keine neue Heimat mehr gewinnt. Dann sehnt er sich nach der alten Heimat. Dann tritt er die Wanderung nach seiner Jugend an. Aber vielleicht hat er nicht mehr die Zeit oder das Geld oder die Freiheit, um wirklich zurückzugehen. Doch der Geist öffnet den Heimweg durch Erinnerung. Was ist der Mensch? Der Mensch ist das Wesen, das Erinnerung hat. Die Engel haben kein Gedächtnis, da sie Gott selbst schauen. Die Menschen haben Erinnerung, weil sie von Gott wissen und ihn nicht sehen, sondern auf dem Wege sind. Ihre Wege sind Heimwege zu sich, nämlich zu ihrem Ursprung, dahin, wo sie wirklich bei sich sind, nämlich zu Gott. Der Mensch ist immer außer sich und will immer in sich gehen. Er findet Ruheplätze auf seinem Weg. Dann hält der Wanderer: diese Bank, diese Zweige waren schon einmal genau so im Licht. Genau so, Stück für Stück, waren diese Tannenzapfen über den Weg verstreut, so standest du schon einmal vor dieser Bank. Der Berg ist täglich anders. Aber heute, ja, jetzt ist er wie er schon einmal war, irgendwann. Der Aufmerksame, der stets auf den Unbestand der Dinge merkte, ahnt das Beständige, meint die Ewigkeit. Er ist dann glücklich und ruhig und hängt nicht mehr am Leben. Er lebt.

Elwina hat Geburtstag. Heute wird sie zwanzig, am 31. August 1913. Die Freundin, gleichaltrig genau auf den Tag, ist aus München gekommen und hat die Prinzregententorte mitgebracht. Es ist ein warmer Sommerabend, wie sie in Grainau selten sind. Die Familie sitzt auf dem Söller, der Vater hat die willkommene Gelegenheit zu einer Pfirsichbowle ergriffen. Zwischen den

Balkonsäulen ist ein Draht gespannt. Lampions hängen daran, gelbe und rote Bälle, bunte Harmonikazylinder. Die Lichter flackern in den hellen Wein, Nachtfalter sterben rasselnd. Droben steht die Alpspitze in der Glorie der Sterne, Sterne flimmern über dem Waxenstein, ein Sternenmantel wallt von der Zugspitze, rechts hinter der Espe. Die Bowle perlt angenehm in die Gemüter, man ist froh und offen für die größeren Dinge, für die Dinge ohne Zeit. ›Unwirtlich drohet der Fels, längst erkaltet‹ – so dichtete eine andere Freundin in einem oft belächelten Gästebuchgedicht. Aber es stimmte ja, unwirtlich drohte der Fels. Links leuchtete rötlich, nicht ganz ruhig, über dem schwarzen steilen Bergwald das Licht vom Kreuzeckhaus.

»Schön«, sagt Elwina mit bewegten Nüstern. »Wunderbar«, sagt Papa und lehnt sich zurück. »Weit, weit«, rätselt Christina. »Wie weit«? fragt Erhard. »Das ist verschieden. Je röter die Sterne scheinen, desto näher sind sie. Die weißen sind die weitesten.« Erhard kennt den Unterschied von Planeten und Fixsternen. »Dort ist die Wega«, sagt der Vater. Sternnamen haben so etwas Feierliches: Sirius, Wega. Die Alpspitze steht unbeweglich. Die Falter rumpeln an die Lampions. »Die Wega ist sechsundzwanzig Lichtjahre von uns entfernt. Das Lichtjahr hat man« erklärt der Vater, »eingeführt, weil man die größten Räume nicht mehr mit Raummaßen erfassen kann«. »Aber was ist ein Lichtjahr?« »Ein Lichtjahr ist die Strecke, die das Licht in einem Jahr zurücklegt. Die Lichtwelle bewegt sich mit einer Geschwindigkeit von dreihunderttausend Kilometern in der Sekunde. Kannst du dir eine solche Strecke vorstellen? Nun, etwa siebenmal der Erdumfang.« (Aber wer stellt sich den Erdumfang wirklich vor?) »Dann hast du erst eine Lichtsekunde. Also achtzehn Millionen Kilometer in der Minute, das Sechzigfache in der Stunde, noch vierundzwanzigmal ist ein Tag. Die neue Summe dann noch dreihundertfünfundsechzigmal. So ist das Lichtjahr mehr als neun Billionen Kilometer. Die Wega ist also sechsundzwanzig Lichtjahre entfernt, ein ziemlich naher Stern, noch näher ist der Sirius, 8,7 Lichtjahre; da gibt es aber ganz andere Entfernungen, die Spika steht hundertneunzig Lichtjahre ab. Wunderbar.« ›Also‹, denkt Erhard, ›da sind neun Billionen Kilometer, neun Billionen Ludwigstraßen.‹ »Niemand kann sich diese Zahl vorstellen«, sagt der Vater, »darum nimmt man eben ein Wort, das Lichtjahr.« ›Und dieses Wort‹, denkt Erhard weiter, ›das sich niemand vorstellen kann und hinter dem doch etwas Wirkliches ist, das ich sehe, dort die Wega über dem Höllentorkopf, das muß man noch mit sechsundzwanzig multiplizieren, aber niemand kann sich auch nur eine Million vorstellen, und dann sagt man noch: das ist ein naher Stern; andere sind zwölftausend Lichtjahre entfernt. Dann kann man ja wohl sagen: die Sonne, unsere Sonne, denn alle die Fixsterne sind ja Sonnen, ist ›ganz nah‹ ›nur‹ 149 Millionen 480 Tausend Kilometer. Die Sonne ist nur ein Stern neben anderen, das Sonnensystem ist nur ein System unter anderen Systemen. Vielleicht ist diese Welt mit den Fixsternen auch nur wieder eine kleine innere Welt, so klein in der größeren äußeren Welt, die wir nicht sehen, wie die Erde in der Sonnenwelt, dieser elende kleine Planet, auf dem wir uns so wichtig nehmen – wie das Atom im Stein, im Stäubchen.‹ Papa schlürft seine Bowle, behaglich und fast feierlich, glücklich im Gleichgewicht der Stunde. Er erklärt jetzt im Raum des unendlich Kleinen den Unterschied zwischen Molekül und Atom. Dunkler scheint die Nacht, höher lohen die sterbenden Dochte in den Lampions. In den Rachen des Höllentals, kaum unterscheidet man den Stangensteig, funkeln die Sterne, die Siriusse, die Lichtjahre, die Milchstraßen, die Nebelflecke, die unzählbaren Sterne, die unsichtbaren Systeme. ›Am Anfang schuf Gott Himmel und Erde‹, denkt Erhard. »Furchtbar«, sagt er leis. Mama schaut ihn verwundert an. ›Unwirtlich drohet der Fels.‹ Die Bowle geht zu Ende. Erhard fühlt ein feierliches Zwängen im Hals. Die Wega, sechsundzwanzig Lichtjahre, sechsundzwanzig mal neun Billionen Kilometer. Stelle dir vor, du müßtest sie mit dem Rad fahren oder mit der Pferdepost oder mit irgendeinem Innen durch das unerbittliche, unwirtliche Außen. Hat der Vater den Gedanken erraten? Er sagt: »Aber nicht durch die Atmosphäre geht droben das Licht, durch Sonnenwärme und Luft, sondern durch den kalten Raum, sozusagen das Nichts. Übrigens, Bob, hol noch die zwei Flaschen im Keller, daß wir die Bowle beleben.« ›Am Anfang schuf Gott ...‹ Erhard steht ein wenig schwer auf. Der Hochwald ist schwarz, da drüben ist der Daniel, in Tirol. Jetzt muß ich gehen. Gleich links, im Zimmer, ist der Waschtisch der Eltern, mit einem Spiegel, rasch vorbei. Die Treppe ist ungefährlich, doch unten auf dem Vorplatz tickt ein Uhrpendel: eisiges Gefühl. Jetzt die Kellertreppe, für sie muß man eine Kerze anzünden. Sie flackert. Licht, Lichtjahre. Jetzt hinab. Fünf Stufen, dann Absatz, linksum, Hand am kühlen Beton. Fünfzehn. Jetzt eine Tür. Rasch auf, sie führt in den Keller. Durch das Waschhausfenster glimmt ein Stern. Werkzeuge glänzen matt. Schnell rechtsum in den Vorratskeller. Da klemmt die Tür. Wie gut. Man kann sich bemühen. Ganz sachlich, das gibt eine Atempause. Dort stehen die Flaschen, nimm sie vorsichtig. Denke an das zwängende Schloß. Oder hat sich das Holz geworfen? Sachlich, sachlich. Zähle die Stufen, im Takt der Uhr von vornherein, das entzaubert sie. Lösche das Licht aus und stell die Kerze hin. Tu alles ganz langsam, eile nicht. Jetzt die obere Treppe, sie ist gut. Die Fensterscheibe vor dem grünen Laden würde spiegeln, wenn Licht da wäre. Sie tut es nicht.

Da ist schon wieder das Schlafzimmer mit dem Licht der Lampions auf dem Spiegel. Alles kommt darauf an, daß die Flaschen nicht hinfallen. Man könnte jetzt ganz ruhig auf den Spiegel zugehen und feststellen, daß dort das eigene Gesicht ist und die Flaschen in den Beugen der Arme. Aber es lohnt sich nicht.

Man hört ja schon die ruhige Stimme des Vaters. Er spricht noch immer von Astronomie. Also schnell vorbei, ohne Umstände.
Erhard weiß nicht mehr, wie er bis an die Balkontür gekommen ist. Er versucht, nicht zu zittern und gewinnt Atem. Die Flaschen stecken wie eingewachsen in den Händen. Die linke Schulter lehnt leicht am Türpfosten, vor dem letzten Wegstück. So fliehen Pferde, und sie fliehen jetzt durch Erhards Kopf: plötzlich, sinnlos, erschrocken. Eben war es ein frommes Zugtier, ein Reitpferd vor Kandare und Trense. Da fällt ein weißes Blatt, da huft ein Vorderpferd an die Bande der Reitbahn, Schnee rutscht vom Dach. Da fliegt das Zügelwerk in die Höhe, Bügel klimpern, zielloser Galopp, Stillstand, das Weiße der Augen droht, die Ohren liegen, die Flanken zittern: nur Angst, Angst. Erhard geht ruhig und gibt dem Vater die Flaschen. Mama hat jetzt ihren schottischen Umhang um.
»Wie weit wir doch gekommen sind, es ist schon wunderbar«, sagt der Vater. »Früher glaubte man einfach, was in der Bibel stand, und meinte, daß die Sonne um die Erde läuft. Daraus ergaben sich eigentlich alle Irrtümer von selbst.« »Seit Kopernikus läuft die Erde um die Sonne«, versuchte Erhard ironisch zu sagen, denn er war noch mit seinem Gleichgewichte beschäftigt. »Ja, und seit Kepler laufen die Erde und die anderen Planeten nicht mehr in Kreisen, wie sich die Theologen gedacht haben, weil der Kreis die vollkommene Figur sei, sondern in errechneten Ellipsenbahnen«, ergänzte, gleichen Tons und somit tadelnd, der Vater. »Aber schließlich tappte man doch noch im Dunkeln, bis dann Newton die Gravitation entdeckte.« Der Vater machte sich noch an den Versuch, die Theorie von Kant und Laplace über die Planetenbewegung zu erläutern, nicht ohne Hinweis auf das Deutsche Museum. Doch ergaben sich Schwierigkeiten, auch mußte die Bowle belebt werden, und die Freundin sagte, etwas unaufmerksam, als sei es nun genug

Astronomie, und schließlich hatte heute auch sie Geburtstag: »Ja, ja, Raum und Zeit.«

Ja, das war es: Raum und Zeit.
Wer weiß, wie sie darauf gekommen waren, Erhard und Robert: den Jahrstock zu setzen. Wenn die Ferien aus waren, am letzten Tag, am 15. September, gingen sie auf den Erhardsberg, irgendwohin, zwischen das Waldgras, das Maiglöckchenkraut. Es durfte beileibe kein bevorzugter Platz sein, wo etwa die Bank stand, oder die höchste Tanne, nein, irgendwo ins Wahllose pflanzten sie ihren Pfahl, einen gespitzten, sauber zugerichteten Holzstecken. Den schlugen sie ein, und dann würde er da stehen, während die Buben in München in der Schule saßen, die Blätter würden auf ihn fallen, der Schnee um den Pfahl rieseln und steigen. Der Stock würde unter dem Schnee vergraben sein und dann sich wieder heraustauen, endlich würden die Maiglöckchen um ihn blühen und Erhard wäre nicht da. Und dann würde der Pfahl noch stehen, unverändert, wenn Erhard wiederkam, am 15. Juli. Geheim wird dann der Pfahl aufgesucht, ausgerissen, verworfen, geheim, wie er geheim gesetzt worden war. Nie hörte ein Erwachsener, ein Fremder, die gemurmelten Litaneien am Jahrstock: Du bist noch da, da bist du noch, da bin ich wieder, diese Wiederholungen, die jeder heiligen Sprache eigen sind. Der Litanei folgte die Meditation. Da wird der Pfahl noch stehen, wenn ich wiederkomme, nach einem langen, langen Jahr. Warum ist das Jahr lang? Weil es das Viele ist, das Viele bringt, das Zählbare, doch nicht Berechenbare. Das Veränderte. Kann man es ablesen und beherrschen am unveränderten Pfahl, der da steht und ist, während das Viele geht und vergeht – der da ohne Angst bleibt in der ängstlichen Zeit. Weißt du noch, sagt der Knabe zu sich selbst, doch im Angesicht der Säule, wie im November, im Februar, im März dies war und das: nichts Schreckliches, nicht immer Ängstliches, nur eben Erlebnisse,

viele kleine Takte im Schritt der Zeit. Dann neue Erinnerung: an einen Morgen in der Schule. Da erinnerte ich mich – dazu ist er ja da – an den Pfahl: da draußen stehst du, einst gepflanzt, im Wind, und wir übersetzen oder rechnen. Du bist draußen, und bleibst. So grüßen sich getrennte Liebende an die Sterne. Dann wieder, auf dem Berg, Liturgie: weißt du noch, weißt du noch, weißt du noch: denn der Pfahl wußte alles. Er blieb ja. Erhard wurde sich, dies versteht sich, nicht klar über den Sinn des geheimen Kultes. Doch wußte er, daß dieser mit der Zeit zusammenhing, und er nannte sie auch so: die Zeit. Immer wieder mußte er die Zeit versuchen, herausfordern und verehren. Nie zweifelte er an der Beseelung der Dinge. Der alte Leiterwagen hatte ausgedient, ein neuer wurde angeschafft. Der alte Leiterwagen hatte eine Seele, der neue noch nicht. Der alte kam auf den Speicher. Sorgfältig gewaschen, in der Sonne getrocknet, wurde er unter die Dachschräge gestellt, in einen feierlichen leeren Raum, mit aufgebundener Deichsel. An ihrem Kreuz hing eine ›Verdienstmedaille‹ aus grauem Glanzkarton. Der Wagen, nun schon fast ein Gott, wurde geschmückt, mit vielen Disteln, über und über. Denn Disteln verwelken zu einer bleibenden Starre. Im Halbdunkel ruhte der Wagen aus, selten besucht.

Erhard steht, seltenes Glück, auf der letzten Plattform des Zuges. Es ist, als wäre man allmächtig und schüttete immer neue Landschaft vor sich aus, würfe Berge und See, Bäume und Wälder hinter sich wie ein weltschaffender Riese. Aber Erhard sieht die Landschaft kaum. Da sind die Schwellen: eine, zwei, drei, wieder eine, unzählige, immer eine neue entkommt unter der Kupplung. Erhard versucht immer wieder, eine einzelne, eine bestimmte ins Auge zu fassen, festzuhalten, er merkt auf einen auffallenden Schotterstein, auf einen der traurigen Grasbüschel zwischen den Schienen. Aber sie enteilt, geht ein in die namenlose Schwellenflut wie Tropfen, die vom Bug des Schiffes aufgeworfen, ins Kielwasser sich mischen. Eben war sie doch noch da, diese Schwelle, unter dem Kupplungshaken, unter dem Auge, nun ja, man hätte darauf spucken können. Jetzt ist sie fort, läßt sich nicht halten. Jetzt wollte Erhard das jeden Tag, das Enteilende halten. Man sagt wohl von einem: er sieht den Wald vor lauter Bäumen nicht. Erhard wußte davon zu reden. Da ging er durch einen Wald und meinte nicht mehr hinauszukommen vor lauter Bäumen. Denn er mußte alle Bäume sehen. Am neuen Weg in Grainau, gleich beim Kaffeeplatz, links und rechts vom Weg, standen zwei junge Buchen, wie ein Tor. Hatte Erhard das Buchentor durchschritten, kehrte er um, die Bäume zu sehen, zu fühlen. Denn die Zeit fordert das Bewußtsein, sie will festgestellt, gemessen sein. Ist das Wirkliche nur im einzelnen? Erst später erfuhr er, daß vor Hunderten von Jahren eben diese Frage die großen Geister schied. Was dieser Streit der Scholastiker sei, wußte aber kein Buch und kein Professor recht zu erklären. Erhard glaubte sich zu erinnern: hatte er nicht gelebt in dieser Kindheit der Wissenschaft?

›Eben noch‹: es war ein rechtes Kreuz mit diesen Worten. Eben noch dieses Signal. Eben noch dieser Bahnhof: dieser Wagen, der fliehende, ist doch der Bleibende in dem enteilenden Lande. Wieviel Menschen haben an diesen Fensterriemen schon gezogen. Schau lieber durchs Fenster. Schlechter Weltreisender, der immer heimfährt.

»Grüble nicht soviel«, sagt der Vater, der wenig spricht und vieles merkt. Aber es bietet sich ja immer wieder an. Man muß sich doch immer etwas denken. Oder grübeln, es ist wahr, es führt zu nichts. Da ist die Spielwarenauslage, billige Woche beim Oberpollinger. Fünfzigmal oder sechzigmal das gleiche Gesellschaftsspiel. Aber was für ein Spiel das ist, steht nicht auf den Deckeln. Sondern da ist ein Bild aufgeklebt: Kinder schauen in eine Auslage. In der Auslage lehnt unser Spiel. Und auf dem muß, unausweichlich, wieder das Bild sein: Kinder schauen in eine Auslage – da wäre wieder das Spiel, und Kinder schauen in eine Auslage. Das ist schon nicht mehr gezeichnet, und undenkbar wäre es, alle die unendlichen neuen Kinder und Spiele und Auslagen und schauenden Kinder zu zeichnen: diese Kinder, die nicht zum Spielen kommen, weil sie immer nur schauen können, wie Kinder ein Spiel beschauen. Da merkte Erhard, daß er selber so ein Kind sei, daß er nicht zum Spielen komme oder zum Handeln, wie das Spiel der Erwachsenen heißt, weil er schauen und denken müsse. Das Schauen und das Denken war das Aufregende, Atemraubende, dieser Zwang zum Aussagen, der den Aussagenden immer vom Ausgesagten schied. Das wurde zur Qual, oh, einmal, mit vierzehn Jahren, blieb Erhard auf der Straße stehen, mitten auf der Kreuzung der Luisenstraße mit der Karlsstraße, er konnte nicht mehr weitergehen vor diesem ewigen: das da hinten ist der Glaspalast. In diese Mühe des Bewußtseins, in diese Kinderkrankheiten der Logik führte der vertrackte Spielzeugdeckel. Er hätte natürlich noch in eine andere Gegend führen können, in das unendlich Kleine. Es ist so furchtbar wie der größte Raum, und im Unendlichen erst, im schrecklich Unendlichen, versöhnt sich groß und klein. Aber gegen dieses letzte Wunder des Raums wehrt sich die kindliche Natur. Die Atome erschienen Erhard noch nicht furchtbar, so gern ihn der Vater über sie belehrte. Ihm genügte die Wega und der Sirius und das Höllental: wenn es sich veränderte und verschob im Steigen, wenn helle Flecken zu rinnendem Wasser und Schatten zu Moosen wurden, Flächen zu Räumen, wenn die Nebel, als schlanke Schlangen von unten zu sehen, wallten und schwebten über Rissen und geschwärztem Schneerest, vom Sperber überkreist, vom Wind durchsaust. Doch nie ist der Raum so furchtbar wie die Zeit. Die Zeit verrinnt, und sie zu halten war Erhard früh gemahnt. Das Haus war pünktlich auf die Minuten. Die Schule war pünktlich, der

Stundenplan unverrückbar, unerbittlich Geigenstunde und Üben, Pflicht und Spiel streng geschieden. Die Bibel sagte drohende Worte von der Zeit: Kaufet die Zeit aus. Ich muß wirken, so lange es Tag ist, es kommt die Nacht, da niemand wirken kann. Es kommt die Nacht – wie ein Dieb in der Nacht, klang es hinein. Und war nicht auch das Pfund, mit dem man wuchern sollte, die Zeit? Diese anvertraute, göttliche, schreckliche Zeit? Und waren die unnützen Worte, war nicht die Sünde des Geschwätzes die vertane, die verlorene Zeit? Wer aber Mangel hat, verschwendet. Erhard langweilte sich. Die Spiele waren gespielt. Die Soldatenschachteln lagen herum, aber sie wurden nicht aufgeräumt, der Feldherr war gelähmt. Er zog traurige, formlose Striche auf das harte Glanzpapier der bunten Deckel, trüb geht der Blick mit dem Rauch über den rostroten Blechdächern der Nachbarschaft. Geübt ist schon, Mama, was soll ich tun? Erhard dreht am Schwungrad der Nähmaschine, drückt unlustig einmal auf ihren drehenden Tritt. Elwina, was soll ich tun? Elwina hat gute Vorschläge. Keiner trifft. Mach die Laubsägearbeit fertig. Das Brett knallt in die Ecke: gerade die nicht. Du bist unausstehlich, Bob. Gut, gut, so rinne, Zeit, fließe, Gold. Was soll ich tun? Elwina hat Zeit und Herz. Komm, wir wischen die Tränen ab, so, niemand sieht mehr etwas. Komm, deine Schreibsachen sind so abgenützt und verschlampt, die Bucheinbände können einfach kein Jahr halten. Wir kaufen ein, gehen wir zum Adrian Brugger in die Weinstraße. Neue Bleistifte, neue Vorsätze. Ein neues Büchschen für die Federn, alles adrett. Dann binden wir frisch ein, das gibt ein Fest. Gib die Schere her. Liebe Elwina.

Von Geschichte war im Hause Spengel nicht die Rede. Die Vergangenheit war erledigt. Gut so. Der Vater haßte Akten und alte Briefe, allzu viele Erinnerungen, Gerümpel und Staub. Die Fenster auf, die Herzen auf. Familienpapiere waren in Gefahr,

Geschichtsquellen entstanden hier nicht. Über die Vergangenheit dachte der Vater, soweit sie nicht zum Fortschritt beitrug, leicht ein wenig ironisch. Wer in Lindau wohnte, war sitzengeblieben oder zurückgekehrt. Doch liebte der Vater seine Vaterstadt, und von guten Schnellzügen und der Freifahrtkarte begünstigt, fuhr ›man‹ recht oft nach Lindau, zumal solange des Vaters Mutter, ›Mama Elwina‹, wie sie ihre Briefe unterschrieb, noch lebte, und der Vater in Lindau seine alte Heimat, Zimmer und Zigarrenkiste vorbehalten wußte. Damals war Bob noch klein und kam in den Briefen der Großmama, diesen zierlichen, immer gleichmäßig beschriebenen Bogen, nur mit Freude über gutes Gedeihen vor oder, »das lange Paket, das mir Ernst und Berta gaben, ist für Bob«. Er durfte sie ein paarmal in ihrer Lindauer Witwenwohnung besuchen und wurde dabei mit einem kleinen Bagger beschäftigt: kleine Eimer förderten mehlfeinen Sand. Oder die Großmama nahm sich Zeit und las aus dem alten Märchenbuch vor, dessen Seiten schon brüchig und rostfleckig waren, und Bob sah dazu die altmodischen bunten Bilder, Schwan kleb an, Aschenbrödel und den Kalif Storch. Sie las auch ›Fleiß und Trägheit‹ oder eine andere von den schönen alten Moralgeschichten, die man die ›Hoffmänner‹ nannte, die Stahlstiche, düstere Bilder, Szenen im Wald, an dem Meer, in hohen Schlössern, bargen Geheimnisse, und sie las den ›Kleinen Kaminfeger‹, nach dem Schauspiel gleichen Namens von Christoph von Schmid, mit Stahlstich und feinen Holzschnittbildern. Wenn mehr Zeit war, holte sie aus der unteren, den Enkeln geweihten Schublade ihres Schrankes die kleinen Zinnfiguren, mit denen man das ganze Märchen vom Gestiefelten Kater aufstellen konnte. Es gab eine alte Beschreibung, eben das Märchen selbst, die Großmama las vor, und Bob stellte die Figuren auf, von Kapitel zu Kapitel, von Szene zu Szene, ungeduldig auf den Höhepunkt des dramatischen Epos: wenn er die Staatskarosse, unendlich fein war sie gemacht, mit hohen Rädern, goldenen Verzierungen und Dienern auf dem Rückbrett, vorfahren lassen durfte. Solche Minuten sind es, in denen der Mensch für immer lernt, was Würde und Freundlichkeit ist. Die Großmama war so, wie damals Großmütter waren, alt, still, eine Hüterin des Friedens, ruhend und beruhigend. Sie trug ein schwarzes Häubchen und schien immer zu Hause zu sein.

Mama Elwina versah ihr Amt, indem sie die Verwandtschaft zusammenhielt. An Sohn und Schwiegertochter in München gab sie Berichte von der Familie und erwartete von ihnen Rapporte: über die Enkel, Berufliches, Haushalt, Dienstboten, Landaufenthalte. Ihre eigenen Berichte waren von der sachlichen Ausführlichkeit, die zur Liebe gehört. Sie bevorzugte die grüne Farbe, »habs aber noch nicht zu einer grünen Tapete gebracht«. Leicht drängte sich die Sache vor die Person: vorgestern fand Wäsche statt, morgen werden von mir, Pauline und Berta Honigleckerle gemacht. Ab und zu klingt auch ein harter Ton: ›Verwandtenbesuche sind erledigt, fremde hängen noch von der Dressur der Dienstboten ab.‹

Als Mama Elwina starb, hatte die Familie ihren Mittelpunkt verloren. Für die Münchener wurde Lindau jetzt durch des Vaters Bruder Ernst vertreten, den Generalarzt, und durch seine Frau Berta, mit der er, kinderlos, die neue, geräumige Villa in Aeschach bewohnte. Im Frühling des Jahres 1913 luden ›Ernst und Berta‹ den Bob in den Ruhwinkel. Onkel Ernst holte den Neffen am Bahnhof ab, und die Agath, Mama Elwinas letzte Magd, war mit dem Leiterwagen für den Koffer da. »Grüß dich Gott, da ist also der neue Bahnhof, man hat das für nötig gehalten für den Fremdenverkehr, den du also auch vermehrst heute. Manches ist ungeschickt gemacht, zum Beispiel die Toiletten, schau her« – und der Generalarzt gab, kaum hatte sich sein Gast besonnen, kurze sozialhygienische Erläuterungen. »Daß ich nicht vergesse, Tante Berta läßt dich fragen, ob

du in die Passion willst, morgen abend, du bist doch ein Musiker, recht, daß du deine Violine mitgebracht hast. Ich nehme an, daß du dir unter einer Passion nicht wie dein Vetter ein Kartenspiel vorstellst – Patience legen jedenfalls wir in Lindau nicht in der Kirche.« Bob fand, daß der Mensch eine Passion eher aushalte als eine Patience, und so wurden die Billette gleich auf dem Weg erworben. Auf diesem Weg gab es gleich manches zu sehen, zu glossieren und zu lehren. »An den Hafen kommen wir noch oft, du wirst ihn auch von Bildern kennen, da den alten Leuchtturm, den neuen und den Löwen, eben scheint ein Schiff zu kommen, es wird das Rorschacher sein. Wir gehen gleich die Hauptstraße, so hat sie noch zu deines Großvaters Zeit geheißen, später machte man daraus die Maximilianstraße. Wir sind ja gerade erst hundert Jahre bayerisch, Lindau ist eine alte deutsche Reichsstadt, wie du wissen wirst, wie Memmingen, Wangen und Leutkirch und Isny im Allgäu und Konstanz, Lübeck und Köln und Friedrichshafen auch, das hat früher Buchhorn geheißen, aber jetzt ist es württembergisch.«
Wenn ein Großstadtkind in eine kleine Stadt kommt, erlebt es ebenso ein Wunder, wie das Landkind in der Großstadt. Diese Reichsstadt also war die Stadt der Väter. Breit zog die Hauptstraße dahin. Keine Trambahn fuhr, ein paar Radfahrer. Sonst ruhige Menschen, wartende Pferde. Die Giebel stehen breit nebeneinander, mit spiegelnden Scheiben, die behäbigen Häuser. Vor ihnen, traulich und steinern, Laubengänge, »da rechts ist das Rathaus, schau dir den Treppengiebel an, wir gehen nächstens hinein, im Stadtmuseum sind jetzt die schönen Möbel ausgestellt, die Stiftung vom Bürgermeister Stobaeus.« Aus großen, nach oben gerundeten Giebeltoren ragten Balken in die Luft – »man nannte sie früher Esel«, erklärte Onkel Ernst, »das sind Aufzüge für Säcke, für Heu und Stroh. Früher hatten die meisten Bürger Pferde, und Lindau war der Sitz eines weitgestreckten Getreidehandels. Der Getreidehandel und die Spe-

dition haben geblüht, Lindau versorgte die Schweiz mit dem oberschwäbischen Getreide, noch zur Zeit meines Vaters. Mit der Eisenbahn wurde es anders, seit den sechziger Jahren war es mit dem Lindauer Getreidehandel bald aus, besonders durch den argentinischen Weizen, der Handel hat sich nach Mannheim gezogen. Jetzt gehen wir links durch die Kramergasse, es ist unsinnig, daß die auf den neuen Schildern mit einem C geschrieben wird. Da wollten sie einmal ganz gescheit sein und haben die Gasse nach dem Bürgermeister Cramer nennen wollen, als wenn die Straßen immer nach sogenannten großen Männern heißen müßten. Natürlich heißt die Cramergasse nach den Kramern oder Krämern, wie die Fischergasse nach den Fischern. Nächstens gehen wir auf die Gerberschanze, glaub nicht, die heiße nach einem Herrn Gerber, das ist die Bastion, wo die Gerber ihre Felle spannten, und in der Fischergasse wohnten in früheren Zeiten die Fischer, in der Kramergasse handelten die Kramer. Aber so sind diese auswärtigen Beamten, sie sind gescheit und haben keine Ahnung. Man muß nur die Augen aufmachen, aber das tut niemand«. Es war einfach wunderbar. Da waren ein paar Schritte vom Bahnhof bis zur Cramergasse, und schon hatte sich Reichsstadt, bürgerlicher Pferdestall, Getreidehandel, Argentinien, Zunftwesen ereignet. Man konnte in den Straßen Geschichte auflesen, und dumme Leute merkten das nicht. Stolz schritt Erhard neben diesem kühlen, höchst angenehmen Onkel. Auch er, wie der Vater, ließ sich nie zu einem Kinde herab. Er unterrichtete, indem er lässig und manchmal bissig glossierte, mit seiner straffen Ironie.

Sie kamen an der Heidenmauer vorbei, ans Landtor. Da war der See, rechts in silberne Weite verschwimmend, links der ›Kleine See‹, den die Brücke und der Eisenbahndamm vom großen See absonderte. Onkel Ernst war mit den Projekten seiner Mitbürger beschäftigt. »Dort, wo die Käfige sind, soll eine Art Tiergarten angelegt werden: um einem dringenden Bedürfnis abzuhelfen. Dort drüben soll ein Strandbad entstehen: es gibt natürlich altmodische Leute, die dagegen sind.« Erhard merkte schon, daß es dem Onkel nicht leicht recht zu machen war. Er schien geneigt, die Menschen neuerungssüchtig und rückständig zu finden. Man war auf dem Festland, auf Aeschacher Seite, unterm Hoyerberg, wo einst der Seewein wuchs, den Gott, laut Lesebuch, sauer gemacht hat, weil die Seeschwaben so unbarmherzige Leute sind. Ein Blick zurück, da lag die Insel. Ein Stück von der Mauer, der Pulverturm, der Bahnhof im leichten Qualm, protestantische und katholische Kirche enge nebeneinander, wie zwei ruhende Kämpfer. »Die katholische Kirche ist ja eigentlich viel zu groß, Lindau ist protestantisch. Die Katholiken sind zugereist, aus Bayern, Zollbeamte zum Beispiel und Eisenbahn.« Die Eisenbahn überquerten sie jetzt; »da rechts ist der Rehberg, da mußt du auch einmal hin. Wir gehen jetzt geradeaus, an der Kirchhofmauer, auf dem Friedhof schauen wir uns einmal das Familiengrab an, jetzt gehen wir hier links durch die Hecken, da ist der Ruhwinkel, die Agath ist schon da mit dem Wägele.« Wieder »Grüß dich Gott.« Tante Berta sprach die Worte sehr deutlich aus, in lindauisch gefärbtem Hochdeutsch, weniger als Tante denn als Hausfrau. Das Haus war nun für den Gast da, und war er auch nur zwölf Jahre alt, das Haus mit allen seinen Gaben, dem blendenden Linnen, dem mächtigen Bett, unter dessen gewaltigem Plumeau man verloren und geborgen war wie in einem Meer von Fürsorge, mit dem schwäbischen Übermaß von Essen, das Haus auch mit seiner unantastbaren Ordnung. Man ging gleich zum Essen. Der Braten kam geschnitten auf den Tisch, für Bob war das eine Neuheit, da der Vater tranchierte. Für Onkel Ernst eine neue Gelegenheit, sein Leben in Sprichwörtern auszuprägen. »Beim Essen wird nicht gekocht. Es gibt Leute, die beim Essen Kartoffeln schälen. Da kann man gleich in der Küche bleiben. Was tun wir heute nachmittag? Die Besuche haben bis morgen Zeit, übrigens haben wir die Karten für das Konzert genommen, Erhard will die Patience gern hören. Dann gehen wir heute vor dem Kaffee in den Garten, nachher auf den Hoyerberg.« Der Garten war noch ziemlich neu, hell wie das Haus und seine nüchternen, auf Eichenbeize gestimmten Zimmer. Ein Rasensprenger spielte mit Regenbogenfarben ins feuchte Rund, der Spritzschlauch zog über die Wege, Unkrautstellen wurden dem Neffen für stille Stunden empfohlen. Die wirklichen Gartenfreuden begannen erst jenseits des Zaunes, in den weiten, gewellten, nur durch Ricks und Hecken abgeteilten Baumgärten. Soweit man schaute, standen Apfelbäume auf dem grünen Rasen und schickten sich zum Blühen an. Apfelbäume auf grünem Rasen: Boten der Schönheit, Wald des Friedens. Tau und hartschaliger, feuchter, kühler Apfel: edles, nüchternes Glück. Später sah Erhard die ›Baumgärtlein‹ auf den Bildern der Alten: da saß dann Maria, von Engeln umspielt, oder die Häscher, Judas voran, durchschritten das Zaungatter des Apfelgärtleins, als sollte der Herr in Aeschach verraten werden. Vom Hoyerberg, der unter manchen Erklärungen bestiegen wurde, blickte man auf das ganze Apfelland, auf diesen Reichtum, der ein wenig herb ist gegen die weicheren badensischen Ufer, gegen Konstanz und Überlingen und Meersburg mit seinem Schillerwein, wo eben die Sonne sich neigte. Der Pfänder wurde gezeigt, der Bregenzer Wald, die Allgäuer Berge und die Türme auf der Insel.

Beim Frühstück, das man, dem Großstadtbuben zu neuer Wonne, auf einer Terrasse unter einem leinenen Sonnendach einnahm, wurde zur Pflicht gerufen: die Besuche bei der Verwandtschaft, Landtournee und Stadttournee sollten nicht aufgeschoben werden.

Zur Stadttournee begleitete der Onkel seinen Gast, doch wollte er während der Besuche Besorgungen machen, und heimfinden werde der Neffe ja selber. Also wieder, jetzt im klaren Vormittagslicht, Brücke und Landtor und Heidenmauer, Fischergasse und Cramergasse, leider mit C. Man kam auf den Marktplatz, den Steine mit dicken Ketten umstanden: »auf denen haben wir als Buben immer geschaukelt«, sagte der Onkel. »Da rechts, das große bemalte Gebäude, ist der große Cavazzen, daneben ist der kleine, in dem dein Vater geboren ist. Später wohnte die Familie da links im Spital, dein Großvater war seit dem Jahr achtundsechzig Spitalarzt. Wenn du jetzt geradeaus gehst, kommst du ins Paradies.«

Der Paradiesplatz war von Läden und Werkstätten belebt, die sich in stattliche Bürgerhäuser eingenistet hatten. Doch war das Haus, wo Erhard jetzt die Tournee begann, noch frei vom Lärm der neuen gewöhnlicheren Zeit. Edel geformt, blendend geputzt, bequemte sich der messingne Griff einer Zugglocke der Hand. Unter der Glocke gab ein ebenso sorgfältig geputztes ovales Messingschild in schlanken Frakturbuchstaben den Namen des Bewohners, des Besitzers des Hauses an. Die Glocke gab einen fernen Ton, und auf ihr Tönen zog eine geheimnisvolle Schnur öffnend am Riegel. Erhard betrat eine kühle, weite, steinerne Hofeinfahrt, sah in einem Galerienhof Rasen und Blumengärten, das Haus schloß sich um den Besucher zusammen. Das Haus des verstorbenen Getreidekaufmanns Gullmann, der den Schweizern das württembergische Korn gebracht hatte. Alle Verhältnisse, so bürgerlich bescheiden sie schienen, waren breit und weit, für gewichtige, ruhige Menschen, für Pferde und Planwagen und für lange Zeit.

Die Breite war auch die eigentliche Schönheit der Treppe, und die Farben Rot und Braun und Messinggold prägten sich in Erhards Herz, seit er dieses Treppenhaus sah. Die Ansprüche der Zeiten an Bequemlichkeit sind verschieden. Darauf hatte man Erhard schon im Nationalmuseum aufmerksam gemacht, wie hart und steiflehnig in früheren Jahrhunderten die Stühle waren; auf denen konnte man sich nicht herumlümmeln wie

auf den Kameltaschen. Dafür war man einst bemüht und zeigte seinen Wohlstand darin, daß die Treppe bequem sei, Raum zum Begegnen mußte sie haben, tiefe und niedere Stufen, ein sanftes und ein würdiges Steigen erlauben.
Schon auf dieser Treppe wurde Erhard von des Vaters Schwester, seiner zärtlichen Patin Berta, umarmt, sodann folgte er der Tante, bestellte Grüße, berichtete, hörte, sah und roch das alte Lindau; denn anderes vernahmen seine Sinne schon nicht mehr. Die Tante Berta sprach noch lindauerischer und noch gewählter als ihre Aeschacher Namensvetterin, nicht ohne ihren Sätzen mit einem regelmäßig wiederkehrenden ›Net wahr‹ nachzuhelfen. Sie bewirtete den Neffen reichlich mit Lindauer Zuckerbrot und einer der Riesenbirnen, deren Lindauer Namen – Frauenschenkel – sie ihm aber verschwieg; denn sie war stets bereit, etwas ›haarsträubend‹ zu finden, und Gefahren für die Schicklichkeit pflegte sie bei Tische mit einem ›Il-y-a des enfants là‹ zu beschwören, nicht ohne von Schwager Martin ein spöttisches La, la, la, la zu ernten. »Jetzt zeig ich dir das Taubenzimmer, das ist etwas für dich. Wir haben keinen Taubenschlag wie andere Leute (den haben wir auch nicht, dachte Erhard), sondern einen richtigen Saal unter dem Dach für die Tauben.« Die Tante, die sich für Lindauer Verhältnisse recht elegant trug, hob den seidenen Rock an und ging auf der Treppe vor. Droben, unter dem alten Balkenwerk, öffnete sie eine Tür. »Wir wollen Obacht geben, daß wir nicht in den Mist treten; hier sind die einjährigen Tiere, die älteren haben ein besonderes Zimmer.« Gurrendes, pickendes, ein- und ausfliegendes Blau füllte einen großen Speicherraum, wirklich, es war ein richtiger Taubensaal, Tante Berta griff in einen Vogelklumpen und hielt Bob eine Taube vors Gesicht: der Taubenkopf war ängstlich eingebettet ins Flaumgefieder. »Die ist in der Mauser, siehst du.« Erhard beeilte sich zu sehen und bereitete den Rückzug vor. Die Taube auf dem Dach war ihm lieber als eine Taube auf der

Hand. Aber schön war es doch. Ein Haus mit einem Taubensaal. »Das Taubenzimmer haben wir aus der früheren Zeit«, sagte Tante Berta im Hinuntergehen. »Früher waren die Speicher voll Getreide, da lebten die Tauben mit.« Im Eßzimmer angekommen, stopfte sie Erhard zum Abschied die Taschen voll, als wüte im Ruhwinkel eine Hungersnot. So reichlich verproviantiert und von der Fürsorge für den Hauptschatz, ein sorgfältig eingewickeltes Stück von Tante Bertas berühmter Mandeltorte, leicht behindert, konnte Erhard sich noch bei Mama Elwinas Schwester Anna und ihrer gleichnamigen Tochter und dann beim blinden Julius melden, der mit der lahmen Mina sein eigenes Haus neben der Hirschapotheke an der Maximilianstraße bewohnte. Die beiden Hilflosen, die sich geduldig und wacker halfen, sollten Erhard immer wieder in den Sinn kommen, wenn er später von Philemon und Baucis hörte. Julius war schon vor dem Jahr sechsundsechzig blind gewesen, ein Genosse, wie der Vater die Kameraden der Kindheit nannte, hatte ihn mit einem Pfeilschuß beim Spielen erblindet. Er konnte Körbe flechten und Violine spielen, beherrschte die Blindenschrift, nahm am Leben teil und pflegte sich, meist ironisch, über ›Gesehenes‹ zu äußern. Für Erhard war er die Vorzeit schlechthin! Schon blind vor dem Jahr sechsundsechzig!
Als Erhard in Ruhwinkel nach seinen Erlebnissen befragt wurde, erzählte er vom Paradies, als berichte er wirklich vom Himmelreich. Besonders schön seien die Fenster gewesen. Nicht so hoch wie in München und auch nicht so wie hier, anders eben, breiter und niedriger, fast quadratisch und so gemütlich. Das Haus war wohl sehr alt: die dicken Mauern ließen tiefe Fensternischen entstehen, in denen man wie im Erker saß; das hatte Erhard bis jetzt nur auf einer Burg gesehen, auf der Trausnitz bei Landshut. Das Zimmer selber war wunderbar, so wunderbar niedrig. Das Niedrige ist gerade das Schöne – was Onkel Ernst nicht annehmen wollte, aber vielleicht wünschte er auch nur durch Un-

glauben die Erzählung zu beleben. Die glänzenden alten Möbel – »Rokoko« sagte die Tante erklärend – gehen fast an die Decke, und auch die vielen bemalten Teller an der Wand, das ist dann so zutraulich und schön, gemütlich eben und alt. Der Schrank hat Fenster, dahinter stehen schön bemalte Tassen. »Ja, das Teeservice ist Schwester Bertas Stolz, es hat vierundzwanzig Teile und jede Tasse ist anders. Hoffentlich hältst du es hier in Ruhwinkel noch aus, wo die Zimmer so hoch und die Tassen alle gleich sind.« Erhard war noch nicht fertig. Das Schönste waren aber doch die Vorplätze, die Türen und die Treppe. Der Boden des oberen Ganges war aus dunkeln Ziegelsteinen. Da standen Schränke, wie er noch nie Schränke gesehen habe: ganz breit und schwer, von dunklem altem Holz mit riesigen Schlüsseln. Dazwischen hingen die Bilder aus alter Zeit, Ahnen mit Perükken und Zöpfen. Zu den Zimmern führten niedrige, breite Türen – gerade dieses niedrige Breite ist das Schöne. Die Türen sind ganz dunkel und glänzend, und das Schönste an ihnen sind die hellen Messingklinken. Unten war der Boden nicht rot, sondern grau, und an der Treppe lief ein Geländer mit einem verzierten Holzgitter und einer breiten, schwarzen Rinne. Und kurz, das Haus sei das Schönste, was Erhard je gesehen habe. Der Ruhwinkel sei ja auch sehr schön, aber überhaupt nicht zu vergleichen, das Haus im Paradies sei viel älter, aber das Alter sei es auch nicht, es sei eben aus einer ganz, ganz anderen Zeit. Onkel Ernst suchte das Paradies mehr in die eigene Zeit zu versetzen, in die Zeit von Tante Bertas Söhnen – sei denn der Theodor nicht zu Hause gewesen? –, sprach von Mietern und Sorgen der Gegenwart. Aber für Erhard blieb Lindau die Vergangenheit: der blinde Julius und die gefangenen Zuaven und Turkos, die nach des Vaters Erzählungen im Jahr siebzig im Spital gepflegt wurden, das Paradies und Pferde, Frachtwagen, Türklinken, Wandflächen zwischen Schränken und alte Zeit. »Wenn du dich fürs Alte so interessierst, kann ich dir heute nachmittag etwas von deinem Großvater zeigen, schließlich bist du ja der Stammhalter.«

In dem Zimmer des oberen Stockes, in dem der Generalarzt vor seinem Schreibtisch saß, gab es wenig Bequemlichkeit, doch viel Uhren, Hydro-, Baro- und Thermometer, denn der Onkel liebte die Welt zu messen, besonders soweit sie auf das Blut drückte oder Anlaß zur Pünktlichkeit gab. Über dem Schreibtisch hing das Bild eines Mannes in der Tracht der Vatermörder; doch schien dem Onkel die darunterhängende Miniatur eines wildblickenden bayerischen Chevaulegers interessanter, und er ließ sich ausführlich darüber aus, daß dieser sein Onkel, der nachmalige Generalleutnant von Heilbronner, den Feldzug Napoleons von 1812 gegen Rußland mitgemacht habe. Von diesem hellblauen Reiter, der also im Gegensatz zu den im Obelisk verewigten dreißigtausend Bayern die Beresina glücklich wieder überwunden hatte, strebte Erhards Blick und Interesse hinauf zu dem Zivilisten. »Das ist der Cadixer«, sagte Onkel Ernst, als Erhard seine Frage hatte anbringen können. Er hätte auch sagen können, das ist mein und deines Vaters Großvater und also dein Urgroßvater. Aber echt lindauisch sagte er, das sei eben der Cadixer. Denn im spanischen Cadix habe er Handel getrieben, später habe er sich hier in Lindau gegen Bregenz zu ein Gut gekauft und sei noch vor seiner, des Onkels Geburt, gestorben im Jahre sechsundvierzig. Er müsse ein sehr verständiger Mann gewesen sein, denn er habe jeden seiner Söhne zunächst einmal ein Handwerk lernen lassen, studiert habe übrigens nur sein zweiter Sohn, Christian, der Spitalarzt; »das ist unser Vater, dein Großvater, er ist 1817 geboren und schon 1879 gestorben, gelt das sind alte Zeiten für dich. Weil du nun also die alten Zeiten so gern hast, gebe ich dir hier ein paar Papiere von meinem Vater, da findest du auch etwas über den Cadixer. Leg nur die Blätter wieder zurück, wie du sie herausnimmst.«

So saß denn Erhard über den alten Mappen, empfand zum

erstenmal den Zauber des alten Papiers, der altfränkischen Stempel, der roten, spröden Siegel, genoß diese alten Zeiten, die doch die eigenen waren, das Eigene im Andern, die Gegenwart in der Vergangenheit, das Vertraute im Fremden, Geschichte, Zeit, versöhnende Zeit. Streusand fiel von dem Taufschein des Großvaters Christian: ›Im Jahre eintausendachthundertundsiebzehn, den sechsten Merz zu Lindau gebohren und am neunten getauft.‹ Dann kam etwas Lateinisches, Erhard legte es respektvoll beiseite und blätterte unschlüssig unter den gestempelten Akten weiter, begierig nach dem Cadixer. Da war er: der ›Particulier von Lindau‹ hatte sich ein langes Gesuch – die untertänigste Bitte – abgeschrieben, die er am sechsten April achtzehnhundertfünfundvierzig an die königliche Kreisregierung von Schwaben und Neuburg richtete, man möge seinem Sohne Christian, dem Doktor der Medizin und Chirurgie, die Niederlassung als praktischer Arzt in seiner Vaterstadt erlauben. Zur Begründung schilderte der besorgte Vater seine Lage, seine Bemühungen um das Wohl seiner Kinder, deren Betragen und Lebensumstände, und was hier zu lesen war, war ungewohnt, merkwürdig genug für den Absolventen der Simultanschule an der Türkenstraße und nunmehrigen Schüler des Königlichen Theresiengymnasiums zu München. Als ›Witwer und Vater von sechs erwachsenen Kindern, noch guter Gesundheit, doch schwachen Augenlichtes‹, schrieb der Cadixer an die Regierung, ›ein Greis von einundsiebzig Jahren‹. Er war, so rechnete Erhard schriftlich aus, im Jahre 1774 geboren, lange vor dem Tod Friedrichs des Großen, und der Getreidehandel blühte, in Lindauer Ställen stampften die Pferde, die Patrizier tranken im Sünfzen.

›Von unbemittelten, aber braven Eltern erzeugt, wurde ich im vierzehnten Jahr‹ – also 1788, immer noch vor der Französischen Revolution, und Mozart lebte noch – ›in das hiesige Handlungshaus Ruepprecht in die Lehre gegeben und nach fünf Jahren kam ich anno 1793 in das Etablissement des Bruders meines Lehrherrn nach Cadix, wo ich nach glücklich überstandenem gelbem Fieber im Jahre 1800 als Associé aufgenommen wurde. Nach einem Aufenthalt daselbst von achtzehn Jahren, während welchen ich nur kurze Geschäftsreisen nach Lissabon, Gibraltar, Sevilla und Malaga machte, vermochten mich die politischen Umstände, Belagerung und Bombardement des Platzes durch die Franzosen, mich nach der Insel Malta anno 1811 zu begeben, wo ich noch andere drei Jahre bis zur Schließung des Friedens 1814 verblieb, dann über Triest und Wien und München mich wieder in meine Vaterstadt begeben habe.‹ Von spanischer Geschichte wußte Erhard nichts, doch kannte er ein fürchterliches Bild, auf dem, den Schillschen Husaren nicht unähnlich, spanische Freiheitskämpfer von Grenadieren des Kaisers Napoleon erschossen wurden, und er wollte sich den Ahn vorstellen, wie er auf hochgeräderten Karren durch das staubige Spanien fuhr, in Wirtshäusern logierend, die Don Quichotte für Ritterburgen hielt. Von der Insel Malta, von Malteser Rittern und vom Mittelmeer konnte ein Münchener Bub schon wissen; in der Pinakothek hing ein Bild von der griechischen Freiheitsschlacht bei Navarino. Von seiner Vermählung mit der Lindauer Bader- und Chirurgentochter Cleopha Renich im Jahre 1815, von der Gründung einer Landökonomie erzählte der Urgroßvater weitläufig, auch von seinem Entschluß, sich der Erziehung seiner ›zu hoffenden Kinder‹ zu widmen; wie ihm Cleopha in sechs Jahren fünf Söhne und eine Tochter geboren habe, doch schon im Jahre 1838 gestorben sei. Die Söhne nun besuchten alle die lateinische Schule, ›um sie alle zu jedem wählenden Stande vorzubereiten‹, dann aber wurden sie zur Erlernung wenigstens einer lebenden Sprache immer paarweise auf zwei Jahre zu einem ›biederen Manne und Professor eines Collegiums im Norden von Frankreich geschickt, bei deren Rückkehr ich immer die große Freude hatte, sie so unverdorben zu sehen, als sie mich verlassen hatten.‹ Der älteste Sohn, Jakob, sollte Kaufmann werden, studierte aber, als sein künftiger Lehrherr in Triest fallierte, in Kaiserslautern und München die Pharmazie und erheiratete sich die Lindauer Hirschapotheke. Er war der Vater des blinden Julius. Der dritte Sohn – auf den zweiten kam der Vater zuletzt zu sprechen – wurde ein Mechaniker. Siegmund lernte bei dem berühmten Mechaniker Spaeth in Nürnberg, wo er auch auf der polytechnischen Schule war und unter Heidelof sich im Zeichnen ausbildete, zu Innsbruck arbeitete er in einer Maschinenfabrik, zu Heidelberg in einer optischen Werkstätte; doch machte der Vater den Sohn auf das Allerneueste aufmerksam und riet ihm, ›sich nun auch dem Eisenbahngeschäfte zu widmen‹. Wirklich wurde Siegmund von dem Hauptingenieur der Bahn von Paris nach Orléans in Dienst genommen – das mochte nicht lange nach der Eröffnung der ersten deutschen Eisenbahn von Nürnberg nach Fürth gewesen sein, und Erhard stellte sich den Onkel vor, wie er mit altväterischen Rockschößen, den Zylinder auf dem Haupte, auf der altertümlichen Lokomotive stand, so wie es der Grainauer Stich und noch dramatischer ein Fresko im Deutschen Museum zeigte. Jedenfalls schien er ihm interessanter als der Landwirt Friedrich, der in Schleißheim bei München Ökonomie und Brauerei studierte. Wie aller größere Lindauer Handel, führte den fünften Sohn Julius sein Kaufmannsstand über die Alpen, von der Lehre in der Tuchhandlung Lobenhofer in Nürnberg zu Mylius nach Mailand und Genua. Auch die Tochter ging als Gattin des Lindauer Kaufmanns Fels nach Italien, nach Genua, und schließlich nach Korfu. So war der Vater einsam auf seinem Gute, allein mit seinen Sorgen um den zweiten Sohn Christian, der als einziger von den Brüdern auf der Universität studiert hatte und noch nicht versorgt war.

Die Lindauer Lateinschüler, die Gymnasiasten werden wollten – so nannte man nur die Schüler der drei oberen Klassen –, pflegten ins protestantische Kollegium St. Anna nach Augsburg geschickt zu werden. Dorthin kam Christian im Jahre 1832, nachdem er schon in Frankreich Neigung zum Studium der Medizin und Chirurgie bekommen hatte. Nachdem Christian, wie aus dem weiteren Verlauf der Bittschrift und aus den Zeugnissen sich ablesen ließ, die Erhard vor sich liegen hatte, im August 1837 das Gymnasium von St. Anna absolviert und dann in München, Bonn und Erlangen studiert und schließlich im Münchener Allgemeinen Krankenhause Assistent gewesen, sich auch bei den berühmtesten Chirurgen in Berlin umgesehen hatte, wollte ihm der Vater schon im Februar 1844 die Stelle eines praktischen Arztes in Lindau erwirken. Doch erwies sich seine Annahme, daß der bisher praktizierende Arzt Doktor Glogger einem Ruf nach Rußland folgen werde, als irrig: ›und damit mein Sohn‹, las Erhard weiter, ›nicht zu gänzlicher Unthätigkeit in seiner Vaterstadt genöthiget bleiben möchte, habe ich die großen Opfer nicht gescheut, die mir seine ersehnte Reise und Aufenthalt in Paris und London auferlegte, um in diesen großen Städten hauptsächlich die bedeutendsten Anstalten, die in sein Fach einschlugen, zu sehen und zu studieren‹. Erhard blätterte noch ein wenig in den Zeugnissen herum, sah ehrfürchtig staunend, daß Ernst Moritz Arndt, der Dichter vaterländischer Lieder: ›Was ist des Deutschen Vaterland?‹, ›Der Gott, der Eisen wachsen ließ, der wollte keine Knechte‹, als Rektor der Universität Bonn am 17. Mai 1841 das Abgangszeugnis des Großvaters unterschrieben hatte, in hohen, klaren, steilen Buchstaben, fand getrost, daß der Großvater nach einem Zeugnis vom Jahre 1833 in allen Fächern zu den besten Schülern des Professors Buller gehörte, ›da er doch anfangs in griechischer Grammatik einer der Schwächsten und in der lateinischen nicht sehr stark war‹. Und dann las Erhard mehrmals hintereinander den Schluß des alten Schreibens, der so fremd und überschwenglich war. So anders als heute also konnte man schreiben, und es war doch keine hundert Jahre her: ›Glücklicher Vater! Ihr Sohn hat alle Anlagen, ein für das Familienleben, für den Staat, für den Himmel tüchtiger Mann zu werden. Möge nur immer seinem Hunger die rechte sättigende Speise, seinem Durste die echte Erquickung geboten werden...‹

»Hasts gelesen?« fragte Onkel Ernst, als Erhard die Papiere zurückbrachte. Dann blätterte er selbst darin. »Heute sorgen junge Leute für sich selber«, meinte er, »du wirst hoffentlich nicht mit achtundzwanzig Jahren darauf warten, daß dir dein Vater eine Stelle verschafft, nun es waren andere Zeiten, heute ist man aufgeweckter.« Onkel Ernst war gerade wieder einmal für die neue Zeit, nicht für die alte, man konnte das nie vorher wissen. »Dabei war dein Großvater ein selbständiger Bursch, du wirst gelesen haben, daß er Arzt werden wollte, schon als er in Frankreich war, mit fünfzehn Jahren. Jähzornig und leidenschaftlich war dein Großvater auch.« »Ja, Papa hat erzählt, daß er keine Brennsuppe habe essen können, der Großvater habe sie ihm aber mit dem Löffel eingezwungen, der Vater hätte sich am Boden gewälzt, aber nichts habe geholfen, die Brennsuppe habe hinein müssen. Und dann sei er immer wütend geworden, wenn die Leute in der Sprechstunde wehleidig waren, und seiner Frau und seinen Kindern habe er die Zähne selbst gezogen. Das muß doch eine ganz andere Zeit gewesen sein, mir wirds immer schlecht, wenn jemand Schmerzen hat, oder bei Schulfeiern, und ich bin doch sehr froh, daß man die Leute jetzt chloroformiert.« Onkel Ernst ließ die Frage, ob die Menschheit verweichlicht sei – Erhard behauptete das inbrünstig von sich –, für heute auf sich beruhen und gab das Blättern noch nicht auf. »Leidenschaftlich war der Christian, da steht es schon in der Zensur von 1837: Manchmal könnte man sich versucht fühlen, ihm recht gram zu seyn, wenn es nämlich scheint, als habe er, seiner selbst nicht mächtig, das Amt übernommen, Repräsentant und Verfechter der Volksmajestät der Zöglinge zu seyn.« Onkel

Ernst blätterte weiter. »Besser konnte sich dein Großvater nicht ausbilden, in den Jahren zweiundvierzig bis vierundvierzig war er Assistent am Münchener Allgemeinen Krankenhaus. Der Chirurg Stromayr hatte ihn aus Erlangen mitgebracht, da siehst du Zeugnisse von Stromayr, Forster und Gietl, lauter große Namen. In München hatte er die niedere Chirurgie, wir sagen heute die kleine, er war ja auch noch jung, fünfundzwanzig Jahre. Er ist dann auch ein guter Operateur geworden; seine Spezialität war der Luftröhrenschnitt, die Tracheotomie. Aber zornig war er oft.« Erhard wurde immer glücklicher. Den Zorn konnte er sich schon denken, wenn er sich an die alte Photographie des Großvaters erinnerte, an das scharfe Gesicht mit der Hakennase, der gespannten Stirn, den straffgeblähten Bakken, den schmalen, geschlossenen Lippen. Da war der Cadixer oben weicher, der Weitgereiste, Milde, mit den etwas verschleierten Augen. »In der Familie hätte er besser aufpassen können«, fuhr Onkel Ernst noch fort und schloß die Mappe wieder weg, »Schwester Berta im Paradies könnte dann gesünder sein. Sie hätte mehr spazieren gehen und weniger vor dem Flickkorb sitzen sollen, nun, in der Frühe hat der Großvater operiert und dann ist er auf seinem Schimmel auf die Praxis geritten, und da die Berta morgens und abends keine Milch trinken wollte – manche Leute könnens halt nicht –, hatte sie eben nur trockenes Brot. Man war damals doch zu streng. Wenn sie dann gar zu bleich aussah, sagte er, Berta, geh in den Keller und hol dir eine Flasche Rotwein –, so war man eben auch wieder, es war eben eine ganz andere Zeit.«
Schon damals ahnte Erhard, daß der Raum und die Zeit zusammengehören, daß die Zeit in München woanders steht als in Lindau, und daß die Geschichte anders ist als im Geschichtsbuch. Damals in Lindau zog das Gefühl in ihn ein, das ihn in späteren Jahren nicht mehr verließ, immer wieder fühlte er neu die Zeit, diese Lindauer Zeit, und man mußte ja nur wenig

denken lernen, um einzusehen, was die Zeit für den Menschen für eine Bewandtnis hatte, um zu fühlen, daß der Mensch mit wachem Bewußtsein nur lebt, wenn er in der Zeit sich auskennt. Da las und lernte man später vom achtzehnten Jahrhundert und vom neunzehnten Jahrhundert, von der Aufklärung und von der Befreiung des Menschengeistes, von der Französischen Revolution und den Befreiungskriegen, von der Romantik und vom Jahr achtundvierzig. Und dann fuhr man mit der Bahn oder in Gedanken von München nach Lindau, und da schien alles ganz anders zu sein. Da gab es jenes alles nicht, da gab es nur die alte und die neue Zeit. Da war die alte, steife, würdige Frömmigkeit, nicht heute mehr, aber noch in des Vaters Jugend, Kirche und harter Kirchenzwang, da lag noch, einst viel benutzt, der dicke Evangelische Liederschatz zu Haus mit dreitausendfünfhundertzweiundsiebzig Liedern und einem Anhang, und wenn die Familien aufs Land nach Schachen zogen, luden sie den Leiterwagen voll, der das Jahr über im Hausgang Platz hatte, und spannten zwei Rösser davor. Da gab es noch mächtige Vorräte, gewichtiges Silber, alten Reichtum und strenge Sparsamkeit, Enge der Kleinstadt und Weite der Welt. Da dachte vielleicht der Herr Spaeth schon daran, in den Zimmern des Bayerischen Hofs fließendes Wasser einzurichten, doch in der Familie waren noch die alten Kupferwannen, mit denen die Karline – vierzig Jahre war sie im großelterlichen Haus – das Wasser vom Stadtbrunnen geholt hatte. Man nannte die Dienstboten noch Mägde, die Karline, die seit 1859 diente, und die Agath. Da band man noch die Riesenservietten um und aß, daß es dem Großstädter schlecht wurde, und wenn Tante Berta eine Taube brauchte, holte sie eine vom Speicher. Da gab es Förmlichkeiten, Sitten und Gebräuche und in München gab es das nicht. Kurz, eine andere Zeit zu gleicher Zeit. Onkel Ernst war heute gesprächig. »Wenn wir morgen ins Museum gehen, zeige ich dir die Kämme, die deine Vorfahren gemacht haben.

Die waren Kammacher, und ihre Kämme gingen weit hinunter nach Italien, damals, als die Rokokodamen die hohen Frisuren hatten. Die Werkstatt war gegen den See zu, wo heute der Bayerische Hof steht. Der letzte Kammacher war ein Bruder vom Cadixer, Johann Jakob, deines Großvaters Pate. Aber auch sein Vater war ein Kammacher, und die älteren Vorfahren werden auch Kammacher gewesen sein. Warum wohl? Weil die Zünfte erblich waren damals. Du mußt wissen, unsere Vorfahren waren einfache Leute, Handwerker, Kammacher und Fischer wie die Oberreits und Bäcker wie die Häberlins, erst deine Großmutter war eine Patrizierstochter, und dein Großvater konnte sie heiraten, nachdem er ein tüchtiger Arzt geworden war. Er war der erste Akademiker in der Familie, wir sind noch frisch, kein alter Geistesadel von Pastoren und Schulmeistern. Also los!« Onkel Ernst lachte übers ganze Gesicht, er zog die strenge Nase lustig nach unten.

Also los! Diese alte Zeit war nicht müde. Diese kleine Stadt war nicht kleinlich. Tante Berta war nicht die einzige großzügige Person auf der Insel. Lindau war eine kleine Stadt, doch keine Kleinstadt, nicht verstumpft und versauert wie ihre reichsstädtischen Schwestern. Der See gab ihr die Weite, der Säntis, die Lage an der Grenze, am Fuß der Pässe, noch immer die Geschichte. Den Getreidehandel ersetzte der Verkehr der Fremden. So fremdenfeindlich sich alte Lindauer geben mochten, sie lebten mit. Es gab viel Besuch, und er wurde reich bewirtet. Man widmete sich seinen Gästen, machte die Arbeit am frühen Morgen und feierte die Feste am Nachmittag. Die Leute waren reich und fröhlich, sie machten familienweise Partien auf den Pfänder und auf den Gebhardsberg und tranken reichlich und mäßig Wein im Weißen Kreuz zu Bregenz. Man lebte mehr als man las, so gut man seine Gedichte noch konnte. Dem Hermann Lingg, dem Lindauer, von dem Gedichte im Lesebuch standen, gönnte Onkel Ernst seine Gedenktafel, schon weil er auch ein Militärarzt war. Man spielte noch gern in Gesellschaft, Boccia im Freien – das war italienisch – oder abends nach dem Essen Poche, und dann mußte es noch einmal was zu essen geben, Tee und Hefenkranz mindestens. Für das Essen war das Lindauer Kochbuch die unablässig studierte und ausgelegte Bibel; auswendig wußte man freilich, daß es einmal in der Woche Lindauer Bratwürste und einmal Schüblinge gab. Von diesen einfachsten Genüssen geht es aufwärts in die hohen Regionen bis zu den Pfahlbauten, dem Gipfel aller Mehlspeisen. Die Lindauer hatten großzügige solide Geschäfte, sie mußten nicht für jedes Kleid, für jedes Patengeschenk nach München fahren. Der See glänzte und lachte und drohte, er konnte stürmen, der Leuchtturm und der Hafen und das Nebelhorn waren keine Späße, das Wetter ein vernünftiger Gesprächsstoff. Diese Stadt streckte noch immer, und lange bevor es wieder ein Deutsches Reich gab, ihren Handel ans Mittelmeer. Von Livorno und Triest, Korfu und Athen konnte man in Lindau hören, ohne alte Papiere zu lesen. Diese Welt und die Heimat gehörten zusammen. Wie ein kleines Zürich blinkte die Stadt an ihrem Bodensee, bunt und froh, wie ein bescheidenes Genua am Schwäbischen Meer.

Im Sommer, zur Zeit der Jakobiäpfel, kam Erhard noch einmal nach Aeschach. Mit Lichtern auf dem See schloß das Fest dieses Lindauer Besuchs. Onkel Ernst hatte auch dazu eine tadelnde Glosse. Er fand, daß die Menschen sich nicht selbst beschäftigen könnten und daß die Lindauer die Feste an den Haaren herbeizögen: ›alle Augenblicke schmettert ein Musikverein aus Rorschach oder Romanshorn auf dem Dampfboot herüber und muß dann natürlich mit einem Fest begrüßt werden. Freilich, die Fremden wollen auch was sehen.‹ Die heutige Seebeleuchtung war gewiß nicht so großartig wie die beim Sängerfest vom Jahre 1904, von dem Großmama Elwina berichtet hatte, wie damals die Sänger von allen Uferstaaten gekommen seien, von

Bayern, Württemberg, Baden und Österreich und von allen Schweizer Kantonen, wie man den Festzug mit den siebzig Fahnen von Bertas Fenstern im Paradies gesehen habe, ›die Herren bei Bier und Brötchen im Eßzimmer, die Damen bei Gefrorenem oder Limonade im Salon‹; wie dann die Hunderte von Gondeln im Licht ihrer Lampions vor den bengalisch oder elektrisch beleuchteten Villen gekreuzt hätten. Auch heute schaukelten die Boote mit ihren bunten Lichtern, auch heute strahlten Leuchtturm und Löwe, Hafen und Dampfschiffe im bengalischen Licht. Auch heute türmte sich mitten auf dem Kleinen See eine Fontäne von Licht, versprühte und sank. Das Wasser trug Melodien, Lieder, geblasene Klänge. Endlich war Stille, und man ging über die Landbrücke nach Aeschach unter den Sternen. Wie sie flimmern, die Welten, die Räume aus unendlicher Zeit. »Der Mensch ist doch nichts unter dieser Sternenwelt«, sagt der Generalarzt, der sonst solche Sätze nicht ausspricht. Aber die Natur, und nur diese, imponiert ihm eben. Wie hätte Erhard widersprechen können. Doch hatte er gerade das nicht in Lindau erfahren. Zu ihm war ja die Zeit gekommen, diese unsere menschliche Zeit.

Ist der Mensch ein Nichts unter den Sternen? Ja wirklich? O nein. Nicht kleiner als das Ereignis der Jahrmillionen und der kleinsten Teilchen ist das Wunder, daß es Väter und Söhne gibt, Großväter, Ahnen und Enkel. Gleich groß ist die Welt, die Gott schuf, und das Herz, das von Gott weiß. In der Stille einer solchen Nacht, nach einem schönen Sommertag, sind sie einig, die große Welt und das kleine Herz: wenn in Lindau und Wasserburg und Nonnenhorn das letzte Dampfschiff sanft in den See rauscht mit grünem und rotem Licht, wenn die Boote steigen und sinken, leise klirrend mit ihren Ketten im Atem des Sees; wenn unterm Laubdach der Uferbäume die Lichter dem Weine leuchten, von den Schnaken umspielt – wenn die Wega zittert über dem Waxenstein.

Elftes Kapitel

DAS KÖNIGLICHE THERESIEN-GYMNASIUM

Gewisse Lebensentscheidungen ließ sich der Vater vom Major Faber abnehmen. Der Robertl war nun schon auf dem Theresiengymnasium und eben im Begriff, die erste Klasse krankheitshalber zu wiederholen; so würden die zwei wieder ›zusammenkommen‹. Zwar war es weit von der Heß- und Barerstraße in das Viertel um den Bavariaring, wo mit den Häusern im Villenstil der Jahrhundertwende auch das Gymnasium, ein aufwendiger, doch würdiger Barockbau, entstanden war. Aber da mußten die Buben eben eine Trambahnkarte bekommen, und mit der Trambahn würden sie dem näheren Maxgymnasium entrinnen, das in der Familie als finstere Zwingburg eines verzopften Schulzwanges galt. Von diesem altberühmten Gymnasium in der Ludwigstraße, dem Nachbarn des Damenstiftes, ging die unbegründete Sage, daß die Zimmerdecken nur durch Netze verhindert würden, auf Lehrer und Schüler zu bröckeln, und gern sah die Mama ihren Jüngsten vor den dumpfen Tragödien bewahrt, welche einst ihre Brüder im Maxgymnasium erlitten und zu Hause in der Amalienstraße verursacht hatten. Ganz sicher war man vor einer Wiederholung dieser Trauerspiele nicht. Bauers düstere Prognosen waren nun einmal ausgesprochen, rechnen konnte Erhard wirklich nicht, und Robertl war sitzengeblieben. So etwas konnte also auch am Kaiser-Ludwigplatz geschehen, aber ›Theresien‹ galt in Elternkreisen als ›Reformgymnasium‹, und so wenig sich erwarten ließ, daß dort die lateinische Grammatik leichter, die mathematischen Formeln weniger gefährlich sein würden, mit dem Worte schienen hellere Räume, frischere Luft, menschlichere Lehrer verheißen, ein frischerer, ein guter Anfang zu erhoffen.

Die Hoffnung wurde vom Rektor, Herrn Oberstudienrat Johannes Nicklas, eifrig genährt. Schon der Antrittsbesuch von Vater

Spengel schmeichelte seiner Vorliebe für die besseren Stände, denn die Väter der ärmeren Klassen sparten sich solche gesellschaftlichen Umstände. Damen pflegte der Herr Oberstudienrat, der einst schon die Mama unterrichtet, ja in die Welt des Nibelungenliedes eingeweiht hatte, und der, zierlich von Statur, sich eines ergrauten Charakterkopfes und eines eleganten kurzen Schnurrbarts erfreute, mit besonderer Grandezza zu empfangen. Und wirklich wußte der Vater zu berichten, daß Herr Nicklas unter seinem schwarzen Schwalbenschwanz eine passende Krawatte, einen sauberen Kragen und tadellose Manschetten trage – Tatsachen, die nach einem vierjährigen Studium der schönen Wissenschaften, den Berichten der Schwäger und entgegen den Regeln der schon damals schulfeindlichen Literatur eine überraschende Wirkung übten. Mit besonderer Betonung versicherte der Herr Oberstudienrat, daß das von ihm selbst berufene Lehrerkollegium des unter seiner Ägide gebauten Gymnasiums allen Forderungen der Wissenschaft, allen berechtigten Ansprüchen der neuen Zeit und im besonderen den Erwartungen des Herrn Diplomingenieurs durchaus entsprechen werde. Besonderen Wert lege er selbst auf eine vertrauensvolle und enge Fühlung von Schule und Elternhaus. Das Sprechzimmer der Herren Professoren – dieses Wort betonte der Herr Oberstudienrat ein wenig – befinde sich im Erdgeschoß, gerade unter diesem Raume.

Das Königliche Theresiengymnasium war auch wirklich eine reformierte ›Höhere Lehranstalt‹. Denn nicht mit der Deklination von ›mensa‹ begann der Lateinunterricht, nicht Tische, sondern Rosen wurden gebeugt: rosa, rosae, rosae, rosarum tönte es in den hellen Oktober. Scriba reginae rosas portat, der Schreiber bringt der Königin Rosen: dies war der erste fremdsprachige Satz, den Gymnasiallehrer Schmitt, ein hochgewachsener junger Mann mit schwarzem Vollbart, im Chore der Zehnjährigen entstehen ließ. Diese Verbindung von Courtoisie und A-Deklination hinderte Herrn Schmitt freilich nicht, seinen Schülern immer wieder von neuem zu raten, ›sich ein Horn wachsen zu lassen‹. Er war ein kinderlieber Mann und wohl ein guter Philologe. Schon die Erstkläßler (Sextaner, Quintaner, Sekundaner und Primaner gab es in Bayern nicht) kauften für eine Mark das Schulprogramm, in dem sich Doktor Schmitt über ›Diodors Zeitrechnung in bezug auf die Geschichte des Peloponnesischen Krieges bis zum Sizilischen Feldzug‹ verbreitete. Natürlich konnte Erhard das Programm nicht lesen, schon wegen der vielen griechischen Zitate. Man sagte ihm nicht, wer Diodor gewesen sei, aber er wußte jetzt, daß sein Lehrer ein Gelehrter war, blätterte in der weißblauen broschierten Schrift, bis sie ganz abgenutzt war, und hatte einen Grenzpfahl der Gelehrtenrepublik überschritten. Mehr wirklichen Genuß verhieß und bereitete der sauber gedruckte Schulbericht vom letzten Jahre, der den Schülern oder vielmehr den Eltern als Einstandsgabe zusammen mit den gedruckten Satzungen für das Benehmen an Höheren Lehranstalten und den Bedingungen einer Schülerunfallversicherung auf die Bank gelegt war. Er war eine Art von rückwärts gerichtetem Vorlesungsverzeichnis. Zuerst das Personal; schon hier genoß man die Wonne des Tabellenlesens: diese Namenreihen, die da Verschiedenes zum Gleichen binden und doch das Besondere ans Licht bringen. In der Klasse ist ein Lehrer eben ein Lehrer; aber in dem ›Jahresbericht über das Königliche Theresiengymnasium zu München für das Schuljahr 1910/1911‹ war nun einer Doktor, der andere nicht, ein Lehrer war gar korrespondierendes Mitglied (was ist das?) des Archäologischen Instituts in Athen. Dann die Schüler. Buben werden gleich gewichtiger, wenn sie gedruckt sind. Da ist er ja, Klasse I B, Faber, Robert, Beruf des Vaters: Königlicher Major außer Dienst. Da konnte man sehen, was die Väter waren: Ministerialdirektor und Diakon. Doch waren auch Arbeiter, Handwerker, kaufmännische Angestellte in den

Spalten. Merkwürdig, daß sich diese letzteren Berufsbezeichnungen jeweils bei der Parallelklasse ›C‹ häuften. Auf Befragen erklärte später ein älterer Schüler schneidend und treffend: »In der A-Klasse sind die Braven, in der B die Reichen und in der C-Klasse die andern.« Endlich das Herrlichste, der Bericht über die Klassenleistungen. Schon die Kinderlehre bekam gelehrten Glanz: Arithmetik der Grundrechnungsarten, das war doch etwas anderes als das Einmaleins, Elemente der lateinischen Formenlehre, einfache Kapitel aus der Syntax: so brachte der Schreiber der Königin Rosen. Aber gar die höheren Klassen! Klassenlektüre Schiller und Hauslektüre Hebbel, ausgewählte Abschnitte aus Lessings Hamburgischer Dramaturgie; wie verwandelte sich Stammeln, Abschreiben, Übersetzen, Wiederholen, Vokabelnlernen auf diesem Glanzpapier: ›Von Vergils Aeneis wurden die Gesänge I und VI (dieser kursorisch) gelesen. Homer Ilias XIV–XVI, Euripides Troerinnen in Auswahl.‹ Die Abiturienten beherrschten offensichtlich der Analysis zweiten Teil sowie Kegelschnitte und Kristallographie; und erst recht die Themen der Aufsätze, mit denen sie ihre Reife bewiesen: Lessings Laokoon, eine Markscheide. Inwiefern können wir von einer Schuld der Iphigenie sprechen: a) in Goethes Auffassung, b) im antiken Stoffe? Nichts blieb diesen Halbgöttern fremd, von der Religion bis zur Zoologie und Astronomie, dazwischen lasen sie durcheinander Lateinisch, Griechisch und Französisch und lernten ›wahlfrei‹ Hebräisch, Englisch, Italienisch, sogar einen spanischen Kurs gab es. Und dann gingen sie auf die Universität und wurden, laut Spalte Berufswünsche, Pfarrer und Bergassessor, Offiziere und Ärzte. Die Wissenschaften blühten und es war eine Lust zu leben mit einem solchen Jahresbericht.

Eine besondere Stärke des Oberstudienrats waren die Schulfeste: das kleine Maifest und die größere Jahresschlußfeier mit Verabschiedung der Abiturienten. Die Feste fanden in der hellen, hohen Turnhalle statt, die zu diesem Zweck mit einem barock geschweiften Podium versehen war und für die Feste von Kletterstangen, Reck, Barren, Pferd und Bock befreit wurde; nur die Leitern und die hochgezogenen Klettertaue erinnerten dann an den gymnastischen Alltag; diese Taue schwebten in der schwindelnden Region, in der die stuckierte Inschrift, das juvenalische Mens Sana in Corpore Sano von Prinzregent Luitpolds Kernspruch ergänzt war: ›Pflege der Jugend schafft rüstiges Alter.‹ In dieser Halle versammelten sich die Schüler jeweils zu Schulbeginn zur Verlesung der Schulgesetze. So vernahm Erhard neunmal, daß, neben anderen guten Sitten, die Schüler der bayerischen Höheren Lehranstalten ›Gesicht, Hals, Brust und Vorderarme morgens und abends mit Seife zu waschen‹ hätten. Die Feste aber würdig zu gestalten, war die angelegentliche Sorge des Herrn Rektors – schon diese damals für die bayerischen Gymnasialdirektoren gültige Amtsbezeichnung unterstrich das Akademische der Veranstaltung. Wirklich verlief sie, als sei die Turnhalle die Aula einer Universität. Der Herr Oberstudienrat, im Schmuck der kleinen Ordenskette über dem Frack, im Staat weißer Glacéhandschuhe, begrüßte mit urbanen Bewegungen und in unfehlbarer Abstufung seines höflichen Eifers nach Rang und Stand die Eltern, die heute als Gäste der Schule die Sitze von der dritten Reihe ab innehatten – denn die beiden ersten Stuhlreihen waren dem dort nach dem Dienstalter placierten Lehrkörper vorbehalten. Während die älteren Schüler hinter den Stuhlreihen den Rest der Turnhalle füllten, wimmelte das Heer der Matrosenblusen zu beiden Seiten der sitzenden Gäste, in Ruhe gehalten durch manchen Blick des Turnlehrers, noch mehr aber durch die Anstalten des Festes. Auf dem Podium umstand ein festlich duftender Wald von Taxus- und Lorbeerbäumen die weiße Gipsbüste des Prinzregenten Luitpold; vor ihr wartete das Rednerpult, links und rechts stand und stimmte das Schülerorchester. Der Ton der Töne, der Ton aller festlichen Erwartung, das A, durchhallte, fortwährend und immer lauter auf dem Flügel angeschlagen, den wimmelnden Raum. Während Clemens Huber und, später, Herr Weinzierl von Pult zu Pult eilte, um durch mehr oder weniger geduldiges Drehen an den Wirbeln die Quinten der Geigen zu stimmen, wartete der Herr Rektor auf seinen Freund und Ehrengast, Herrn Oberstudienrat Wecklein, den Rektor des berühmten Maxgymnasiums. Kam er, so ging ihm Herr Nicklas auf dem teppichbelegten Mittelgang ein paar Schritte entgegen und geleitete ihn auf den zweiten der Armsessel, deren ersten der Herr Rektor selber einnahm. Ein hausherrlicher Wink an den Musikdirektor, und Huber-Weinzierls klopfender Dirigentenstab hob die Geigen ans Kinn.

Für die erste wie für die letzte Nummer des in sauberem Druck auf den Stühlen ausgelegten Programms gab es eine beschränkte Auswahl. Zur Weihe des Festes standen neben den ›Novelletten‹ von Niels Gade mit ihren langen, weichen Melodiebögen Beethovens spröde Ruinen von Athen oder das Glanzstück, die Ouvertüre zur Iphigenie in Aulis von Gluck zur Verfügung. Von der dritten Klasse ab stand – denn die Geiger und Bratscher standen – Erhard unter den zweiten Geigen. Unvergeßliche Nachmittage, wenn die Sonne sich golden über Pferd und Haupt Kaiser Ludwigs des Bayern neigte und das Orchester im ungewohnt leeren nachmittäglichen Gymnasium im schlecht gelüfteten Musiksaal sich unter ohrenbetäubendem Stimmen zur Probe vor den ebenso stabilen wie abgenutzten Notenständern anschickte: dann lernte man zwei Stunden lang, daß ein Streichorchester auch piano spielen könne; und so unrein und hart, so grob es zugehen mochte im Vergleich zur Ainmillerstraße, so billig die Schülergeigen klangen, welche ärmeren Schülern aus Glaskästen gereicht wurden, Erhard fühlte sich doch getragen und beglückt vom Streicherklang, den er mit erzeugen durfte, und spielte mit, nie anders denn mit Herzklopfen, atemlos und froh.

Es nahten sich ruhige Jahre. Die Klassenlehrer wechselten, auf Schmitt folgte der kleine, heftige Loy, der dann bei Langemarck fiel, und Bäurle, unter dem Erhards Leistungen ›gewissen Schwankungen unterlagen‹. Anders als die jährlich wechselnden Ordinarien, die stets Altphilologen waren, gingen die Fachlehrer Jahre, manchmal alle neun Jahre, mit ihren Schülern mit: der handfeste katholische Religionslehrer Siebengartner, bei dem, in Konflikten mit dem Rektor, auch Protestanten Rat und Asylrecht fanden, Heumann, sein lutherischer Kollege und Widersacher. Dieser, durch Güte verblendet, erneuerte immer wieder, durch unzählige Simulanten unbeirrt, sein Mitleid mit Schülern, denen es im Unterricht, und nun gerade in der Religion, übel wurde, und schickte sie, als dem Verwalter der Schulapotheke, dem Turnlehrer Wüchner Johann, von Schülergenerationen Bepperl genannt. Bepperl aber empfing den kranken Protestanten, der da seine Turnstunde unterbrach, nicht schlecht. Warum denn nie Katholiken um Hoffmannstropfen kämen, Saubub, miserabliger, und schon brannten die Backen von zwei Ohrfeigen. Sah der Fall ernster aus, tauchte Bepperl-Wüchner ein Handtuch in kaltes Wasser und schlug es dem Patienten um die Ohren, bis dieser seine Genesung beteuerte. Bepperl prüfte die Transportfähigkeit des Geheilten, indem er ihn einmal die Kletterstangen hinaufhetzte, worauf der Rückkehr zu Luthers Kleinem Katechismus nichts mehr im Wege stand. War dem Armen aber wirklich schlecht, so bekam er seine Hoffmannstropfen und wurde in Bepperls Zimmer neben der Turnhalle auf ein Sofa gelegt, denn Bepperl war ein guter Diagnostiker und eine gute Seele in jahn-maßmannscher Schale. Die gescherten Rammel und andere unhumanistische Ausdrücke, besonders Charakterisierungen mangelnder Reinlichkeit der jungen Turner, fielen dem geschätzten Mitglied der Bayerischen Landesturnanstalt reichlich von den Lippen, und sich mit einem kurzen Bleistift vom Ohrenschmalze zu befreien, schien ihm die passende Ausnutzung der Zeit, in der sich, zur Eile getrieben, die Klasse ›der Größe nach‹ aufstellte. Diese Ordnung wurde, nach Erledigung der obligaten Freiübungen mit oder ohne Stab, sehr bald zugunsten der Riegeneinteilung verlassen, die wiederum wechselte, da die Leistungen an Reck, Barren, Bock und Pferd ja nie gleichmäßig verteilt waren. Unter Bepperls meist abwertenden Zurufen raste dann groß und klein durcheinander und gegeneinander, stellte die Geräte auf die befohlene Höhe ein, schleppte Matten – »wißt ihr immer noch nicht, wie man die Matten anfaßt, muß die ganze Halle voll Staub werden?« –, rückte Sprungbretter zurecht – einer mußte natürlich das Sprungbrett mit lautem Krach auf das harte Parkett knallen –, »blöder Hammel«, Bepperls Gesicht zuckte, schließlich stand er ja fünf Stunden hintereinander in der tönenden Halle. Bald gingen, von Bepperl vorgesprochen, vom Vorturner vorgeturnt, von je zwei Hilfsstellungen gesichert, Bauchaufschwung, Kniehang links, Kniewelle vorwärts, links ab, oder Liegestütz am Barren in Szene. Die beiden oberen Riegen zeichneten sich durch fachmännischen Verbrauch von Magnesium, meist von seiten der schwächeren Lateiner und gescherteren Rammel, aus, die dritte Riege wurde angefeuert, sich anzustrengen und sich für den Aufstieg in die zweite zu qualifizieren, die vierte dagegen sich selbst überlassen. In die Ruhe des Jahres 1912 kam Leben durch ein Ereignis, das den Bepperl, seine Schüler und die Elternhäuser gleichmäßig in Anspruch nahm, durch den Luitpoldtag. Der Prinzregent Luitpold – Pflege der Jugend schafft rüstiges Alter – hatte ein alljährliches Sportfest der bayerischen Jugend gestiftet. In monatelangen Ausscheidungskämpfen, an denen gewöhnliche Sterbliche wie Erhard unbeteiligt waren, wurden die Mannschaften für sportliche Wettkämpfe, vor allem im Deutschball, ermittelt. Für die Masse waren Stafettenläufe zwischen bunten Fähnchen bestimmt, aus denen nur die ärgsten ›Batzer‹ ausge-

schlossen blieben, die trotz ewiger Übung den Stafettenstab nicht übergeben konnten, ohne ihn fallen zu lassen. Es war doch ganz einfach: am oberen Ende abnehmen, beim Laufen mit dem Knie durch die rechte Hand stoßen, mit dem unteren Ende abgeben. Schließlich wurden alle so aufgeregt wie der Bepperl selbst, und kurz vor dem großen Tag begannen die besten Läufer den berühmten Stab fallen zu lassen. Die Turnhalle dröhnte von den steifen Ausfällen der Beine, während der Bepperl mit steigendem Zorn auf Weinzierls Flügel den Finnischen Reitermarsch trommelte, wieder und wieder. Endlich, in der Kirschenzeit, konnte nach manchen Hauptproben das große Fest zu Füßen der Bavaria vonstatten gehen. Bepperl war jetzt weit entrückt, denn es erwies sich, daß er zu den Oberleitern des Ganzen gehörte: in blendend weißer, langer Turnhose war er, ohne Blick für seine Theresianer, frisch – fromm – fröhlich – frei tätig. Das Zeichen für diesen Jahnschen Spruch, das vierfache F, war in rotem Garn auf die weißen Gürtel gestickt, welche die kurzen schwarzen Turnhosen der Knaben hielten, auf den weißen Leinenhemden trugen die Turner ein rotes L, das einer ovalen, im übrigen bieruntersatzmäßigen Unterlage aufgedruckt war. So marschierte die Jugend aus Gymnasium, Fortbildungs- und Volksschulen singend der Theresienwiese zu, wo sie, von Kalkstrichen auf dem Rasen an die vorbereiteten Plätze gebannt, als peinlich geordnete weiß-schwarze Menge das Blachfeld, die Wiese, die Oktoberwiese füllte. In der Mitte der Wiese stand als hohes Gestell ein Dirigentenpult, und nach den ausladenden Bewegungen des Chormeisters scholl, so getragen, wie es zur Bändigung der Vielen nötig war, jetzt aus Tausenden von Schülerkehlen die hundertfach geübte Bayernhymne, Melodie von Simon Breu: Gott mit dir, du Land der Bayern,
Deutsche Erde, Vaterland!
Über deinen weiten Gauen
Ruhe Seine Segenshand!

Er behüte deine Fluren,
Schirme deiner Städte Bau
Und erhalte dir die Farben
Seines Himmels: Weiß und Blau.

Gott mit uns, dem Bayernvolke,
Daß wir uns'rer Väter wert,
Fest in Eintracht und in Friede
Bauen uns'res Glückes Herd.
Daß mit Deutschlands Bruderstämmen
Einig uns der Gegner schau,
Und den alten Ruhm bewähre
Unser Banner Weiß und Blau.

Gott mit ihm, dem Bayernfürsten,
Segen über sein Geschlecht!
Denn mit seinem Volk in Frieden
Wahrt er dessen heilig Recht.
Gott mit ihm, dem Landesvater!
Gott mit uns in jedem Gau!
Gott mit dir, du Land der Bayern,
Deutsche Heimat: Weiß und Blau!

Rührung kam in Erhard auf, und diesmal war er gewiß nicht der einzige, dem dies geschah. Da war diese Bavaria, diese Ruhmeshalle, diese Wiese, die man kannte. Aber das Vertraute war verwandelt, verwandelt durch alle diese Buben, und man war einer von ihnen. Da war der blaue Himmel, da zogen die Wolken wie in der Hymne, da schickte sich zwischen den Turnschuhen die Kamille an zu blühen, und der Wind trug den Kamillengeruch über den zerschundenen Rasen vorwärts auf die Theresienhöhe und rückwärts an die Paulskirche bis hinein zum Kaiser Ludwig, wie jedes Jahr. Und während noch die Hymne klang, zog dieses Neue in Erhards Sinn ein, für das er noch kein Wort hatte, das Außerordentliche, das schon in dem ungewohnten Anzug, in der Uniform sich meldete, und das die Macht der Zeit war, die Masse. Etwas Großes, Feierliches, Schreckliches. Dies war ein Fest, rührte und erhob. Aber es war verbunden mit jenem Schreckhaften, Öffentlichen, das sich schon auf dem Schulausflug in den Menschen drängte. Schon daß man den Anzug serienweise beim Sportmünzinger im Rathaus kaufte, wo die Mama nicht ›Kunde‹ war, gab ihm etwas Öffentliches; die Uniform ehrte und stellte bloß zugleich, und wem wäre es damals sonst eingefallen, in Turnschuhen durch Straßen zu gehen, wie es hier befohlenermaßen geschah. Die Masse aber fing nun an, sich zu bewegen – nach der großen Zeichensprache, die im Kleinen so oft Gegenstand von Übungen gewesen war. Hörnersignal und Flaggenwink lockerten die dichten, aus Knaben gebildeten Vierecke taktmäßig in Reihen, in durchsichtige Schachbrettordnungen; auf dem Brettergerüst vor der Bavaria bezogen die Vorturner, wie Bepperl mit langen weißen Hosen angetan, ihre ›Grundstellung‹. Jetzt aber klang, weich und festlich geblasen, der Finnische Reitermarsch über das bayerische Fest, und wie im Schlaf wandelte Erhard durch Beugen und Strecken, Drehen und Heben und Wenden.

Am zwölften Zwölften neunzehnhundertzwölf starb, einundneunzigjährig, der Patron des Festes. Den Leichenzug sah Erhard von einem Balkon in der Arcisstraße gegenüber dem Garten der Glyptothek. Die Königliche Sattelkammer war lebendig geworden: so viele Pferde, Schabracken, Bereiter. Die Gugelmänner zogen als düstere Mummerei vor dem Sarge. Dieser ruhte auf einem Wagen, den zwölf Pferde, mit schwarzen Decken überhangen, zogen, von Pferdehaltern geleitet; doch hoch oben auf dem Bock des Leichenwagens thronte im Schmuck seines Dreispitzes der Kutscher, in den Fäusten ein gewaltiges Zügelwerk. Dem Toten wurde das Leibpferd nachgeführt – »spanisch-burgundisches Hofzeremoniell«, hörte Erhard hinter sich sagen. Nach dem Pferd folgten die Leidtragenden dem Sarge, die Arcisstraße war voll von deutschen Bundesfürsten, die ihre gefederten Helme in den Händen trugen; voran schritt zwischen den Prinzen Ludwig und Alfons der deutsche Kaiser: Wilhelm II., König von Preußen. Was an Fürsten und Würden, Adel und Amt dem fürstlichen Sarge nachzog, was ihm vorausging und folgte an Ehre, stand auf gedruckten Zetteln zu lesen und konnte am folgenden Tage aus den Münchener Neuesten Nachrichten dem Gedächtnis eingeprägt werden. Den Buben blieb natürlich das Militärische: dieser langsame Stechschritt, mit dem die Münchener Garnison – in den neu eingeführten grauen Mänteln – unter dem Klang der Trauermärsche paradierte. Die Buben übten ihn dann zum Erstaunen der Beamten der Lokalbahn-Aktiengesellschaft im Garten von Luisenstraße fünfzehn vor den Bürofenstern.

Das Jahr 1913 brachte fröhlichere Schauspiele. Für die Armen gingen die wohlsituierten Töchter in ihren lieblichsten Sommerkleidern auf die Straßen und verkauften papierene Heckenröschen: der Heckenrosentag lachte und wußte nichts von seinen vielen Nachfolgern. Am 5. November trippelten die Pferde im Krönungszug Ludwigs III. Bayern hatte wieder einen König, nicht zur ungetrübten Freude wahrer Royalisten, die des umnachteten Königs Otto im Fürstenrieder Schloß und seines Thronrechtes gedachten. Erhard stand am Odeonsplatz, ungefähr am Hofgartentor, als der Königswagen aus der Brienner Straße einbog: schweres, feines Rokoko, nur Gold und Glas, als hätte Mama Elwina noch einmal das Märchen vom Gestiefelten Kater aufgestellt. Aber Papa und der Major machten ernste Gesichter und redeten von der Zaberner Affäre.

Ein drittes Jahr, ein dritter Aufzug. Im Frühsommer des Jahres 1814 war das bayerische Infanterie-Leibregiment aufgestellt worden. So wurde es jetzt hundert Jahre alt, Grund genug zum Feiern in dieser fröhlichen, feierlichen Stadt, in dieser humanen Garnison. Das Regimentsfest war ein künstlerisches Ereignis, eine Sache von Leier und Schwert, ein sommerlicher, ernstgemeinter Karneval für Offizier und Mann. Die Wachkompanie wurde in Monturen des Jahres 1814 eingekleidet, die Offiziere gingen, ritten, fuhren Krümperwagen mit den hohen Bärenmützen der Napoleonischen Zeit, sie klirrten von Geschichte, sie sprühten Farbe, Glanz und Freude am Leben. Erhard aber lernte beim Bäurle das Gerundium vom Gerundivum unterscheiden.

Papa rüstete in Grainau für Christinas vierundzwanzigsten Geburtstag. Die Frösche, die Feuerräder, die Raketen mußten nachgesehen werden, ob sie im Keller nicht naß geworden waren. Am 1. August in der Abenddämmerung ging der Gemeindediener Merkel durch Obergrainau und schellte die Mobilmachung der bayerischen Armee aus, die der König um sieben Uhr zwanzig befohlen hatte. Immer wieder klang der geleierte Refrain in den milden Abend, in die offenen Ställe, übers blühende Grummet: »Erster Mobilmachungstag ist der 2. August.«
Die Mobilmachung der Familie Spengel war merkwürdig. Gewiß, ein Eisenbahnbeamter mußte nun an seinen Platz eilen. Aber warum blieb die Familie nicht erst einmal im Werdenfelser Land? Sie war wohl einfach gewohnt, zusammenzusein, nicht geübt, zu improvisieren. Vielleicht konnte man auch bald nicht mehr reisen. Die Familie mußte also gleich in die Stadt, an ihren Platz – wie der Vater. Wenn Krieg ist, geht man in die Stadt. Solche Regeln können sich ändern. Spengels aber befolgten sie. Es gab aber eine große Schwierigkeit, indem die Wäsche eben naß zwischen den Bäumen hing. Da der Krieg – schon wieder dieses Wort – nicht aufgeschoben werden konnte, mußte die Wäsche eben naß von der Leine, naß in die Koffer, und dies und

anderes also in der Nacht, als sollten alle Begriffe einer ordentlichen Hausfrau zusammenbrechen. Der Krieg begann mit einer Wäschepanik.

Am nächsten Tag kam man nach München, im überfüllten, verspäteten Zug: es war eben Krieg, gewöhnen wir uns daran. In Laim stehen Militärtransporte. Soldaten nageln Haltekeile unter verladene Fahrzeuge, Feldküchen dampfen schon zwischen den Rungen, Pferde stehen gekoppelt an der Rampe. Jetzt hatte das plötzlich einen Ernst, was die Buben auf den Güterwagen immer wieder gelesen hatten: vierzig Mann oder sechs Pferde. Lieb Vaterland magst ruhig sein, fest steht und treu die Wacht am Rhein. Die Sonne leuchtete über die Wiesen von Farchant, sie strahlte über dem Starnberger See, sie goß Hitze über den Münchener Asphalt. Sie brannte auf den Alten Botanischen Garten nieder, zwischen Luisen- und Sophienstraße, beschien tagelang, wochenlang Reservisten und beleibte Landwehrmänner, die sich da im Freien einkleideten, sich Wäsche, Monturen, Stiefel, Schnürschuhe, Socken, Fußlappen, Leibriemen verpaßten. Erhard stand auf dem Balkönchen oder mit platter Nase am Eßzimmerfenster. So also begann ein Krieg. Nicht Hektors Abschied. Nicht Speer und Schild gegen die Perser, sondern Unterhosenberge, Warten, Dösen, Schlafen, verdorbener Rasen. In die Höhere Mädchenschule in der Luisenstraße, nebenan Nummer sieben, zogen Kriegsfreiwillige, des Herrn Rektors ›liebe Abiturienten‹. Nicht Lützows wilde verwegene Jagd. Schulbänke wurden gestapelt, man hörte Feldwebel brüllen. Auch hier wurde ›gefaßt‹ und gewartet. Im Hof wurden Feldküchen geheizt. Draußen standen Angehörige, die vielberufenen Mütter, Bräute und Schwestern. Alle die Gittertore der Kasernen, der Schulen setzten diesen Belag der Liebe an. Und dann standen die Frauen draußen auf den Verladerampen in Laim, zwischen ausgerichtetem Gepäck, beim Antreten beiseite geschoben wie die lungernden Buben, nach dem

Wegtreten zugelassen. Sie hatten Pakete mitgebracht und schauten die Männer an, sprachen nichts oder sagten dies und das. Die Männer hatten schon einen Marsch hinter sich. Da kamen die Marschbataillone und sie zogen durch die Luisenstraße. Bald wurde die abholende Musik undeutlich, von Kompanie zu Kompanie wogten neue Lieder: Die Vöglein im Walde, die sangen so wunder- wunderschön: In der Heimat, da gibts ein Wiedersehn. Diese Soldaten sahen schon anders aus als die Aktiven, mit denen Erhard vor ein paar Wochen noch durch die Sophienstraße gezogen war, als sie von den Manövern heimkamen: die Reserveoffiziere noch im überstaubten Blau, die Truppe schon in den neuen Monturen, doch straff-friedensmäßig, lässig-beruflich. Jetzt aber waren da Bäcker und Friseure und Studenten und Portiers, eingekleidete ›Feldgraue‹. Alles war so neu, als sitze ihnen der Krieg nicht recht, das Hellbraun der ungeschwärzten Stiefel und Leibriemen stach so hart gegen das Grau des Feldkleides, der überzogenen Helme. In den Koppelschlössern, in den Knopflöchern, in den Gewehrläufen steckten Blumen, neue Blumen regneten auf die Kompanien, Zigaretten wurden gern, Socken und Pulswärmer spöttisch angenommen. Da und dort ein Schrei, lustig, laut, gepreßt. Buben liefen neben der Gruppenkolonne, schleppten Gewehre. Die Tornister waren schwer, die Väter schwitzten und zogen aus zum endlosen Heimweg – Die Vöglein im Walde . . . Heimat, da gibts ein Wiedersehen. Die Vöglein . . .
Am ersten Schultag, dem 16. September, war ›die Lage auf dem westlichen Kriegsschauplatz seit gestern unverändert‹. Am Vortage waren am rechten Heeresflügel schwere, bisher unentschiedene Kämpfe gemeldet. Jetzt saß und stand und wartete die Klasse im neuen Zimmer, wer würde kommen?
Also Professor Ludwig Kemmer, dem der Ruf vorausging, daß er ganz anders als die anderen Professoren sei. Was der gestrige Tagesbericht gebracht habe, war eine der ersten seiner Fragen.

Da habe gestanden, Sirmium und das Banat sei vom Feinde frei. »Was ist das Banat, wo liegt es, was wißt ihr sonst davon?« Nichts. »Man muß das wissen, es ist viel wichtiger als der alte Caesar und der ewige Leonidas und seine Thermopylen.« Die angehenden ›Tertianer‹ staunten. »Man soll nie etwas lesen und sich beruhigen, wenn man doch nicht weiß, was es ist. Und ihr müßt immer eine Karte vor Augen haben, es gibt jetzt ja Ravensteins Kriegskarten, aber auch der Atlas tuts, manchem werden die Karten zu teuer sein, doch in der Zeitung sind auch Karten, schneidet euch die aus!« Also das Banat und der Prinz Eugen und das Deutschtum im Auslande. Der Prinz Eugen war ein Savoyarde, aber er diente dem deutschen Kaiser, er kultivierte Moore und holte sich Siedler, wie später Friedrich der Große und Maria Theresia und wie die Kurfürstin Maria Anna. Aber es erwies sich, daß niemand von den Dreizehnjährigen die Kurfürstin Maria Anna kannte. Und doch hing ihr Porträt in einer langen Reihe von Lithographien bayerischer Herrscher im Gang der dritten Klasse. »Aber in den Pausen muß man sich ja sättigen, Semmeln verschlingen, mit Schinken und Wurst und Butter, die Bilder hängen nur so zum Wandschmuck da?« Kemmer war unzufrieden mit seinen Materialisten. Maria Anna also war eine Wohltäterin des bayerischen Volkes. Sie schaffte den Armen Arbeit und gewann dem Ackerbau Boden, indem sie begann, das Dachauer Moos zu kultivieren. So etwas ist wichtiger als die immerfort wiederholte Geschichte von Scipio und Hannibal. Die Gymnasiasten staunten von neuem. Ein Professor kritisierte das Pensum, das Altertum, das eigene, das Königliche Theresiengymnasium. Die Zwischenstunde verging mit Aufschreiben von Namen, Herstellung des Klassenspiegels, Diktieren des Stundenplanes. Sie gab Anlaß zu lebenskundigen Bemerkungen. »Der Mensch ißt zu viel. Graut euch nicht vor den Tierleichen, die ihr jeden Tag verzehrt? Metzgerläden sind Leichenkeller. Für euch werden Tiere gemordet und zerstückelt.

Eßt Gemüse und vor allem Hülsenfrüchte: Linsen sind viel nahrhafter als die Würste, die ihr dazu eßt. Natürlich müßt ihr bald Bier trinken lernen, manche beherrschen diese Kunst wohl schon, daß ihr bald so schöne Trinkerlebern bekommt wie unsere lieben Spießer. Und wechselt später recht oft die Universität, daß ihr alle Bierarten lernt und die verschiedenen Biersitten – sonst ist es ja überall ziemlich das gleiche.« Erhard wunderte sich schon wieder. Der neue Professor kritisierte auch schon die Universität, dieses ferne, hohe, unbekannte Ziel. Dann kamen andere, gewöhnlichere Stunden. Am Rechnen schien der Weltkrieg nichts ändern zu wollen.

Der nächste Tag fing laut Stundenplan mit Latein an, Lektüre, denn in der vierten Klasse begann man mit Cornelius Nepos. Kemmer aber hob an zu diktieren: ›Reservistenlied‹, von Otto Crusius: viele gutgebaute und gutgemeinte Langstrophen des berühmten Philologen. Es wurde die Anschaffung eines Büchleins – nehmt ruhig das billigste – vereinbart, das weitere Kriegsgedichte, auch eigene Versuche, aufnehmen sollte – die Versuche blieben nicht aus, und Erhards Gedicht ›Die Helden von Tsingtau‹ kam sogar in die Zeitschrift ›Jungdeutschland‹. Aber auch wirkliche Gedichte wurden diktiert, von Mörike, von Storm, von der Annette, Kemmers Lieblingsdichterin, ›Der Springbrunnen‹ von C.F.Meyer, ›Ultima latet‹, solch ein Uhrenspruch sei noch das Beste am Latein. »Kennt ihr übrigens ›Die Uhr‹ von Löwe? Die müssen wir einmal spielen und singen.« – Alles im Cornelius Nepos. Ach ja, hieß es unter dem Läuten, ihr könnt die ersten Sätze präparieren, vom Aristides, das ist noch der Vernünftigste. Kemmer ließ keinen Zweifel mehr darüber, daß er den Cornelius Nepos für einen blödsinnigen Schriftsteller hielt. Es folgte die erste Stunde im Griechischen. Sie verlief ziemlich normal, es war ja auch der allererste Anfang.

Es war gut, daß Johannes Nicklas nicht dazu kam, als an einem der nächsten Tage tatsächlich das Projekt der Löweschen Ballade ausgeführt wurde – gewiß im Deutschen, doch sicher nicht unter Benutzung von Nicklas' Abriß der Deutschen Grammatik, und dafür auf Kosten einer zweiten, eigentlich dem Cornelius Nepos zu weihenden Stunde. Erhard mußte die Violine mitbringen, die Tafel wurde zum Notenpult, und als eine Art Melodrama von Lehrer und Schülern wurde rezitiert: »Ich trage, wo ich gehe, stets eine Uhr bei mir.«

Ludwig Kemmer war ein Pfälzer, er war in der Festungsstadt Germersheim aufgewachsen. Von seiner Kindheit erzählte er in einem Büchlein: ›Vom Hinnenaus zum Hexenbruch‹, von dem er noch viele Exemplare hatte: »Das nennt man einen Krebs«, sagte er, »nämlich ein Buch, das vom Verleger zum Verfasser zurückkehrt.« Hinnenaus ist pfälzisch für ›hinten hinaus‹ und war ein Kemmersches Kinderwort. In diesem Büchlein war auch gesagt, wie man einst versäumt habe, die englische Krankheit des Kindes rechtzeitig und sachgemäß zu behandeln. So waren die Beine nach innen verkrümmt, und Kemmer konnte nur mit Hilfe eines Stockes stehen und gehen. Dies geschah mit der Würde und dem Adel, die dem Menschen ein beherrschtes Leiden des Körpers verleiht. Übrigens benutzte Kemmer nie die Trambahn. Er empfahl, durch die Welt zu wandern, man müsse nicht gerade, wie Seume im Jahre 1802, nach Syrakus spazierengehen. »Der Süden wird überschätzt«: mit Bedacht, doch zornbebend, wiederholte diese Worte oft der widerwillige Humanist. »Nehmt ein Stück Brot in die Tasche und nicht zu viel Geld, Milch bekommt ihr unterwegs, und wandert durch die Heimat. Lest vorher Riehls Wanderbuch, das eure Augen öffnet, und Fontanes Wanderungen durch die Mark Brandenburg, und wenn es eine weite Reise sein soll, dann kann sie durch die Lüneburger Heide gehen und bis nach Bremen.« Und Kemmer war bei den Bremer Stadtmusikanten, und er schlug zornig die Schublade ins Katheder, denn keiner von den

›Banausen‹ kannte das Märchen so recht genau, aber er bezwang sich und riet, Hauffs Phantasien im Bremer Ratskeller zu lesen. So war es wieder nichts mit dem Aristides, aber von Riehl hatten die Münchener Buben gehört, von dem Münchener Kulturhistoriker, und ihn solle man lesen, und dann begreife man vielleicht, daß Geschichte noch etwas anderes sei als die Schlacht an den Thermopylen: daß zu ihr der Wald gehöre, dieser Segen des Menschen, und die vernünftige Rodung, aber die Mittelmeerländer seien entwaldet, da sehe man es wieder, der Süden wird überschätzt. Solche und ähnliche Sätze wurden mit Humor und tiefem Ernst, mit der Sorge vorgebracht, diese rohen Naturkinder würden, von Klassik geblendet, nie etwas erfahren von der wirklich nahrhaften Wahrheit. Dieser Mann war immer besorgt. Unter hoher Stirn blickten durch eine scharfe, in schlichten Draht gefaßte Brille gute, runde, doch strenge Augen an einer Nase vorbei, die der Knollennase des von Kemmer so geliebten Spitzweg ähnelte. Ein großer Mund war von einem dunkelblonden Schnauz- und Spitzbart verborgen, der hängende Backen freiließ – war es Selbstironie, daß Kemmer seine viel essenden Zöglinge, griechisch Polyphagen oder auch Pantophagen, Allesfresser, genannt, gern mit dem Hamster verglich? An dieses Tier gemahnte der Professor um so mehr, als die Massen des Gesichts von einem gewaltig hohen steifen Kragen nach oben gestaut waren, dem sichtbaren Ausdruck seiner konservativen Gesinnung. Zu dieser paßte der peinlich gebügelte und gebürstete, stets dunkelblaue Anzug; blendend weiße Manschetten mit großen goldenen Knöpfen entließen kräftige Hände, die von unablässigem Gebrauch von Bürste und Seife zeugten. Das sei ein ekelhaftes Sprichwort: man gönne dem andern nicht das Schwarze unter dem Nagel – als ob schmutzige Nägel etwas Selbstverständliches seien. Die gepflegten Finger mit Schmutz oder gar Gegenständen der Schule in Berührung zu bringen, vermied er. Denn dieser Lehrer haßte die Schule und liebte die Jugend. Manchmal schien es, als haßte er auch sie: wenn er die Schublade des Katheders aufzog, nur um sie zuzuschmettern und seiner schwachen Stimme Raum zu schaffen. Fürchterliche Verwünschungen: Pantophagen, Hinterhälter, Betrüger regneten auf die erschreckte Klasse: elendes, elendes Gesindel, so schloß, schon ganz erschöpft, die düstere Kadenz. Dann gewann Kemmer langsam, unsicher, mit böser Mühe der Nerven die Ruhe des Sprechens wieder – das erinnerte ein wenig an die unrhythmischen Sekunden, in denen sich unten im Hof der Laufschritt der Klassen auf Bepperls Befehl »Im Schritt« mäßigte. Wie zur Strafe kehrte Kemmer zu dem grammatischen Abschnitt, zu dem lateinischen Schriftsteller zurück, den er längst vor dem Gewitter verlassen hatte: denn meist schossen die Blitze aus der Wolke der Enttäuschung, wenn stumpfe Unaufmerksamkeit, rohes Pennälertum die Delikatessen verschmäht hatte, die den Buben abseits von der gewöhnlichen Schulkost zugedacht waren: Perlen vor die Säue! Aber Perlen zu verstreuen konnte Kemmer nicht lassen. Wenn schon Griechisch sein mußte, dann sollten die Buben wenigstens ahnen, wozu das gut war, lernen, was Dichtung sei, am Lied an die Zikade zum Beispiel. »Glaubt nicht, daß ihr gebildet seid, wenn ihr euch das Griechische angeochst habt, es gibt Menschen, die roh bleiben ihr Leben lang, Bier trinken, keine Gedichte lesen, elende Philister.« Da fliegt, von Gummischnur abgeschleudert, eine Papierkugel ans Fenster: »Ja, elende Philister!« Schon kracht die Schublade. Jetzt wird wieder, wie zur Strafe, ein Paragraph in der griechischen Grammatik erklärt, aufgegeben; ob die unlustig gegebene Aufgabe gemacht wird, ist nicht sicher. Um so schwerer, um so katastrophaler wurden dann die Schulaufgaben: keine Regel saß, und schon wurde sie gefordert; auch kämpfte Kemmer gegen die Gedankenfaulheit, mit der in den Beispielsätzen immer wieder Aristides gerecht war, Themistokles Mauern baute und Caesar Lager schlug. Der

Alltag, der Krieg, die deutsche Geschichte boten ihm die Texte: Satzgefüge mit seltenen Wörtern, mit leichtem Sinn und dunkler Grammatik. Eigentlich haßte Kemmer auch die alten Sprachen; oder doch die Wichtigkeit, die man mit ihnen machte. Sie mochten als feine Schnörkel einer humorvollen, ironischen Lebensansicht geschätzt werden. So sollten die Schüler die lateinische Inschrift auf dem Tor des Botanischen Gartens verstehen können: Florum Daedalae telluris gentes dissitae Maximiliani Josephi regis Numine consociatae M DCCC XII: die Blumenvölker der Daedalischen Erde, unter König Max Josephs Gnaden aus Verstreuung gesammelt. »Aber die Sprachen machen sich«, so verhehlte er den Schülern nicht, »viel zu breit im Unterricht, und bis ihr sie könnt – aber ihr lernt es ja nie – ist die Schule aus, und ihr werdet ungebildet und eingebildet sein.« Und kurz, »lernt den Paragraph siebzehn in der griechischen Grammatik, und jetzt tun wir Wichtigeres. Seht, wie die Quaste an der Trompete gezeichnet ist, seht den einsamen König«; und Kemmer zeigte Kuglers Geschichte Friedrichs des Großen mit den Bildern Menzels. »Ein König«, sagte er noch einmal, mit einer zornigen Trauer in der Stimme. Es klang wie ein friderizianischer Marsch in Moll und piano, wenn Kemmer von Königen und Adel sprach, vom Preußentum, vom Verzicht, von der Armut, von der Liebe zum Kleinen. Aus ihr entsteht die wirklich große Leistung, und die Tertianer sollten begreifen, aber da drehten sie schon wieder an ihren Papierkugeln und kauten in der Stunde an den ekelhaften Wurstbroten, daß der Brüder Grimm Märchen ein großes, gelehrtes Werk seien, und sie vernahmen von Jacob Grimms Rechtsaltertümern und hörten den Namen Stifter, und Kemmer sagte zu sich selbst und schaute wehmütig aus dem Schulfenster über die Schulbäume: »Bunte Steine.«

Ein Glück, daß der Lehrplan der fünften Klasse – denn Kemmer blieb noch ein zweites Jahr – zum ersten Male eine deutsche

Hauslektüre vorsah; so stimmte wenigstens einmal Neigung und Pflicht zusammen. Denn Wilhelm Raabe, der Dichter der Armen, der Einsamen, der Besonderten, der Verkünder der Schicksale, der bescheidenen Bewährungen in Krieg und Frieden, Hunger und Wahn, er stand dem Kemmer bei wie Mörike, wie die geliebte Annette. Kemmer ließ, laut Pensum, die Schwarze Galeere lesen und fügte seine Lieblingsgeschichte zu: Else von der Tanne. »Ihr könnt sie leicht kaufen, für wenige Groschen, eßt einmal eine Wurst weniger.« Bald besaß Erhard fast den ganzen Raabe in der ›Ausgabe für die Eisenbahn‹. Und er erkannte seinen Kemmer wieder im Glück Domini Friedemann Lautenbachers, armen Dieners am Wort Gottes zu Wallrode ›im Elend‹. Und er las und verstand manches noch nicht und erfuhr doch den Segen aller Verfrühung: ›Dieses Kind bedeutete für den Mann aus dem Elend die Offenbarung eines Daseins, welches er nicht kannte, nach welchem er nur ein dumpfes, schmerzvolles, unbestimmtes Sehnen im Herzen trug.‹ Kemmer ließ das Magdeburger Lied lernen:

Vierzehn lange, lange Wochen
gab die Liga Sturm auf Sturm,
vierzehn lange, lange Wochen
trutzten Mauer, Wall und Turm.
Tapfre fromme deutsche Bürger
schützten Glauben, Ehr und Haus,
dreißigtausend Ketzerleben
rottet heut die Kirche aus.

Er kam, längst wäre Latein gewesen, auf die Salzburger Exulanten, doch verschwieg er nicht, daß am Hexenwahn beide Konfessionen schuld seien, entsetzte sich, daß niemand etwas vom Grafen Spee wußte, von dem tapferen Jesuiten, der gegen die Hexenprozesse aufgetreten sei, und empfahl den Katholiken die Lieder von Paul Gerhardt: den müsse man kennen, und den Musiker Schütz, die hätten gedichtet und gesungen und doch sei ›ihr Leben in die Zeit des fürchterlichsten aller Kriege gefallen‹; und noch immer war eigentlich Latein, und das Gesindel wußte nichts von Abraham a Santa Clara und von Grimmelshausen und vom Simplicissimus. Aber auch von dem gibts eine billige Ausgabe …

Es war wohl nicht anders möglich, als daß Kemmer bei seinen Kollegen unbeliebt war: Herrn Nicklas gab er den Haß offen zurück. Wie sollte die Schule von einem Professor denken, der, ein Anhänger von Paul de Lagarde, ihre Ideale vor den Schülern als fragwürdig behandelte; wie sollte die Welt von 1915 einem Romantiker gerecht werden, dem die Könige schon nicht mehr königlich genug, die Reichen zu reich und die Armen zu unbescheiden waren, der sich mit Spitzweg aus der verhaßten Gegenwart träumte und ein Dasein hinter Weinspalieren und über alten Papieren pries, wie es Sperl geschildert habe, der Würzburger Archivar: dem Romantiker, der zugleich von ›Deutschlands Platz an der Sonne‹ sprach, von Kolonialpolitik, von der Bagdadbahn und vom Caprivizipfel, und wie sollte eine großstädtische Schule, wie sollte die Masse einer rauhen Jugend, die mit dem Kriege roh wurde, nicht alle Nerven eines Lehrers zermürben, der seine Kraft gebraucht hätte, um über seinen Leib zu triumphieren und die Anstrengung eines unzeitgemäßen Lebens zu meistern: Tag für Tag tat er ein übriges, verzichtete auf den Terror der Zensurenangst, verschmähte den breiten Weg des gewohnten Trotts, säte unter Dornen und warf Perlen vor das ›Gesindel‹. Jahr für Jahr aber gab man ihm, als dürfe ja keine Schonung aufkommen, die grausamen Tertianerklassen: in denen mit dem Griechischen noch einmal die Elementarmühle mahlt, die Kinder keine Kinder mehr und noch keine Jünglinge sind, nur Naturkraft, Lausbuben, Gesindel. Diese kamen in die sechste Klasse, wurden mit ›Sie‹ angeredet – und konnten nichts.

Friedliche Sorgen. Und zum Frieden im Kriege gehörte, trotz

seinem Namen und seinem endlichen Zwecke, der Bayerische Wehrkraftverein. Der Prinzregent hatte ihn gestiftet, im Jahre 1912, zum neunzigsten Geburtstag, wie den Luitpoldtag. ›Pflege der Jugend schafft rüstiges Alter‹, mit diesem bekannten Spruch war das Bildnis des bärtigen Fürsten auf der ›Medaille‹ umschrieben, die dem ›Wehrkraftjungen‹ nach einem Jahr der Bewährung verliehen wurde: dann durfte er die Medaille, nachdem die Mutter in die linke Brustseite des Rocks ein kunstgerecht vernähtes Loch für den haltenden Knopf gemacht hatte, mittels eines Bierflaschengummis anstecken. Erhard trat im Herbst 1914 ein – in den Zug acht, der ein Mittelschulzug war, denn Volksschüler, Fortbildungsschüler und Schüler höherer Lehranstalten wurden noch säuberlich getrennt.
›Zug VIII, Samstag, 14. November 1914, Treffen halb drei Uhr Haltestelle Waldfriedhof. Kriegsspiel Hadern-Neuried, Martinsried, Heimfahrt von Planegg. Karte und Kompaß mitnehmen, Winkertrupp Winkerflaggen. Alle anderen bringen unbedingt den Stab mit. Edelmann.‹ Einen solchen blau hektographierten Zettel fand Erhard nun jeden Freitag im Gymnasium. Diese Samstagübungen konnten unter Benützung der Bahn auch weiter führen, in die Forste im Süden der Stadt, in den Forstenrieder Park zwischen Gauting und Pullach, auf dem Zug der Römerstraße Augsburg–Verona, dann hießen die Kartenpunkte Diensthütte, Römerstraße, Punkt 568, oder in den Perlacher Forst oder vom Ostbahnhof nach Putzbrunn und Grasbrunn. Erhard gehörte bald zu den Winkern und rollte stolz eine gelbe Flagge, die die Mama eines Nachmittags mit der Kränzchenfreundin Kuni genäht hatte, unter den Arm, und seine Fließblätter füllten sich mit den Längen und Kürzen des Morsealphabets. So war er des ›Stabs‹ enthoben, des lästigen hohen Bergstocks, aus dessen Mitnahme gerade der Zug VIII nicht aufhörte, eine Disziplinfrage zu machen. Er hinderte nur, mußte in einer komplizierten Weise getragen werden und war

höchstens gut, um beim Abkochen die Henkelgeschirre übers Feuerloch zu halten: darum waren die Stäbe häufig angebrannt wie die Makkaroni und die Erbswurst auch. Bis auf diesen einen Punkt vermied der Zug VIII lästige Soldatenspielerei. Natürlich gehörte das Winken, das Gehen der ›Patrouillen‹ nach dem Kompaß, das Kartenlesen und Entfernungsschätzen doch zu einer ›vormilitärischen Erziehung‹. Aber das Pfadfindermäßige überwog. Wenige Ordnungsübungen am Anfang, kurze Kommandorufe, bald teilte sich der Zug in seine Gruppen, sie streiften nach der Karte durchs Gelände, ein Treffpunkt war zu finden; doch Pflanzen und Vögel und Wildspur wurden beachtet, die Wetterseite der Bäume gezeigt, das Ortsgedächtnis geschärft. Erhard ging nicht ungern mit, doch wünschte er vergeblich, sich auszuzeichnen. Denn Karte und Kompaß, die ›Lage‹ des Kriegsspiels, Weg und Steg waren ihm verhangen, als sei vor diese wirkliche Welt ein Schleier gezogen. Wurde er allein geschickt oder mußte er einmal Patrouille führen, verlief er sich fast immer. Diese Fichtenwälder, diese Schneisen – Geräumte hießen sie hier – sahen einander so ähnlich, und Erhard nahm fast jede Gelegenheit wahr, sie zu verwechseln. Dann rannte er verzweifelt, glühenden Kopfes, mit pochenden Schläfen durch die Wälder und nahm vierfache Wege in Kauf, wenn er nur den Anschluß wieder fand. Aber es gab doch Freuden – Freuden, vor welche die Götter den Schweiß und meistens den Regen gesetzt hatten. Heute, an diesem Novembertag, hatte es ohne Unterlaß geregnet und genieselt, die Rucksäcke tropften, die Mützen trieften, die Knie klebten in der Nässe. Es war unangenehm, den feuchten Oberkörper zu drehen, durchs nasse Unterholz zu kriechen, jetzt war man schon froh, steif durch das breite Geräumt zu marschieren unter dem etwas gnädigeren Abendhimmel, in der Dunkelheit den Gedanken nachzuhängen: bald liegst du in der Badewanne, dann trocken im warmen Bett. Und dann ist es ein doppelter Genuß, das anständig hinter

sich gebracht zu haben. In Planegg mußte man noch einmal naß in die Bahn, auch das wird vorbeigehen. Am Bahnhof stehen die Buben noch fröstelnd herum, stoßen sich und necken sich und werfen einen Blick auf den alten Heeresbericht, den sie schon kennen: ›Westlich Langemarck brachen junge Regimenter unter dem Gesang ›Deutschland, Deutschland über alles‹ gegen die erste Linie der feindlichen Stellungen vor und nahmen sie.‹ »Unsere Abiturienten«, hatte der Kemmer gesagt.
Im Dezember 1915 bekam Erhard die Luitpoldmedaille, draußen im Perlacher Forst. Graf Moy war zur Besichtigung gekommen. Er hielt die immer gleiche Rede, und die Buben lächelten schon, als er anfing: »Wenn ich in eure blauen, hellen Augen schaue« – dann kam eine Zuversicht, die sich keine dreißigjährige Probe träumen ließ. Der Zug sang ›Stille Nacht‹ vor einem kerzenflackernden festgewachsenen Baum im Perlacher Forst.
Eine Sommerübung 1916. Der Krieg war schon grau. Da oder dort, hieß es, treibt sich Wandervogel herum, wir machen einen Angriff. Man mochte die Wandervögel nicht im Bayerischen Wehrkraftverein. Sie galten als unbayerisch, sie waren unordentlich, hatten Mädchen dabei und Klampfen. Also drauf. Erhard hastet mit im Sturm. Der Rucksack schlenkert, Erhard fällt auch einmal, dann läuft er offenen Mundes über Wurzeln, Heidekraut, Maulwurfshügel. Was einem alles durch den Kopf gehen kann, wenn man so läuft in der prallen Sonne, ein halber Liedervers, eine dumme Phrase, das Bad am Samstagabend, ein Fetzen aus der Mozartsonate. Erhard hat eine furchtbare Wut, er hält den Stab wie ein Bajonett, er könnte ihn einem Wandervogel in den Bauch rennen. Dann wurde es eine harmlose Rauferei, ohne Feindschaft und ohne Sieg. Und der Zug ›sammelt‹ an der Straße.

Der Vater kam herauf und fragte bescheiden und höflich, was denn das Stampfen bedeute, drunten wackelten die Lampen, und auch Erhards Schimpfen höre man im Büro. Auf solche Fragen antworten fünfzehnjährige Buben eigentlich nichts. Aber das war so gütig gefragt, so erstaunt und so ungeduldig, daß man etwas sagen mußte. Aber nun war die erste Wut schon gebrochen, und die Klage hatte nur mehr halbe Kraft. »Die Etüde lerne ich nie. Nie, ich gebe überhaupt die Geigerei auf. Tust du das eine, mußt du auch das andere tun. Die Mathematik hab ich auch nicht herausgebracht, und ausgerechnet heute muß ich den blöden Vergil aufhaben, und ich soll doch das Ölpapier besorgen für das Feldpostpaket, und das soll ich auf die Bayerpost tragen, immer solche Sachen« – und Erhard glaubte schon nicht mehr so recht an seine Leiden, aber jetzt, wo schon der Aufwand gemacht war, so viele anstrengende Sätze vor den Vater hinzuschleppen, mußte er eben weiterschimpfen: »Und überhaupt, morgen sind wieder Turnspiele und Chor vorher und die ewigen Wehrkraftübungen, überhaupt, weißt du«, und jetzt wurde er ruhig und ernst, und es war schön, zum Vater ein solches Vertrauen zu haben, »manchmal meine ich, das Gehirn läuft mir aus, dann kann ich mir nichts mehr merken, besonders, wenn ich den ekelhaften Hunger habe, und dann ist noch das mit der Religion, davon will ich jetzt gar nicht viel reden, da kennt sich sowieso kein Mensch aus –«. Der Vater zupfte an der Geige herum, zweimal klirrt das A und einmal das G, für Erhard war das jetzt die schönste Musik. »Vielleicht muß man die Sache auch nicht zu schwer nehmen, man kommt schon ans Ziel, wenn man sich anstrengt, das tust du ja, und dabei ruhig und sachlich bleibt, und dann mußt du auch manchmal rasten, man muß nichts zwingen wollen, manche Sachen erledigen sich später von selber. Und von der Lernerei wird schon etwas hängenbleiben.«

Wie glücklich kann also das Leben sein. Du darfst dich abhetzen und meinen, die Welt hänge davon ab, daß die Etüde geht. Du darfst verzweifeln, weil du nicht alles bewältigst, du wirst noch nicht bestraft für einen solchen Hochmut und brauchst noch nicht zu wissen, was jenes ›Alles‹ wirklich ist. Und du hast einen Vater, der sich nur ein bißchen wundert, daß über seinem Kopf gestampft wird, der sich dumme Sätze anhört und sie nicht töricht findet, der ein bißchen an der Geige zupft und sagt, etwas wird schon hängenbleiben.

Wenn nur etwas hängenbleibt, etwas Nahrhaftes, das ist dann schon viel, das war auch Ludwig Kemmers Meinung, im Gegensatz zu dem Jahresbericht, der einst den Erstkläßlern so imponiert hatte. Die Uhr von Löwe vielleicht oder ein Bild von Claude Lorrain, den er liebte und seinen Obertertianern empfahl, oder aber, wenn es schon Griechisch sein mußte, das Lied an die Zikade, anakreontisch. Er widmete diesem Tier eine griechische Prüfungsaufgabe und zeichnete gar eine leibhaftige Zikade, oder Zirpe, auf den Rand des schulstrengen Hektogramms, gewiß nicht zur Freude des Herrn Rektors Nicklas. Heute schritt man, durch die Prüfungssätze vorbereitet, zum Originale.

Makarizomen se, tettix
Hote dendreon ep'akron
oligen droson pepokos
basileus hopos aeideis.

»Wir preisen dich selig, makarios und somit makarizomen kennt ihr ja, aus der Bergpredigt, makarioi hoi katharoi te kardia, selig sind, die reinen Herzens sind, also übersetze einer.« »Wir preisen dich selig, Zikade, weil du auf den Baumwipfeln wenig Tau getrunken habend wie ein König singest.« »So mags genug sein, Mörike hat es besser gemacht, auch Goethe hat das Lied übersetzt, ich habe beide Übersetzungen da:

Selig bist du, liebe Kleine,
die du auf der Bäume Zweigen,
von geringem Trank begeistert,
singend, wie ein König lebest!

Es ist ja nicht immer alles besser, was die Klassiker gemacht haben, Mörike übersetzt wörtlicher, und wenn sie als Dichtung gut ist, ziehen wir die genauere Übersetzung vor, hört jetzt Mörike:

Selig preis ich dich, Zikade,
Die du auf der Bäume Wipfeln,
Durch ein wenig Tau geletzet,
Singend, wie ein König lebest.
Dir gehöret eigen alles,
Was du siehest auf den Fluren,
Alles, was die Horen bringen.
Lieb und wert hält dich der Landmann –

Hört, wie das philtatos georgon, sehr lieb den Bauern, verdeutscht und erwärmt ist: lieb und wert.

Denn du trachtest nicht zu schaden;
Du, den Sterblichen verehrte,
Süße Heroldin des Sommers!

Es gibt dabei doch nichts zu lachen: Thereos glykys prophetes. Man möchte ja in den nächsten beiden Versen Goethe vorziehen. Mörike sagt:

Auch der Musen Liebling bist du,
Bist der Liebling selbst Apollons.

Aber Goethes Verbum ist konkreter und also schöner:

Ja, dich lieben alle Musen,
Phöbus selber muß dich lieben.

Auch hier freilich ist Mörike doch wieder genauer, denn von ›allen‹ Musen steht nichts im Text.
Was ist? – Was ist? – Was ist da hinten?« Kemmer verließ das Katheder und ging. Unrat ahnend, Unheil drohend, durch die Gassen der Bänke auf ein Geraune zu. Da! Ein langer Zettel, »ein Leporello«, sagt er halb scherzend, als wolle er noch schnell von seiner Güte Abschied nehmen. Ein Schreibspiel: eine Zeile wird beschrieben, dann das Papier geknickt, der Nachfolger vollendet einen Anfang, den er nicht kennt, so entsteht der erwünschte Unsinn. Der Zettel war so lang wie die ganze Stunde

und die Schriften so zahlreich wie die halbe Klasse, ›Selig preis ich dich, Zikade . . .‹ »Da will man euch einmal etwas beibringen, was über euren blöden Horizont geht, und während man sich Mühe gibt, entsteht das, das: Der Großer – ist ein Rind – und meine Großmutter spielt im Hof, und so weiter der Stumpfsinn – Der Kemmer – ist eine süße Heroldin –.« Das Blatt windet sich in Kemmers Hand. Kemmer geht wieder vor und zerbröckelt den Leporello im Gehn, die Papierfetzen schneien neben die Bänke. Oben greift seine rechte Hand zitternd nach dem Schubladenschlüssel. Langsam geht die Lade auf. Jetzt knallt sie zurück. »Gesindel!« Die meisten Buben erstarren, manche glauben, sie müßten ein Lachen unterdrücken, aber sie meinen es nur.

Wenn er wenigstens weiterbrüllen würde. Aber er schweigt, blitzt starr, voll Mühe, wie ohne Hoffnung, durch die Brille mit jetzt halberloschenen Augen auf diese Banausen, Polyphagen, Spießer. Endlich spricht er heiser, die Stimme vibriert noch etwas tiefer als sonst: »Also, wir können ja das Übungsbuch herausholen. Themistokles und Aristides. Aber wozu führt das? Also.« Die letzte Kraft des Herzens ist eingesetzt. Der Atem geht schwer. Es ist eine furchtbare Arbeit, wieder ruhig zu werden. »Also. Der Goethesche Schluß:

Gaben dir die Silberstimme,
Dich ergreifet nie das Alter,
Weise, zarte Dichterfreundin,
Ohne Fleisch und Blut Geborne,
Leidenlose Erdentochter,
Fast den Göttern zu vergleichen.

Sehr schön, aber Mörike wahrt die Wortstellung«, und Kemmer liest noch einmal griechischen Text, recht müde, und die Freude ist ihm doch verdorben:

»sophe gegenes, philymne
apathes d', anaimosarkos

schedon ei theois homoios.
Weise Tochter du der Erde,
Liederfreundin, Leidenlose,
Ohne Fleisch und Blut Geborne,
Fast den Göttern zu vergleichen!

Hört auf den Stabreim und auf die Folge der Töne:

Liederfreundin, Leidenlose...

Wenn nur das hängenbliebe«, sagte Kemmer, und dabei läutete es.

Zwölftes Kapitel

DIE RELIGION UND IHRE VERÄCHTER

Gott wohnte wahrscheinlich in der Frauenkirche. Das sagten die Träume, das wußte der Schweiß des Erwachens. Zu Gott kroch die Furcht die Dompfeiler hinauf. Aber so hoch wohnte er nicht, und wohnte nicht in der schwindligen Helle des Langschiffes, nicht auf den Simsen, an die die Bubenangst sich krallte, nicht bei der Türkenfahne, die im ewigen Wind des Gewölbes fast unmerklich wehte, seitdem sie der Sieger von Griechisch-Weissenburg, Bayerns Kurfürst Max Emanuel, hinaufgestiftet hatte. Gott mußte vorn hoch im Chore sein, vor dem steilen Altar im Halbdunkel der Kerzen, hinter den Chorschranken, wo der rote Sessel des Erzbischofs im Finstern vor dem gelblich grauen Pfeiler stand. Oder noch eher in dem oberen Luftraum, wo aus schrecklicher Dunkelheit das gequastete rote Seil das Ewige Licht hängen ließ. Gott hatte aber, das merkte sich bald, viele Wohnungen. So wohnte er auch in der Klosterkirche zu Ettal, wieder droben hinter den Schranken, vielleicht auf dem Altar über der Spitzendecke, im Tabernakel, so nannte die Zenzi das heilige Kästchen, oder doch wieder in der Luft, wo das Seil mit der Quaste und dem Ewigen Licht die Staubbalken des Chors durchschnitt. Auch in Ettal war Furcht vor Gott. Hier waren keine finsteren Pfeiler, hier war alles hell, kalkweiß, buntgemalt, geäderter Marmor, paukende Engel, und so schön und lieblich war die Kirche wie das Voralpenland im wandernden Sonnenlicht. Die Furcht kam also nicht von der Dunkelheit, sondern von Gott. Er war furchtbar nach allem, was man von ihm hörte. Während er nämlich in den fremden katholischen Kirchen wohnte, nur dort, hörte man von ihm in der eigenen Kirche, in der protestantischen, nur hier, nein, auch in der Schule, von Anfang an. Man hörte so lange von ihm, bis sich zeigte, daß er nicht im Dom wohnte noch in Ettal, auch nicht, wie sich hätte vermuten lassen, im Geheimnis der eichenen Beichtstühle, sondern im eigenen Herzen. Er blieb ein furchtbarer Gott. Er wollte nicht, daß wir andere Götter neben ihm haben und wollte seinen Namen nicht mißbrauchen lassen. Er sagte zu einem siebenjährigen Buben: Du sollst nicht ehebrechen und drohte dem, der sich nach seines Nächsten Weib, Knecht, Magd, Vieh oder alles, was sein ist, gelüsten ließe. Es kam gar nicht darauf an, daß man das nicht verstand. Es wurde gelernt, und so das Wichtigste verstanden: daß Gott unbegreiflich ist. Dies eine lehrte Gott, das lehrte Luthers Katechismus, das lehrte der Lehrer und dann der Professor Heumann. Sie lehrten es immer wieder, und so hatte die Vernunft der Jünglingsjahre, dieser natürliche und wohl von Gott gewollte Flug in die Freiheit gebrochene Flügel von Anfang an. Nicht also sollte man diesen Gott verstehen, sondern seine Gebote halten: denn er war ein eifriger Gott, der die Sünden der Väter heimsucht bis ins dritte und vierte Glied. Kein Simultanschüler verstand, was das für Glieder seien, und wenn er das erfuhr: mit welchem Rechte die Urenkel für die Sünden der Väter büßen. Aber alle lernten es. Da ging Gottes Schrecken in die Wörter ein. So ein Wort war ›eifrig‹. Gott war ja eifrig, strafte ins vierte, segnete ins tausendste Glied. Bald kam das Wort ›unnütz‹: von einem jeglichen unnützen Wort, das sie geredet haben, müssen die Menschen Rechenschaft geben am Jüngsten

Gericht. Gott wachte darüber, daß man kein dummes Geschwätz machte, das zu nichts führte, nichts redete, was ›keinen Zweck hatte‹, wie der Vater von unsachlichem Gerede sagte. Seitdem Gott im Herzen wohnte, war er allgegenwärtig und allwissend. Oder war er vielleicht doch nicht überall? Denn zu Hause war er eigentlich nicht zu finden: vielmehr gehörte er, oder vielmehr die Religion, zu den Gegenständen, von denen wie vom Geld bei Tisch nicht gesprochen werden sollte: »Shocking«, sagten die Schwestern, wenn sie es nicht vorzogen, doch einmal ein Religionsgespräch zu wagen und alsbald zu weinen. Glaubten die Eltern wirklich an Gott, oder gar an den stahlgestochenen Schutzengel, der über ihren Betten einen barfüßigen Buben vom Abgrund riß? Die Mama ging ja in die Kirche, aber der Papa? Manchmal dachte Bob, er müsse für den Vater beten, daß der nicht in die Hölle komme, denn selber betete der Papa wohl nicht. Aber diese Angst hatte keinen Zweck. Denn vielleicht wohnte Gott im Papa selbst, über den Vater hatte man nichts Unnützes zu denken. Der Vater hatte ja solche Eigenschaften, die von Gott gesagt wurden: Macht, Gerechtigkeit und Güte, Papa und Gott hielten auf Abstand. Vielleicht war der Vater etwas wie ein ›Stellvertreter Gottes‹, so nämlich sprachen Marie und Zenzi und meinten den Papst. Von ihm berichtete auf Befragen der Vater, er heiße Pius der Zehnte, sei in Rom eingesperrt und dürfe in den Gärten des Vatikans spazierengehen. Diesem Papst konnte Luthers Katechismus nichts anhaben. Er war ein gewaltiger Herrscher, zwar gefesselt – für immer, meinte Papa –, aber niemand wußte, ob er nicht doch einmal nach München käme. Davon träumte Bob, und verdoppelte seine Angst vor dem Dom. Vielleicht kommt der Papst einmal aus Rom in die Frauenkirche – war dies das Jüngste Gericht? Wohnte Gott auch in Rom? Gott war ein unbegreiflicher Gott. Nun war es gar nicht so, daß er immer kleine Buben bedrückt hätte, nicht einmal in der Religion.

Denn meistens zog er sich hinter die bunten Bilder der Biblischen Geschichte von Buchrucker zurück. Joseph dünkte sich mehr als seine Brüder und fiel in ihre Grube, sie standen nun oben am Rand der gemeinen Grube und benahmen sich höhnisch von Ruben bis Sebulon und Benjamin, sie, und somit die zwölf Stämme Israels, wurden dabei auswendig gelernt. Die ›Kundschafter‹ – dieses Wort wurde hier erfahren – trugen die Riesentraube, und an Gott dachten die Buben wenig, wenn der Walfisch den Jonas ausspie, um so mehr wurde erörtert, wie man sich dereinst selbst im Bauche eines solchen Untiers einrichten würde. Und doch, Gemütlichkeit kam nicht auf bei diesen Geschichten. Das verhinderte schon Dorés Bibel. Zwei schwere Foliobände lagen auf dem Unterbrett des Nußbaumschränkchens im Salon, in rotem Leder, goldgetitelt, goldgeschnitten. Bob zerrte sie keuchend heraus und benutzte das Neue Testament als Pult für das interessantere Alte. Dann blätterte er, mit dem Bauch auf dem Teppich liegend, angstvoll gespannt von Bild zu Bild. Den Text brauchte er nicht zu lesen, denn die Bilder waren erklärt. ›Hagar und Ismael in der Wüste‹: die Felsen hallen vom Jammer Hagars, vertrocknet liegt der Wasserkrug, traurige Agaven betrügen die Hoffnung unter Steinen um den Trost des Wachstums. Halbdunkel fackelte über Schafherden und die ziehenden Kamele der Erzväter, Lichter zuckten aus Wolkenhimmeln und ließen den furchtbarsten Satz der Bibel nicht vergessen: Es werde Licht. Dieses Licht Gottes rann durch die Finsternisse der Heiden, über gramvoll glatte Pylonen, über Harnische und Wunden der Geschlagenen, dieser Gott hieb die Sichelwagen und Elefantentürme der Feinde Israels zu Knäueln und zerschmiß den Palast Nebukadnezars. In diesem Licht standen die Guten einsam und siegreich vor den Gewaltigen und ihren blamierten Wahrsagern, David vor Saul, und Jesajas vor Ahab, Moses vor Pharao, sie deuteten Träume und um sie war Licht auf den Quadern des Estrichs. Unter Gottes

Mond zog Jakob und warb um Rahel, und nach zehn Jahren gab Laban die falsche Tochter, die verschleierte Lea, Jakob aber diente noch zehn Jahre, und zehn Jahre waren eine Ewigkeit, denn wenn Mama sagen wollte, etwas sei viel länger her als Papa meinte, sagte sie: das ist zehn Jahre her und schon gar nicht mehr wahr. Doch wurden die Erzväter siebenhundert Jahre alt, und bei Gott, so mußte sich Sarah ihr Lachen verweisen lassen, war kein Ding unmöglich. So lernte man denn auch willig, daß man an Jesum Christum glaube (und im dritten Artikel: an die katholische Kirche) und nicht dieses Wunder machte Schwierigkeiten, sondern die schwere Sprache, so war es eine wirkliche Erlösung, wenn endlich Christus kam ›zu richten die Lebendigen und die Toten‹. Luthers: ›Was ist das?‹ machte die Sachen nicht leichter und brachte nun doch zum Fürchten das Wundern und mit dem Wundern das Nachdenken, doch lernte man, ermutigt von den Schwestern, die es auch überstanden hatten, noch immer willig: ›Wasser tuts freilich nicht, sondern das Wort Gottes, so mit und bei dem Wasser ist, und der Glaube, so solchem Worte Gottes im Wasser trauet.‹
Das aber war schon beim Professor Heumann, der dem Turnbepperl die Patienten schickte.
Er war wohl, was Papa pietistisch oder, im katholischen Falle, bigott genannt haben würde. Er lebte im ›Gesangbuch für die evangelisch-lutherische Kirche Bayerns‹, am liebsten in den Jesusliedern von Nummer 279 ab. Heumann betete diese Lieder und schreckte mit der Todesstunde, immer wieder malte er die schreckliche Leere von Hirn und Herz aus, wenn alle Kunst und Wissenschaft den Todkranken verlassen, wenn dem Sterbenden das Gedächtnis versagt und er nur noch Eines hat: das Lied, fürs ganze Leben und fürs Lebensende gelernt in Klasse 3A:

Wenn ich nun komm in Sterbensnot
und ringen werde mit dem Tod;
wenn mir vergeht all mein Gesicht

und meine Ohren hören nicht;
wenn meine Zunge nichts mehr spricht
und mir vor Angst mein Herz zerbricht –

dann, ja, dann mußte man es im Kopfe haben:

In Christi Wunden schlaf ich ein,
die machen mich von Sünden rein.
Ja, Christi Blut und Gerechtigkeit,
das ist mein Schmuck und Ehrenkleid.

So ein Lied half dann gewiß von der Verzweiflung, die Heumann so verzweifelt und so verachtungsvoll schildern konnte. Sicher half es, denn Heumann gab schon dem Schultag Halt und Weihe, wenn er betete: »Hilf, daß ich mit diesem Morgen geistlich auferstehen mag, und für meine Seele sorgen, daß, wenn nun dein großer Tag uns erscheint und dein Gericht, ich davor erschrecke nicht.« Gustav Heumann betete – und hob die zwei Religionsstunden als halbheilige Handlungen aus den Stunden der Woche. Es gab Unfromme, die ihn einen Heuchler nannten, und Heumann mußte ja sehr oft am Vormittag beten, da er doch für alle neun Stufen des Gymnasiums und somit in mehr als zwanzig Klassen den protestantischen Religionsunterricht gab. Auch mochte sein Äußeres dem unfrommen Gerede Nahrung geben. Salbung war gewiß ein zutreffendes Wort für seine Redeweise wie für die pomadisierte Glätte, mit der die gelichteten schwarzen Haare auf dem hochroten Kopfe verteilt waren. Gewiß kugelte er die Augen zum Himmel, die Äuglein vielmehr, die in einem fetten, peinlich rasierten Gesichte glänzten, gewiß krampften sich beim Gebete die gepflegten Finger seiner dicken Hände über einem behäbigen Bauche, der unter dem langen, auf Seide gearbeiteten Pastorenrock geborgen war. Aber die Unfrommen hatten nicht recht. Dieser schwere, plattfüßige Mann ging so langsam, wie sein Herzleiden es ihm vorschrieb, am Rande des Todes entlang. Seine bitterernste Frömmigkeit hielt die bösesten Buben in Ruhe, die

Frömmigkeit und nicht nur die Bedürftigkeit des Kurzatmigen, Schlagflüssigen, die allein eine grausame Jugend nicht in Respekt hält. Auch die Salbung war echt, mit der er seine Klassen anredete: lieben Freunde, sagte er lutherisch, und erst in hohen Klassen fand Erhard dieses Altertümeln beim Heumann so peinlich wie bei den Protestanten überhaupt. Zunächst war es schön, Gustav Heumanns lieber Freund zu sein. Denn Gustav Heumann hatte Feinde, kein Heuchler war er, sondern ein Fanatiker, ein Eiferer. Er haßte das Schlechte und das Halbe, den Teufel und Pilatus, er haßte den Katholizismus und fast die Katholiken, haßte den Papst und beinah den Kollegen Siebengartner. Und Jahr für Jahr, vom Schulbeginn im September bis an die Adventszeit, gab es denn wieder und wieder die Geschichte von Luthers Reformation. Nichts wurde gespart, was die Legende von Luther hergab, nicht das Kurrendesingen und nicht die Prügel wegen der genommenen Nuß. Heumann entsetzte sich über den Ablaßhandel und ließ seinen Luther die Thesen annageln, immer wieder verbrannte er im Geiste Bannbulle und Dekretalen, da waren in der Stadt Augsburg so viel Teufel wie Ziegel auf den Dächern, Heumann machte den Kardinal Cajetan herunter und sprach den Italiener ganz fränkisch aus, er verhöhnte den schlappen Miltitz, machte Friedrich den Weisen zu einem Protestanten und Zwingli zu einem Ketzer und brachte die Buben dahin, Martin Luther in Worms atemlos von der Herberge zu Kaiser und Reich zu geleiten, schilderte die Enge der Stube in der Wormser Bischofspfalz, den Drang der Menschen und der Herzen, die Geduld des Glaubensstreiters und sein demütig-stolzes ›Hier stehe ich, ich kann nicht anders, Gott helfe mir, Amen‹. Dann kam die Weihnachtszeit, mit der es Heumann weniger hatte, von Januar ab bereitete er dann auf die Geschichte der Geschichten vor, auf die Passion.

Die Geschichte vom blutigen Leiden und Sterben des Herrn – auch sie war in München eingeschlagen in das bunte Tuch des

Lebens. Die Mama ging am Gründonnerstag ins Diakonissenhaus zum Abendmahl, nicht ohne dann am Karsamstag das blumengeschmückte Heilige Grab in der Michelskirche zu besuchen, am Donnerstagvormittag stand Erhard vor der Kasse des Odeons in der Schlange, die sich im kühlen Vorhof des Musikgebäudes langsam verkürzte. Denn den Karfreitag feierte die Familie, den Vater ausgenommen, in der Matthäuspassion von Johann Sebastian Bach. ›Man bittet, von Beifallsbezeigungen Abstand zu nehmen‹ – so gedachte der Lehrergesangverein auf dem Programmzettel des ernsten Anlasses. Mitwirkende: das Orchester des Königlichen Hof- und Nationaltheaters und der Staatlichen Akademie der Tonkunst. Leitung: Bruno Walter. Solisten: Maria Ivogün, Sopran, Luise Willer, Alt, Karl Erb, Tenor (Evangelist), Paul Bender, Baß (Christus), Werner Barrenscheen, Baß (Pilatus), Solovioline: Franz Vollnhals, es folgen Soloflöte, ›am Cembalo‹, ›an der Orgel‹, endlich, hier eine Königin, Solo-Oboe. Die Menge der Hörer versammelt sich ruhig, die Streicher stimmen unter dem A der hohen Orgel, die von den Schülern des Konservatoriums umstanden ist, gedämpfte Eleganz grüßt von den Galerien in den Saal. Das Ohr am Kalbfell, prüfen die Pauker mit weichem Schlag die Stimmung und erfüllen die rötlich geäderte marmorne Apsis mit dem Vorklang des Erhabnen. Durch die wiegenden Hälse und Wirbel der Kontrabässe halb verdeckt blicken marmortaub die Meister der Tonkunst von den Podesten des Halbrunds: Bach ganz links, dann Händel, Gluck, Haydn, Mozart – Erhard grüßt ihn, niemand sieht es, Beethoven, Schubert, Schumann, Richard Wagner, der als einziger einen Vornamen hat, Liszt. Vor ihnen jetzt die Frackbrüste der Lehrer, der Bauer ist dabei, davor Sopran und Alt, schwarzgekleidet mit weißem Ausputz, nicht ganz einheitlich. Die Kronleuchter strahlen. Oratorium, fast große Oper. Die ersten Violinen links lassen Platz für fünf Stühle, zu denen jetzt die Solisten schreiten, mit den Stimmen in den Händen, die Damen nicht ohne ihr Spezialinstrument, das zerknüllte Taschentüchlein. Als letzter Bruno Walter auf hohem Podest, man bittet, von Beifallsbezeigungen abzusehen. Seidiger Einsatz der Streicher, angstvolle Spannung im Gewoge des Vorspiels. Da – woher kam es, aus Walters Stab, aus dem Himmel? Der Chor singt. Frost legt sich auf Hals und Rücken, die Kehle möchte würgen: Kommt, ihr Töchter, helft uns klagen ... Jetzt müßte es aus sein, gehen wir heim, die Schönheit ist erschienen. Aber jetzt vollzieht es sich ja, das Leiden unseres Herrn Jesus Christus nach dem Evangelium des Matthäus. Vom silbrigen Klang des Cembalo gestützt, führt der Evangelist im hohen Tenor die Gemeinde von Leid zu Leid und wandelt die Passion in die frohe Botschaft der Kunst. Mama findet die Choräle am schönsten. Walter nimmt sie sehr getragen, doch schleppen sie nicht wie in der Markuskirche.

O Haupt voll Blut und Wunden,
Voll Schmerz und voller Hohn.
O Haupt, zum Spott gebunden
Mit einer Dornenkron.

O Haupt, sonst schön gezieret
Mit höchster Ehr und Zier,
Jetzt aber höchst schimpfieret,
Gegrüßet seist du mir.

Im tiefen Ernst lächelt Elwina und denkt, wie immer bei Gesangbuchversen, an Christinas tränenreiche Gedächtnisübung:

Es dient zu meinen Freuden
Und kömmt mir herzlich wohl,
Wenn ich in deinem Leiden,
Mein Heil, mich finden soll.
Ach, möcht ich, o mein Leben,

An deinem Kreuze hier
Mein Leben von mir geben,
Wie wohl geschähe mir.

Tiefer senkt sich Mamas Kopf unter der reinen Stille des Knabenchors: Königliches Wilhelmsgymnasium, und schreckt auf unter dem Peitschenschlag des ›Barabbam!‹

Luise Willer erhebt sich. Großes Decolleté über schwarzer Robe, weiße Arme, dunkles Haar. Der Herr Konzertmeister schraubt sein Pult hoch – Solovioline spielt stehend: Erbarme dich, mein Gott, um meiner Zähren willen . . . schlackenlos schweben sie von Säule zu Säule, Geigenton und Frauenstimme.

Dieses Jahr 1916 ist das Jahr der Konfirmation für die fünfte Klasse. Pfarrer Lembert mit dem blonden Schifferbart gibt den Unterricht in einer Aura von kaltem Tabakrauch, auf langen lehnenlosen Bänken sitzen die Buben, nun angehende Jünglinge, denn die Konfirmation wird die ersten langen Hosen bringen, manche Klassengenossen, doch auch Schulfremde sind dabei. Nüchterner als beim Heumann, doch würdig vollzieht sich der Wiederholungsunterricht an den Hauptstücken. Schon melden sich dogmatische Zweifel, während der krasse Unglaube reiferer Genossen ungemeldet blüht, sie werden gerade noch beschwichtigt, mehr mit Schwung als mit Gründen.

Seit Jahrzehnten verfällt der Glaube der Väter. Seit Jahren fallen Jünglinge und Männer ›an allen Fronten‹. Aber niemand denkt daran, die Konfirmation anzuzweifeln. Was war sie dem Vater? Aber was hätte ihn vermocht, mit einer Ablehnung Aufsehen zu erregen? Was war sie den Gymnasiasten, die mitten im Fortgang der Schule einen Abschluß feierten, der keiner war, die nicht aus der Schule kamen, nicht in die Lehre? Aber wie Kultus älter ist als Dogma, so lebt Sitte länger als Glaube. Man wurde eben konfirmiert. Das wußten auch die Zeitungsannoncen der Konfektionsgeschäfte, die paritätisch auch mit den An-

zügen und den weißen Kleidern für die Erste heilige Kommunion der Zehnjährigen rechneten (im letzteren Falle lieferten sie die Kerze mit, mit Taschentuch in verschiedener Ausführung), die Konditoren und die Buchhändler.
Lembert war der erste Pfarrer von Sankt Markus, nicht mehr von Sankt Lukas, auch Stadtdekan. Der Sonntag Judika gehörte dem zweiten Pfarrer. So wird der Palmsonntag der große Tag sein. Der große feierliche Tag der Bekräftigung der Taufgnade – so sagte Lembert – und so wollte Erhard glauben. Der Tag wurde mit Sorge erwartet, nicht wegen der öffentlichen Prüfung, die am Vortage in der Kirche sein sollte. Die Vorbereitung zeigte, daß die Prüfung nicht echt sein würde. Wie die Ungläubigen nichts gegen die Konfirmation taten, so würden die Kirchenleute auch niemand durchfallen lassen. Sie trauen sich nichts mehr, sagte Hans Hecker, der, wie sein Bruder Eberhard, durch den passiven Widerstand seiner zornigen Verschlafenheit Lehrer zur Raserei brachte und nun, in Erhards ängstlicher Einbildung, auch die Konfirmation stören konnte, einfach durch sein ungläubiges, widerborstiges, unfrommes Dasein. Dies war die eine Gefahr, der Unglaube der Welt, vielleicht sogar Lachen und Schwätzen, die schlafenden Jünger, Heckers. Die andere Gefahr war das Abendmahl. Am Tag der Konfirmation also, am Nachmittag, werden sie zum ersten Mal unter dem Brot und Wein den Leib und das Blut des Herrn genießen. Erhard kannte die Formeln. Er wußte von Zwinglis Irrtümern und vom Widersinn der unaussprechlichen Trans-sub-stan-tia-tion. ›Das *ist* mein Leib‹, hatte Martin Luther mit Kreide geschrieben, und Heumanns hatte es gehämmert. Wie auch immer, Gott also würde wirklich da sein, persönlich, denn was sollte dieses sonst heißen: real, Realpräsenz, was Heumann so genau erklärt hatte. Unsinn, sagten Heckers, entweder oder. Wie gern wäre Erhard mit ihnen gegangen, die Vernunft am Arme. ›Wer aber diesen Worten nicht gläubet oder zweifelt, der ist unwürdig und un-

geschickt.‹ Gott also würde kommen. Wer weiß, ob die Pfeiler der Markuskirche das aushalten. Wo steht geschrieben, daß es immer wieder gut ausgeht, wenn Gott selbst da ist? Dann aber kommt er sicher zu verdammen die, so nicht gläuben oder zweifeln. Denn nur wer nicht zweifelt ›empfängt solch Sakrament würdiglich‹. Am Palmsonntag, dem 16. April 1916, ist also der Gerichtstag. Unwürdig ist schon, wer zweifelt: ›er trinkt sichs zum Gerichte‹. Erhard zweifelte ja ganz sicher und war daher nicht nur unwürdig, sondern auch ungeschickt, ungeschickt wie im Rechnen. Zu dumm somit, zu unbegabt, hats der Bauer nicht immer gesagt, zu dumm zum Glauben. Das gibts, sagt der Lembert, Spazierengehen hilft vielleicht, es hilft eigentlich bei allem, doch ist wenig Zeit jetzt, die muß man sich nehmen, die Aufgaben schneller machen, weniger üben. Vielleicht entdeckt man eine Hoffnung, vielleicht die Rettung im Englischen Garten, der hilft eigentlich gegen alles. Aber das fünfte Hauptstück, durchgerechnet, stimmt, Gericht. Tränenblind am Kleinhesseloher See. Wer kann raten? Niemand. Keinesfalls den Eltern sagen. Denn Erhard fürchtet Peinlichkeit denn doch mehr als Gerichte. Er hastet jetzt durch die Leopoldstraße, höchste Zeit, um nicht wieder zu spät zum Abendessen zu kommen. Im Laufen und Schnaufen ist auf einmal ein Gedanke da. In der Leopoldstraße wohnen Heckers, Nummer sechsundzwanzig, nicht weit von Tante Anna, aber die ist jetzt sehr weit. Ich geh zu Heckers, zum Eberhard. Der wundert sich, Erhard kommt zum erstenmal; aber das muß man jetzt überwinden. Da geschieht ein Wunder, Eberhard, der lausige, der Spötter, der nur jede zweite Stunde zum Lembert kommt, und dann mit einem Karl May; der Eberhard hört zu. Erhard sprudelt. Eberhard sagt: »ich versteh dich schon, mir fällt ja so was nicht ein, bist ganz anständig, wenn du auch ein Streber bist. Ich weiß halt nicht, vielleicht ist alles ganz anders. Man kann ja von dir nicht mehr verlangen, als daß du so rumläufst, ich tu's nicht. Ich sag nicht, daß alles Unsinn ist, aber vielleicht ist es anders. Wir gehen halt hin, und später sehen wir dann schon, was wahr ist« (das sagte er schon wieder ein wenig heidnisch-drohend). Erhard weiß nicht, ob er getröstet ist, aber etwas Gutes hat ihn berührt, eine Versöhnung. Er kommt viel zu spät, aber der Vater sagt nichts.

Jetzt sind es noch vier Tage, gegen die hält der Hecker nicht an, die Angst kann wieder wachsen. Es ist Samstagabend, länger kann er nicht mehr in der Jägerstraße und in der Glückstraße herumlaufen. Ob ihn der Lembert empfangen wird? Eine ruhige Geschichte fällt ihm ein, Nikodemus bei der Nacht, Nikodemus bei der Lampe. Natürlich ist der Lembert nett, wohl froh über so viel Interesse; an den Wänden hängen Pfeifen. Aber natürlich fragt ihn Erhard nicht, ob Gott vielleicht die Markuskirche zerschmeißt – so dumme Fragen kann man nicht stellen. Die Markuskirche wird schon für ewige Zeiten stehen. Und er wäre schon würdig für das Abendmahl.

Die Konfirmation wurde eine schöne Feier, obwohl es graupelte und man wegen der Kriegszeit zu Fuß hinging unter Regenschirmen. Auf dem Königsplatz war das Wetter besonders scheußlich. Mama kämpfte gegen den Wind und Papa hatte einen Zylinder auf. Gott war nicht anwesend, wohl aber in der hintersten Bank der linken Chorbankreihe, am äußersten Platz gegen das Langschiff zu, der Graf Zeppelin eines Neffen wegen, der in der Uniform und mit dem Degen der Pagerie in Christi Gemeinde eintrat. Zu Hause war eine Art Geburtstagstisch mit Onkel Carls goldener Uhr, Bibel von Tante Martha, die dann sinnigerweise eine Visitenkartentasche dazugab, die Erhard mit ihr bei einem Sattler in der Neuhauser Straße kaufen mußte, obwohl er sie gar nicht wollte. Das rachitische Vetterchen Hardi greinte, weil er Wein trinken sollte. Papa rümpfte die Nase und riet von weiteren familiären Versuchen ab, die keinen Zweck hätten. Aus Lindau hatten Onkel Ernst und

Tante Berta Gottfried Kellers Werke geschickt. Erhard begann, die Leute von Seldwyla zu lesen. Kadett Robertl kam, obwohl katholisch, und photographierte den Konfirmanden mit der ersten Platte des Zehnmarkapparates, den dieser bekommen hatte, oder eigentlich die neuen langen Hosen. So kam man – Papa dispensierte sich – fast zu spät zum nachmittäglichen Abendmahl. Erhard ging fromm und gerührt ›zum Tisch des Herrn‹. Der Graf Zeppelin war nun schon ein guter Bekannter. Im Schiff saß die Gräfin Ysenburg.

O dieser rätselhafte Gott. War er doch nur der Gott, der machte, daß alles gut ausgeht, die Sachen geben sich, mit Gottes Hilfe. Warum mußte Erhard, sooft er dieses dachte, sich die Ecke der Karlsstraße und der Augustenstraße vorstellen? Und war der Gott der Barerstraße Papas Gott? Oder gar der liebe Gott? Wer glaubte richtig, wer empfing würdiglich, wer trank sichs wirklich zum Gerichte?

Solche und ähnliche Fragen stellte Erhard jetzt in größerer Ruhe dem Ernst Mangelhart.

Ernst war ein Jahr älter und zehn Jahre reifer. »Das sind so gescheite Fragen«, sagte er, »da komm ich nicht mit, bin katholisch und fest in meinem Glauben, aber ich meine, so kommst du nicht weiter, nur mit der Bibel und mit dem Luther, und würdiglich, so redet ja auch niemand mehr. Was kennst du vom Plato? Nichts? Willst warten, bis ihr in der Oberklasse einen halben Dialog durchkonjugiert, lies ihn in der Übersetzung, ich leih dir die Preisendanzsche. Bedenk doch eins, die Griechen haben einiges gewußt von dem, was du eigentlich wissen willst hinter deiner Abendmahlssache, längst vor Christus, und die Chinesen auch und die Inder, lies den Laotse und den Buddha, und der Mohammed war auch kein Idiot. Ich will meinen Glauben nicht relativieren, aber der Glaube muß halt Umwege machen, bei euch Protestanten erst recht, weil ihr alles bei der Bildung anfangt. Man muß arbeiten, am besten« – und da hieb der

Ernst dem Erhard auf die Schulter, »sich überarbeiten. Da vergißt sich manches.« Das verstand Erhard nicht, er wollte doch nicht vergessen, sondern lernen, alles. Aber er verstand den Ernst überhaupt nur halb, schon beim ›relativieren‹ hatte es gehapert. Ernst war noch bei Mohammed. »Ich lern Arabisch«, sagte er, und als ob er das einem normalen Menschen nicht zumuten dürfte, sagte er zu Erhard: »Lern du Griechisch, das muß schneller gehen wie auf dem Pennal, lerns an der Bibel, dann hast du gleich was für deine Nikodemusfragen, kauf dirs Novum Testamentum graece edidit Nestle.«
Warum ›graece‹, denkt Erhard, müßte doch ›graecum‹ heißen, das griechische Neue Testament, und ›edidit‹ ist auch komisch. Aber den Umweg muß ich machen, von morgen ab. Gute Vorsätze muß man an den Mann bringen. Erhard bringt sie an die Schwestern: »Der Ernst lernt Arabisch, ich erst einmal Griechisch. Bibelgriechisch, das ist leichter! Ich muß einen Umweg machen, den Umweg des Glaubens über das Wissen, so sagt der Ernst.« »Weißt du, das ist zu hoch, ich bin so ungebildet«, und Elwina: »Wir haben jetzt wirklich keine Zeit.« »Ihr stellt euch noch dümmer als ihr seid!« »Du bist noch frecher als du darfst«, das war wieder Elwina. Die Tür knallt. »Wir verbitten uns das!«
Erhard haut die Tür zu seinem Zimmer auf und macht sie doch leise zu. Alles habe ich zerstört. Warum kann ich den Mund nicht halten, verschwätze den Anfang. Dabei brauche ich Elwinas Geld für das Novum Testamentum. Da ist diese Lähmung. Keinen Sinn, einen Fuß vor den andern zu setzen. Alles sinnlos. Warum fällt der Werkzeugkasten da an der Wand nicht auseinander? Die Wörter lösen sich schon auf in ihre Buchstaben, so etwas Sinnloses wie unser Name, man könnte ihn selber vergessen, verrückt sieht er aus, gar auf dem Türschild draußen, eine alte Geschichte. Aber man muß sich ja bewegen, so landet Erhard am Fenster. Traurig summt, wie tagtäglich, das elektrische Lastauto durch die Toreinfahrt unter Erhards

Fenster, der Ton sinkt, steigt wieder an mit hoffnungsloser Gewißheit. Das Fenster ist breit, wie ein flacher Erker geeckt, draußen sind die roten Blechdächer, in den Schornsteinhauben spielt der Wind mit dem Rauch. Das Fensterbrett ist, sehr büromäßig, aus imitiertem schwarzgrauem Marmor. Unter ihm strömt vom Heizkörper staubige, trockene Wärme in die Nase, Luft wie im Kaufhaus Tietz. Links ist die weiße Tür des Wandschrankes, in dem jetzt die Bücher die Spielsachen verdrängen, Eisenbahn und Soldaten. Auf der Tür sind viele kleine Löcher, ganz seichte, nur Spuren. Erhard erinnert sich gut daran: eine ganze Handvoll Bleisoldaten hatte er an die Tür geworfen in seiner dumpfen Wut. Das Fenster am Rand spiegelt ganz gut, das Gesicht ist ziemlich normal. Erhard kennt das schon, noch ist die Wut ganz da, noch unermattet einst das Schluchzen, aber eine Stimme sagt doch schon, ganz wahr ist es nicht mehr. Es ist ein Augenblick, ein Fleck innen im Auge: vorbei. Heute geht es besonders schnell. Morgen kauf ich das Testamentum.

Mama kommt herein. »Wir müssen packen.« Ja gleich, sagt Erhard, als hätte er nicht total vergessen, daß sie morgen nach Nürnberg fahren. Das Schlimmste, klügelt er, sind Vergnügungen, die man heucheln muß.

Die Reise nach Nürnberg wurde aber ein richtiges Vergnügen. »Es ist nicht mehr wie wir früher gereist sind, mit dem Vater, im Frieden, wo er immer in die guten Hotels ging, aber wir machens uns auch gemütlich.« Im Nürnberger Schnellzug war es wirklich gemütlich, dafür hatte Mama gesorgt, sie waren eine Stunde zu früh an die Bahn gegangen. Mama atmete auch tapfer die verhaßten Gerüche, Pfeifentabak und den unvermeidlichen Backsteinkäse, den Limburger, gegen den es auch im Hoftheater keine Isolierung gab, oder Lüneburger, in der Familiensprache. Man mußte die Käsebrote auch schon in Zeitungspapier wickeln (›die Russen nehmen Trapezunt, Vom Kampf im Val Sugana‹).

Als sie gegen Abend ankamen, war die Dämmerung noch hell

genug, um das Sterntor und das Christliche Hospiz bequem zu finden. Mama war nicht für christliche Hospize, aber in den guten Hotels saßen wohl Stäbe und Kommandostellen und, meinte sie, Hospiz ist im Krieg immer das Sicherste. Hoffentlich ist es eines von den besseren, die sind auch weniger christlich und etwas hotelartiger. Ihr Zimmer erinnerte Mama, aber das kam wohl vom Krieg, doch mehr an die gefürchtete Mathildenstraße, Wartburg und Innere Mission. Einiges war vorhanden, was zu dieser Seite des Protestantismus gehört: das Fenster, es geht auf einen Lichtschacht, ist von dunklen, am Rand irgendwie gestickten Vorhängen eingerahmt, die in eine undeutliche Farbe geschossen sind. Zwischen Tür und Waschbecken (laufendes Wasser haben sie eingerichtet, aber ›Warm‹ ist leider abgestellt) hängt unter Glas ein Hospizverzeichnis, Wartburg in Aachen und Basler Hof in Zwickau. An der Wand über Erhards Bett steht Jesus vor der Tür und klopft an: Lithographie, Palmen im Hintergrund, grobe Tür an nicht vorhandenem Haus rechts, unser Herr Jesus, in einer Art Nachthemd, klopft und legt horchend den Kopf mit dem gepflegten Bart auf die rechte Seite, besonders naturwahr scheinen Erhard die Zehen gezeichnet. In der Nachttisch-Schublade findet sich das schon von Papa angekündigte Neue Testament, aber nicht graece. Mama ruft, zeigt triumphierend auf ihren Wandschmuck, eine Art Wandschoner mit Kreuzstickerei: Ich stehe an der Tür und klopfe an. Mama öffnet diskret, was am Nachttisch geöffnet werden kann: »Oben das Biblische, unten das Übliche«, sagt sie: ihr fallen manchmal so gute Sachen ein, und ganz schnell. Da Erhard frisch konfirmiert ist, beschließen die Reisenden, in die Andacht zu gehen, man hört schon das Harmonium. Unten saust ein Pikkolo ganz wie er sein muß, kurzer schwarzer Rock, weiße Binde, er wirft den Kopf mit dem Wasserscheitel zurück und trägt ein Tablett mit Gesangbüchern, als wären es Tucherbiere. Nachher erweist er sich als Stütze des Gesanges, eigentlich singt er allein. Mama hat Freudentränen. Es ist wirklich gemütlich, diese acht Tage. Sie sehen den Henkersteg und photographieren sich gegenseitig im Stadtgraben, wo die Äpfel blühen, steigen auf die Burg, befühlen, obwohl das verboten ist, die Stacheln der eisernen Jungfrau; der Wärter am tiefen Brunnen tut, was alle Wärter an tiefen Brunnen tun, er zündet eine Zeitung an und läßt die Flamme abwärts fallen. So tief! Mama schwärmt vom Treppengiebel am Pellerhaus, doch auch, weil es mit der Schüsselpassage und mit einer Schulfreundin verwandt ist. Sie gehen ins Germanische Museum, und die Egidienkirche gefällt ihnen besonders. Sie stehen in der Lorenzkirche, bewundern den Englischen Gruß von Veit Stoß, von dem sie sich eine Ansichtskarte kaufen, staunen über das umgebogene Sakramentshäuschen, finden Sankt Sebald düster und stehen um das Sebaldusgrab vom Peter Vischer herum. Erhard verschweigt sich, daß es ihm zu eisern ist und stimmt in Mamas Ausrufe ein. Sie machen ein paar Ausflüge mit der Trambahn; in der Trambahn, finden sie, dringt man am raschesten in den Geist fremder Städte ein, und bald ist die schöne Zeit vorbei.

Am Bahnhof ist Bewegung, gleich kommt ein Urlauberzug, Westen, wohl Verdun. Viele warten vor der Sperre. Da wird anders gewartet als ›in unseren Kreisen‹: nicht von einem Bein aufs andere, spähend, winkend, sondern bis zum letzten Augenblick nur gewartet, in sich hinein. Erhard sieht eine Wachstuchtasche, von ihrem Rand ziehen weiße Risse nach unten. Da sind schon Urlauber. Sie schleppen, die Bartstoppeln vorgestreckt, getürmte Tornister. Oben liegt der Stahlhelm, den Erhard zum erstenmal sieht, am Koppel hängen Pakete, fettige Kartons. Lange Spaten starren über das Gepäck, die Gewehre hängen am Hals vor der Brust, einer, da noch einer, geht mit einem Knotenstock. Doch gehen da noch andere, mit Fellmützen, in langen Mänteln, ohne Gepäck: Serben und Russen, Gefangene. Sie singen, doch gar nicht deutlich, sie biegen nicht nach links in die Sperren wie die Urlauber, sie klappern in ihren Holzschuhen zu einem anderen Zug, sie werden nur umgeladen. Wir sind durch die Sperre. Komm, Mama. Erhard marschiert voraus und nach vorn. Trinkt sichs zum Gericht, pocht es träge in den Schläfen, Gericht, Gerechtigkeit. Ausgleich. Jüngstes Gericht, bestraft mich, belohnt diese, die warten, singen, schleppen, die mit dem weitesten Heimweg, die mit dem größten Umweg. Ein paar Schritte weit geht im selben Takt ein Wagenwärter mit, schlägt den Hammer mit dem langen Stiel verdrossen-elegant an die Bremsluftbüchsen; auf Kupplungshöhe hält er an, setzt das rechte Bein unter die Bahnsteigkante, läßt Luft aus dem Bremsschlauch, zieht, ein wenig sich auf den Hammer stützend, das Bein wieder hinauf. Empfängt der solch Sakrament würdiglich? Ekelhaftes Wort, findet Erhard auf einmal. Mama, da hinein. Wird sie auch verdammt, und Papa? Sicher nicht.

Hier vorn im Zug ist gut Platz für die beiden, auch für umgestiegene Urlauber, für Gewehre, Gepäck, Pappschachteln. Der Zug hat Fahrt, er gleitet aus dem dunkeln Frankenland, von Kiefern, Ochsen, Kartoffeln weg ins weizenbauende, mit Rossen fahrende helle Bayern, durch Wälder von Buchen und Fichten. Er fährt sicher, in Gottes Hand, eines der Ebenbilder Gottes hat die Bremsen geprüft, ein Stellvertreter. Vielleicht ist alles ganz anders, hat der Hecker gesagt.

Christina ist am Bahnhof. Wie wars in Nürnberg, sehr schön, wirklich? Mama ist vergnügt, beinahe hätte sie schon an der Lokomotive die Geschichte vom Pikkolosänger erzählt, sie lächelt zu Erhard. Papa, daheim, ist in guter Wiedersehenslaune, die Mama richtig erholt. Elwina ist nicht da, im Säuglingsheim an der Lachnerstraße neuerdings.

Nach dem Abendessen holt Christina den Bruder in ihr Zimmer. Du kannst sicher noch was essen, ich hab etwas aufgehoben aus der Klinik. Ich bin jetzt in die Poliklinik versetzt, fast lauter Bauchschüsse sind bei uns. »Wie ist das mit der Pflege«, meint Erhard und beeilt sich; denn er muß damit rechnen, daß es ihm bei medizinischen Gesprächen schlecht wird. »Pflegen, auch, hauptsächlich tun wir wieder putzen. Ist auch gut, da vergißt man manches. Mein Mädchen, die Theres, putzt ein Fenster nach dem andern, ganz wild wie eine Mänade, Eumenide oder wie die alten Mädchen heißen. Die tuts aber weniger fürs Vergessen als fürs Hoffen, sie hat einen Bräutigam auf der Station.« ›Der Ernst will doch auch vergessen‹, denkt sich Erhard ›der Ernst lernt Arabisch. Vielleicht ist Arabischlernen etwas wie Fensterputzen, und vielleicht ist alles ganz anders.‹ »Manchmal kommen auch Pfarrer«, sagt Christina, »auch von Sankt Matthäus. Er hat in dem Saal gefragt, wo der ganze fiebrige Kommiß liegt: Ist hier noch ein evangelischer Kamerad? Sie haben gebrummt: wir sind katholisch. Einer hat zu ihm gesagt – denn er ist natürlich dageblieben –, der Krieg ist gar nicht so einfach. Ich geh jetzt in die Klinik.«

In Erhard ist noch der Radschlag des Nürnberger Zuges. Russen fahren mit und Urlauber, alle essen Backsteinkäse, auch die erholte, vergnügte, fromme Mama. ›Würdiglich‹ gibt keinen Takt, aber: Lieber Gott, mach mich fromm – lieber Gott, mach mich fromm ...

Und jetzt kommen die Weichen von Pasing und ändern den Takt: ... daß ich zu dir in den Himmel komm.

Dreizehntes Kapitel

VERÄNDERUNGEN

Die Jünglinge lieben den Herbst. Sie spüren einen Winter und gedenken noch nicht des tief geborgenen Frühlings. »Halt dich gerader«, sagen die andern. Wirklich, Erhard macht einen Buckel. »Du kommst wie ein alter Mann daher.« Oh, Elwina, du weißt nicht, wie es ist.

In der Staatsbibliothek, im Lesesaal, dahin stiehlt sich Erhard jetzt, in den Schatten der Bücherfluchten, flammen in der Dämmerung des Septembertages die Tischlampen auf, da eine, dort eine, alle. Das neue Schuljahr brachte den neuen Ordinarius, Professor Ernst Bodensteiner. Er ist ein Gelehrter, Mitglied des Deutschen Archäologischen Instituts in Athen. Man beginnt, September 1917, den Homer. Andra moi ennepe Musa. Bodensteiner grub mit Dörpfeld und erzählt von Schliemann. Die Schichten Trojas sind verschiedene Kulturen. Hinter der Dichtung grollt Geschichte. In den Wanderungen der Götterkulte, der Heroen der Sage sind Völkerwanderungen verborgen: die Insel des Pelops. Und die Ithakafrage: Leukas? Korfu? In welchen Archipelen kreuzte Odysseus?
Erhard treibt auf dem Büchermeer, ohne Steuer, ohne Lotsen, und landet an der Bucht von Pauly-Wissowas Realenzyklopädie des Klassischen Altertums. Speckige Bände, unendliche Spalten, undeutliche Abkürzungen, Legionen der Zitate. Siehe Iokaste! Vergleiche Dorer! Erster Fiebertraum der Gelehrsamkeit. Erhard erwacht, es wird geschlossen. Neben ihm gehen die eisgrauen Gesichter, Spitzbärte in Havelocks geschmiegt, die gebeugten Rücken, steifen Knie der Alten, denen er es nun gleichtut im schnüffelnden Wenden der Seiten, des eifrigen Auf und Ab auf Bücherleitern und Wendeltreppen. Er kämpft sich mit den Alten durch die Flügeltüren, man müßte einen Stock haben. Man schreitet über die gummibelegten Stufen des herrlichen Treppenhauses auf die Ludwigstraße hinaus. Es regnet, die Bogenlampen spiegeln im schwarzen Asphalt, lautlos fährt das Leben.
Über dem Nymphenburger Kanal, auf der nördlichen und südlichen Auffahrt, in den Straßen der Gerner Siedlung treibt es die bunten Blätter zusammen, der Wind weht sie auf den runden Tisch am Controlor, vor dem Schloß, der Brunnen springt noch. Auch drinnen im Schloßpark bedecken sich die Wege mit

gelbem und rotem Laub der Alleen, wenn man am Rand geht, kann man schon rascheln. Noch sind die Statuen ohne ihre Bretterverschläge. Venus fröstelt, ein Blatt liegt ihr in der Armbeuge. Wie geht es mit den Kulturen zu? Sterben sie, altern sie wie der Mensch, erneuern sie sich wie die Natur? Wie kann man die Geschichte innerlich verstehen? Muß man sie in den einzelnen Menschen verfolgen, ist der Schlüssel die Psychologie? Dieses Wort hat Erhard eben gehört, jetzt, da er es mit der Geschichte verbindet, ist er am Wasserfall, wo der Regent, so erzählt man, zu baden pflegte. Eine bleichere Sonne spiegelt auf den Delfter Kacheln der Badenburg, als mattes Gold liegt der Abglanz der Sinkenden auf den Stühlchen und Pfühlchen der Pagodenburg. Ein Thema von Mozart bleibt für den Heimweg in den Schläfen – o Vergänglichkeit der Welt –, tötete das Rokoko sich selbst?
Das ist der Weltschmerz, das kennen wir, in eurem Alter. Aber ihr wißt gar nichts, denn meinen Schmerz, den kennt ihr nicht, ihr seid ganz unwissend. Was wißt ihr von Hermanns Schmerz, von Albrechts Qual, nur der Oswalt dürfte so reden, der hat seinen Glauben, der dürfte lächeln.
Und wie, ihr Weisen, Großen, wenn es also der Weltschmerz wäre, wenn eure gefrorene Formel also stimmte? So könntet ihr bedenken, was es heißt, ein Jüngling zu werden, und euren Weltschmerz zu haben, und eben jetzt käme diese Welt selber in ihre Schmerzen? Habt ihr wachsen müssen, indes die Welt wankte? Aber wir müssen es. Wir wachsen, und die Welt verändert sich. Wir wachsen hindurch – oh, ihr versteht es nicht. Mein Vater, du verstehst mich nicht. Mama, du bist lieb, und verzeih mir alles, aber du hast keine Ahnung. Die Schwestern, ja, die ahnen es, Christina, Elwina. Aber sie können es nicht ausdrücken: ich bin so ungebildet, sagt Christina. Dann reden sie doch und weinen. Wie dumm ihr seid. Was müssen wir lernen, alles zum ersten Male, den Tod, den Schmerz der andern,

die Armut der andern, schon eigenen Hunger: lernen, daß die Welt also wirklich ist, und daß eure Welt nicht wirklich war. Und dann noch wachsen, und in der Schule lernen. Müßt ihr das? Griechisch, Gedichte. Zum Rübengemüse. Wir müssen es. Jünglinge sein, mit Weltschmerz. Wie schön wäre es zu sterben – aber es ist auch schön, so viel Mitleid mit sich zu haben, im Nymphenburger Park.

Ihr habt die selbe Not wie wir, und ihr habt noch die Verantwortung, für das Geld und für die Brotmarken. Wir sind so ungeduldig. Ihr seid geduldig, tapfer und schlechter Laune. Ihr haltet durch. Oh, dieser Winter 1916 auf 1917! Vielleicht wird es einst noch schrecklichere Winter geben. Aber dieser war der erste. Ihr müßt nicht wachsen, wir müssen es. Wir müssen geigen, fröhlich sein, dichten, singen im Gemischten Chor, ihr müßt nicht glücklich sein, gerade jetzt, ihr wart es schon einmal. Papa hat längst sein besonderes Recht auf die Münchener Neuesten aufgegeben. Seitdem wir Zeitung lesen, lesen wir mit Angst, greifen hastig nach dem ekligen Holzpapier, und alle Menschen greifen so nach der Zeitung, die nicht mehr ihre Zeitung ist, mit Gier, Sorge, Hast. Da stehen die Todesanzeigen, nicht mehr die großen für die großen Leute, von denen die Eltern früher immer sagten: der ist aber oft gestorben, denn die Witwe, und der Aufsichtsrat und der Regimentsverein hatten es angezeigt, und nach ein paar Tagen kamen nicht minder prächtig die Danksagungen. Jetzt gibt es fast nur noch Reihen von eisernen Kreuzen vor kleinen Anzeigen, seit der Sommeschlacht wird so einheitlich gestorben, generationenweise, bald kommen wir dran. Vorn stehen die Heeresberichte – wie sie sich abnutzen, Tonnenzahlen, immer wieder unsere U-Boote, versenkte Tonnagen; die haben aber viel Tonnen, sagt Mama. (U 9 und Kapitänleutnant Weddigen, das war noch in Kemmers Zeit und in der hellen Kriegshälfte.) Du träumst auf der Straße, oh, von was, von schimmernden Bücherreihen oder diesmal Haydn, wieder tröpfeln Sechzehntel, ticken Stakkatos, vor dem Tagesbericht stehen Leute und lesen: 31. Januar 1917. Erklärung des uneingeschränkten U-Bootkrieges. Endlich, sagt einer, ein anderer schaut ihn mit gehässigem Zweifel an. Weiter und weiter geträumt, D-Dur. Wie kalt war dieser Winter. Kaum Kohlen, die Kohlennot wurde bewirtschaftet, dazu braucht man Wehrkraftjungen. Um sechs Uhr morgens wird am Güterbahnhof angetreten, an der Rampe von I. D. Keyser, Kohlen. Da eben Nachmittagsunterricht ist, denn die Theresianer teilen ihr Gebäude mit dem Wittelsbacher Gymnasium, wird, nach Ansicht der Veranstalter, durch diese auf sechs Tage berechnete Aktion eigentlich keine Zeit verloren. Erhard stand frierend in eine neue Welt gezaubert, es war ja eine Zauberwelt. Über dem harten Schnee lag die finstere Frühe, durch Nebel, Lokomotivpfiffe und Güterwagenreihen blitzten die Signallichter des Güterbahnhofs. Ihr Alten, ihr seid nicht da. Ihr könntet höchstens im Personenzug vorbeifahren, da sähet ihr Lichter, Waggons, gleich wärt ihr in München. Aber ich, ich bin jetzt dort, verlassen und erstaunt, zwischen diesen bösen nahen Güterwagen, da, wo es sonst verboten ist zu sein, und es ist kalt. Jetzt, wie der Troß des wilden Heeres, rumpeln die zweispännigen Kohlenwagen von I. D. Keyser von der Rampe, die Pferde donnern auf eine Waage, jedes Fahrzeug nimmt einen Wehrkraftjungen ein, mit einer Liste, die man in einem überheizten kleinen Schuppen neben der Waage bekommen hat: sie sind Kontrolleure. Sie dürfen beileibe nicht auf den Bock, mach dich auf die Säcke. Sie haben Angst vor dem Fuhrmann, vor den wilden Trägern, die den Kontrolleur nicht einmal eines feindlichen Blickes würdigen. Sie sollen also kontrollieren, daß jeder Kunde nur einen Sack bekommt. Aber das hat noch Zeit. Im Tal, vor dem Soller, hält der Wagen, und für eine Stunde verschwinden die Männer in dem Wirtshaus, es ist ja noch früh. Gut, daß der Wehrkraftbub da ist, er kann neben den Pferden stehen, aber es ginge natürlich auch ohne ihn. Dann beginnt endlich die Kohlenkontrolle. Die Träger nehmen sich nicht einmal die Mühe, ihren Kontrolleur auszulachen. Da hätten sie lang zu fahren, wenn sie alle Säcke einzeln vertragen und immer darauf warten wollten, bis der Bub mit den Leuten sich Geschichten erzählt hätte. Für Erhard ist es jedesmal ein Erfolg, wenn zufällig der Wille der Träger mit seinen Vorschriften übereinstimmt. Er muß aber immer in die Häuser, in die Wohnungen, irgend etwas ankreuzen in seiner Liste. In die Höhlen am Jakobsplatz, Maria-Hilf-Straße, zu alten Frauen, zu den Tandlern, wo Matratzen stehen, eiserne Blumentische, blinde Spiegel, wo die Armut kauft, was die Not verkauft hat. Bei den Frauen ist es leer, so arm, hell vor Leere und bunt von Tapetenresten, schmutzig vor Kälte, unter dem weißen Haar sieht man die Kopfhaut der Alten, sie schlurfen und lauern und triefen. Längst ist Erhards Liste in Unordnung. Saubub, miserabliger, willst spionieren, hatte die alte Frau gesagt. Komisch, spionieren wollte doch der Aktäon, das haben sie neulich im Ovid gelesen, er hat die nackte Artemis gesehen, die nackte Diana, wiederholte sich Erhard, und Aktäon wurde in einen Hirsch verwandelt. Die Kohlenkontrolle ging noch eine ganze Woche. Erdgeschoß Meier, Privat, in Email. Mitterholzer in Messing. Lindner auf Visitenkarte, wieder Email Hierl und Endres, Büro für Schnittmuster. Treppauf, treppab.

Ernst Mangelhart wohnte in der Bayerstraße Nummer dreiundfünfzig, dritter Stock links, der Bayerpost gegenüber, fast an der Ecke der Paul-Heyse-Straße; dort war ein Wirtshaus, Eingang über Eck. Doch reichte das Wirtshaus in die Nummer dreiundfünfzig hinein, denn nach hinten, in das Stiegenhaus von Ernst Mangelhart also, gingen die Küche und der Schalter der Gassenschenke. Hier schlurfen die alten Männer, da trippeln die kleinen Mädchen mit dem Maßkrug, in dem sie das Bier holen. Hier ist Fässergeroll, es riecht nach verschüttetem

Bier, Kleingeld klingelt. Hier ist Dunkelheit hinter einer Haustür, die verwundet ist von Fußtritten – sie krachen in den Bierverkehr, in Kinderlärm, Teppichklopfen, Frauengekeif.
Daß man hier in der Bayerstraße wohnen könne, daß diese noch etwas anderes war als eben eine Straße zwischen dem Bahnhof und der Wiese im Dampf der Bahn und im Duft des Malzes, dies wußte Erhard noch nicht lange. Jetzt aber wohnte hier der Ernst. ›Kgl. Briefträger‹ stand im Jahresbericht in der Spalte ›Beruf des Vaters‹. Ernst, eine Klasse höher, hatte lauter Einser von der Mathematik bis zum Turnen und Zeichnen. Er würdigte den Erhard seiner Liebe.
»Komm halt in meine Bude, bist ja anderes gewöhnt.« Drei Stiegen, auf den Absätzen die Aborte. Durch die Stiegenfenster schauen die Höfe, die Mülltonnen stehen drunten, viele nebeneinander, die Tonnen, die dann in die zweirädrigen Karren geleert werden, vor denen die schweren Belgier gehen. »Da rein, geh ein wenig leis, daß wir die Alten nicht stören.« An der Küche vorbei, die Alten bleiben passiv. So. Die Aussicht ist nicht anders als auf der Stiege: Höfe. Das Zimmer ist ein enger Darm, an der Schmalseite der trüben Tür gegenüber steht ein grünes Plüschsofa, in das Erhard genötigt wird. Ein Tisch steht knapp davor, so muß man sich hineinzwängen; der Tisch ist mit Büchern und Bastelutensilien belegt, die die über Eck gelegte Spitzendecke erkennen lassen. Ernst sitzt am Schreibtisch, der, hart vor dem Fenster, immer noch zu wenig Licht bekommt. Eine Bücherreihe auf dem Schreibtisch nimmt Licht, auch die schweren Vorhänge. »Hab ich mir eben gekauft«, und Ernst zeigt auf den Schreibtisch. Er weiß natürlich vorher, daß Erhard fragend schauen wird. »Nachhilfestunden. Gut, daß es auf dem Gymnasium Idioten gibt, und daheim Spießer, die meinen, daß der filius, so dumm er ist, aus den Auctores graeci latinique einen sozialen Aufstieg herausschinden muß. Mein Lieber, entweder Herkunft oder Verstand – aber keines von beiden und nur Be-

amtendünkel, das ist zu wenig. Aber ich leb davon, sogar ganz gut.« Der Ernst zeigte seine Vorräte. Zwei Liter Gummi arabicum, fünf Liter Tinte, Pakete Schreibpapier – »ich mag die Noterei nicht«. Er holte eine große Blechbüchse mit Tee, »das hält einen wach in der Nacht; ich bastle da so etwas an einer Arbeit über homerische Waffen, man muß sich überarbeiten. Du ja nicht, aber ich. Ich mach jetzt Tee; und meine Bücher bind ich mir selber.« Erhard staunte schon gar nicht mehr. Er streckte sich in der Höhle des Riesen, schaute in die Ecke, wo die Mutter Gottes von Lourdes stand und ließ sich verwöhnen.
Der Ernst beschenkte ihn, nur mit den kostbarsten Luxusausgaben des Insel-Verlags. Ernst weihte ihm, mit den zierlichsten Widmungen, Saint Simons Memoiren in Leinwand und herrlich gedruckt und illustriert, den ›Hutten‹ von David Friedrich Strauß, und revanchieren konnte man sich da nicht, nur empfangen von einer Seele, die sich ins Große sehnte. Schenken und Empfangen, Opfer und Liebe, diese waren von Ernst Mangelhart zu lernen.
In der siebten Klasse war ein neuer Ton. Bodensteiner, der beim Reden leider spuckte und das Unkorrigierbare mit dem Taschentuch korrigierte, verachtete die Schlechten und trieb die Guten über sich selbst hinaus und zwang der Vokabel- und Grammatiknot eine echte Homerlektüre ab – nicht durch kursorisches Lesen, sondern durch die Tyrannis des Vokabelheftes. Neue Schüler waren gekommen, Hermann Schoch – der Vater stand als General im Feld, die Mutter war gestorben, der ältere Bruder gefallen – kam aus einem Internat. Er war ein guter Schüler; er wirkte nüchtern, bis er den Kopf senkte und lächelte. Er spielte, wie sich bald erwies, sachlich und herrlich Klavier. Aus Bad Boll kam der fromme Oswalt Vopelius, der Urenkel des großen Blumhardt. Sie fanden sich gleich mit Albrecht Haushofer, der jetzt seine Einsamkeit loswerden mußte. Sie alle vereinten sich in Erhards Freundschaft.
So ganz verlor Albrecht seine Einsamkeit nie.

Er kam aus privatem Hausunterricht in die Klasse, reich an Bildung, arm an Waffen, denn ihm waren die Spielregeln fremd, nach denen man sich unter Pennälern behauptet. Er war wie ein fremder neuer Vogel in einem Hühnerhof; er wurde gemieden und hackte, nur um Anschluß zu gewinnen. Er hackte so heftig, erfolglos und komisch, er ruckte, wo er stand und ging. Als hätte seine Mutter ihn entblößen wollen, gab sie ihm Anzüge, kindisch weit unter den Jahren, viel zu lange, in die Kniekehlen reichende Hosen (ein Todesurteil in Knabenkreisen), aber auch immer noch kurze Hosen, als die andern lange trugen. Ein mit einem Latz aus Piqué verbundener Kragen hörte nicht auf zu verrutschen, die Ärmel des blauen zweireihigen Anzugs waren von fleischigen Armen und schweren Händen verwachsen, dies war die Nacktheit des gerupften Marabus. Was nur immer Masseninstinkte ärgern, das Mittlere und Niedrige in Zorn bringen kann, hatte und tat Albrecht: einen Regenschirm, einen verspäteten Ranzen auf dem männlich-breiten Rücken, ein altersweises Gesicht, der Mund zuckte verachtungsvoll, unbeteiligt und doch wachsam-verletzt nach unten, das aufreizende, weil aristokratisch lange Kinn schob sich nach oben, als wollte es über den breiten in tiefe Winkel hängenden Mund hinweg die edle Hakennase berühren. Vor der höhnenden Meute lief diese aristokratische Karikatur einher oder davon, die blauen Augen in sich kehrend oder starr zu den Sternen sendend – zu den Sternen des Himmels (denn Astronomie war im Hause Haushofer ein selbstverständliches Bildungsgut) oder des Denkens, denn Kant und Schopenhauer waren im Hause Haushofer eine wirkliche Lektüre. Dies war Albrecht zu Fuß. Aber Albrecht zu Rade! Wollte die Familie Haushofer die Geduld des Pöbels (oder des Pavels, wie man dort sagte) bis zum äußersten reizen? Hatte sie nie eingesehen, wie man Rad zu fahren hatte? Wußte sie nicht, daß die Lenkstange ganz tief sein mußte, daß man den Sattel weit nach hinten und unten zog, so daß die Entfernung von Lenkstange und Sattel recht groß, aus dem Auf- und Absteigen eine souveräne Voltige wurde wie bei den pfundigen Münchner Postradlern, Telegrammboten und Briefkastenleerern? Statt dessen bestieg Albrecht ein Damenrad von unbestimmbarer Marke, der Sattel neigte sich nach vorn, die nahe Lenkstange war bürgerlich hochgezogen, Albrecht sah aus wie die radelnde Prinzessin Therese oder wie ein alter Herr, der sich durch Radfahren elastisch halten will. Albrecht pumpte sein Tier geduldig immer wieder auf, denn tagtäglich war es ohne Luft, wenn der Massenhaß nicht gar die Ventile entwendet hatte; dann schob der Dulder nach Hause mit durchgedrückten Knien, hart stampfend mit der ganzen Sohle. Auch Erhard liebte den Dulder nicht, denn Dulder sind unbequem. Er liebte ihn um so weniger, als Mutter Haushofer, wegen der Einsamkeit ihres Albrecht besorgt, diese Liebe wünschte und von Mutter zu Mutter organisierte. Auch Erhard fand den Sonderling abgeschmackt, übertrieben und unerträglich. Albrecht hatte sich einst alles verdorben, schon 1914, eines Abends in der zweiten Klasse des Zuges, der eben von Garmisch nach München abgehen sollte. Die Familien, die da vereinigt waren, kannten sich nicht. Aber Albrecht, im geschilderten Aufzug, hatte keine Geheimnisse. »Adieu, Großmutter, grüß noch mal sehr herzlich (elf Jahre alt) die Urmutter (affektiertes Wort, und eine lebende Urgroßmutter zu haben, war überhaupt unerlaubt aristokratisch, und Erhard wußte noch gar nicht, daß sie wirklich adelig war), wie schön wars wieder in der alten Villa Christina (Affe, wer will das wissen, hör jetzt mit dem Winken auf, wir glauben dirs schon).« Die Fahrt wurde nicht besser als die Abfahrt. Die Hauslehrerin Fräulein dall'Armi war mit im Abteil, auch der kleine Heinz, der sich aber ruhig und vernünftig hielt. Erhard begann heimlich Fräulein dall'Armi anzuschwärmen, was die Sache nur schmerzlicher machte, denn nun ging es los: Shakespeare und Schiller, Kant und die Renais-

sance von Gobineau mit altklugen Fragmenten, und bei Diemendorf wars Heine – gräßlich, und doch, er konnte es. Sogar der Papa, der so etwas nicht mochte, schaute respektvoll und sagte: »Siehst du!«
Das war nun Jahre her. Jetzt war längst klar, daß Albrecht zum Quartett gehörte und daß man ihn lieben mußte.
Aber Albrecht blieb ein Solist. Er ging sozusagen auf dem Trottoir, wenn die andern auf der Straße marschierten, Befehle, Programme, vaterländische Parolen hatten keine Macht über ihn. Im Hause Spengel, so frei es darin zuging, galten die Ideale, galt jetzt, im Sommer 1917 und noch bevor Bodensteiner antrat, das Hindenburgprogramm und das Gesetz über den vaterländischen Hilfsdienst vom siebzehnten Lebensjahre an. Die Schule half dem Gesetze nach; seit drei Jahren waren des Rektors liebe Abiturienten Feldgraue, so konnten schon die Sechzehnjährigen freiwilligen Hilfsdienst tun, das schadete ihnen natürlich gar nichts, und die Familie fand das auch, sie fragte nicht, wenn vaterländische Pflichten in Sicht waren. So kam Erhard mit einem Teil der Klasse nach Grub, nach der verpachteten Domäne Grub, Post Schwaben, das liegt auf der Strecke nach Mühldorf, wenig über den Rennplatz Riem und über Puchheim hinaus. Ein vernachlässigter Gutshof mit einem riesigen Misthaufen und einem Taubenschlag in der Mitte war von den Wirtschaftsgebäuden umgeben, von Kuhställen, Roßställen, Maschinenschuppen, die Scheunen standen im weiteren Kreis. Aber diese höheren Regionen waren den Buben verschlossen: Eintritt verboten, stand an den Stalltüren, die Schweizer, die Gespannführer, meist rotbackige, verdrossene französische Kriegsgefangene, waren schon höhere Wesen. Für die Hilfsdienstler war, der Einfahrt gegenüber, der trostlose rote Ziegelbau der jetzt, im Kriege, stillgelegten Brennerei bestimmt, wo im Frieden, faden und noch jetzt herrschenden Geruchs, der Kartoffelsprit entstand und Platz für einen Gerstenspeicher

war. Unter dem Speicher war ein Raum für die Buben eingerichtet, auf den Zementboden waren Strohsäcke gelegt worden, der Gerstenspeicher sandte die Mäuse und ihre Spuren, die Saaldecke die Wanzen und die Strohsäcke die Flöhe. Vor einem der spinnwebigen Fenster stand und lief ein Transmissionsrad, sandte und fing einen Treibriemen weit durch den Hof, für die Futterschneidmaschine. Auch durch den Schlafraum hingen, jetzt unbewegt, Transmissionsriemen, beweißt von Kalkstaub wie die schlecht gepflegten Maschinen, die überall im Gebäude herumstanden. Hier erlebten Erhard und Genossen die Freuden des Landlebens vom sechsten Mai bis Ende September des Jahres 1917. Unter dem Befehl eines Kavalleriewachtmeisters wurde um halb fünf Uhr früh angetreten, nach dürftigem Waschen unter der Hofpumpe und einem Suppenfrühstück, das man in einer Art von Bierzelt einnahm, das nach allen vier Seiten offen war. Mit diesem Bierzelt hatte der Pächter, von den Strohsäkken abgesehen, sich auf seine städtischen Gäste vorbereitet. Die Arbeit ging von fünf bis halb elf Uhr und dann wieder von zwölf bis sieben Uhr, um drei Uhr war eine halbe Stunde Brotzeit.

Die, je nachdem, höhnische oder auch völkische oder pädagogische, triumphierende oder soziale Empfehlung der Handarbeit, die dem Intellektuellen gar nichts schade, war in jenem Weltkrieg noch nicht im Schwange. Man verlangte die Arbeit nur, weil man sie brauchte. Man arbeitete in Grub ohne romantischen Aufwand, niemand betrachtete Schwielen als Ehrenmale, und des Arbeitsdienstes bayerischer Gymnasiasten im Jahre 1917 gedachte, im Vergleich zu späteren ›Einsätzen‹, noch keine Chronik. Der Herr Domänenpächter bezahlte seinen Gymnasiasten keinen Lohn, sondern ein Sümmchen, das als ›Kleiderabnutzungsgebühr‹ etatisiert war und im Tag vierzig Pfennig betrug. Er ließ sie zwölf Stunden arbeiten und verbreitete das Gerücht, daß die verhungerten Stadtkinder ihre Ferien auf seinem nahrhaften Gute verbrächten.

In Wahrheit verbrachten sie zunächst ihre Schulzeit zwischen den Furchen der Riesenäcker von Grub. Das Kartoffelhacken wurde in Kolonne betrieben. Nicht so schnell, wie der Inspektor das einmal zehn Minuten lang vorgemacht hatte, aber in dem zügigen Tempo, das ein paar miteingeteilte Dorfweiber, vor allem aber eine Rotte von Polinnen, angaben, deren männlicher Anhang auf dem Gut höhere Funktionen ausübte. Unter den weißen Kopftüchern war ein unaufhörliches Keifen und Schwätzen, Streiten und Lachen. Soweit die Mäuler bayerisch sprachen, sorgten sie rasch für die sexuelle Aufklärung, welche Erhards Eltern versäumt hatten. Ab und zu griff sich der Aufseher – Baumeister war sein Titel und eine bessere Stelle in Staltach am Ammersee seine ewige Rede – eine Jüngere ohne Ansehen der Nation und verschwand mit ihr im Wald. Kam die vom Schnauzbart Beglückte wieder übers Feld, ging ein keifendes Kichern über die Weiberhauben wie der Wind über ein Unkrautfeld. Zum Entsetzen blieb Erhard keine Zeit, die Buben waren froh, daß sie mitkamen. Die Weiber hackten und tratschten und machten tadellose Arbeit, kein Hederich blieb stehen. Die Buben kämpften sich vorwärts, hackten Kartoffeln an und hatten doch keine sauberen Reihen. Die Furchen schienen in den Horizont zu reichen, die Minuten unter dem Blau und unter dem Bleigrau des Himmels stillzustehen, nur die halben Stunden konnte man zählen, das Rechnen nach Viertelstunden zermürbte die Hoffnung. Man fühlte sich ein wenig wie ein Neger auf einer Plantage und erinnerte sich wohl, Humanist im Kartoffelfeld, an die geketteten Ackersklaven des alten Cato. Derweil brannte die Sonne auf die bayerische Hochebene, fühlte sich die Erde den Hackenstiel hinauf, und zwischen Himmel und Kartoffelkraut brütete ein neues Glück – Glück der Müdigkeit, der fremden Erde, der langsamen Stunden. Nach der Brotzeit – ein Pferd fuhr die Bierflaschen aus, und auch aus der Flasche Bier zu trinken war eine erlernbare Kunst – zog ein

Friede über die Furchen. Die Weiber wurden stiller, gesprächiger die Buben. Erhard traute sich zurückzubleiben und dem Lachen seinen Lauf zu lassen, das der fromme Bernhard Zoelch mit der ›Nacherzählung‹ (so hießen einst, zu Professor Schmitts Zeiten, die ersten Aufsätze) der ›Lokalbahn‹ von Ludwig Thoma erregte, oder er hörte, hackend und staunend, die Geschichtsvisionen, die ein stiller gelblicher Jude mit Brocken aus Hegel in die Erde grub. Das wäre alles ganz schön gewesen, wenn nur die Flöhe und der Wachtmeister nicht gewesen wären. Statt Ruhe verhieß der abendliche Strohsack neue Stiche. Diese blühten in der Mittagssonne, klebten und juckten im Schweiß, die Arbeitspausen gingen hin in lüsterner und ängstlicher Betrachtung der grausamen Wülste. Mit schweren Drahtrollen bewaffnet zogen die Hilfsdienstler, gleich neben dem Gute, den Treppengiebel des Verwalterhauses im Auge, Draht auf einem Bohnenacker über gekreuzte Bohnenstangen, da scheuerten die Stiche bei jedem Auf und Ab, und man mußte im Tempo bleiben. Mit den Polinnen in Kolonne ging es auf den jungen Kornacker zum Distelnstechen, da führten die Arbeiter an einem Stiel ein gekehltes Messer, die Disteln auszuheben, neuer Anlaß zu weiblicher Nachbarschaft. Mochten sie reden und mit dem Baumeister aus Staltach das Liebesgeschäft betreiben, wären nur die Flohstiche fort. Die aber blieben und rieben, auch in den nassen und kalten Erbsenäckern, wo die Weiber der Akkord stachelte, die Buben hielten mit, doch blieb es bei der Kleiderabnutzungsgebühr. »Der Hund liefert an die Konservenfabrik und spart an uns den Lohn, ich mach langsam!« Das war der Hecker Hans. Und er schmiß noch ein Wort nach: »Kriegsgewinnler, Ausbeuter!« Der gelbe Jude mit den schmalen Händen sagte etwas von Klassenkampf, und das wird alles anders. Neue Worte für Erhard, sie waren doch im vaterländischen Hilfsdienst. »Das Ende des Kapitalistenkrieges ist der Sozialismus«, sagte der Jude.
Diese Siebzehnjährigen sind verschieden alt. Der freundliche

Jude war unerbittlich zeitlos. Aber wie alt war das bleiche Kindergesicht, wie alt waren die blaugeäderten Frauenhände, die ein gewählt sprechender Wilhelmsgymnasiast aus dem schwarzen Lodenumhang streckte? Die Buben saßen auf den Holmen eines Leiterwagens, der sie stieß und wiegte und stieß, eine ganze Wagenkolonne zog durch feuchten Wald zu dem entfernten Moos, wo in torfiger Erde Rüben gesteckt wurden, voran schwankten wieder die bayerischen und polnischen Weiberhauben. Der nasse Tag war ein Fest, festlich die lange Fahrt hinter den nickenden Pferden, der Wald, der stoßende Wagen, der in seinen Leitern und Brettern federte und ächzte, die dämmerige Frühe, die Feuer des Mittags – was empfand der Wilhelmsgymnasiast davon? Er frühstückte in endlosen Erzählungen bei Böttner in der Theatinerstraße, unterschied Hummernarten und Kaviarsorten, kannte Sektmarken und trank selber Sekt, vielleicht schmeckte er jetzt gar nichts von dem Gerstenbrei, den die Weiber im Moos kochten, von dem Brei, der, den Buben zum ehrfürchtigen Schauder, die tägliche und abertägliche Nahrung der bekanntlich ›bedürfnislosen‹ polnischen Wanderarbeiter war.

Langsame Tage, endlose Wochen, ungezählte Stunden. Kartoffeln, Disteln, Bohnen, Erbsen, das zweite Hacken auf den schon bekannten und gefürchteten Kartoffeläckern. Der Samstag erfüllt die Visionen der Woche, Bad, Bett, Puder, frische Wäsche, neues Insektenpulver – das Essen war nun doch schon zu Hause schlechter als auf dem Gut. Im August waren die Eltern in Grainau. Gab es auf der Welt einen schöneren Heimweg als die Straße vom Ostbahnhof in die Pettenkoferstraße, wo Christinas Poliklinik war? Ins Klinikbad, zu Christinas gesparten Süßigkeiten, zu ihren guten Händen und tröstenden Worten, und gab es einen schwereren Weg als den Weg zurück? Die Häuser warfen die grausige Stille des Sonntagnachmittags auf die Straße, an der Ecke der Pettenkoferstraße und der Mathilden-

straße blinkten höhnisch die chirurgischen Instrumente der medizinischen Handlung, viel zu früh, mitten im Nachmittag, ging der Zug, schon zum Mittagessen machte er die ziehende Abschiedsangst, diese Angst der Soldaten. Noch stand der Sonntag, und schon dampfte der Zug über Riem und Feldkirchen der Haltestelle Grub und den Strohsäcken zu. Schon am Ostbahnhof war alles aus, denn auch die Genossen stiegen ein, mit ihnen die Qual erzählter Sonntagsfreuden, die Erhard doch gar nicht wissen will. Sie schieben sich doch nur vor Christinas Bild. Die Buben renommieren, als wären sie Helden unter den Huren am Stachus. Schon schwelt mit der grünen Sinnlichkeit die dumpfe Auflehnung gegen die vaterländische Arbeit, eigentlich haben sie recht, denkt sich Erhard, und doch sind ihm die Reden schrecklich, und Hans Heckers Streikgesicht, der Widerstand, morgen früh das unfrohe, langsame Hinausgehen aus dem Hof, das an seinen Nerven zieht wie die halbe Arbeit, die alles noch schwerer macht. Nun muß er auf dem Acker auch noch um die Arbeit selber kämpfen: man muß sich doch schinden wollen, genießen, hätte Christina gesagt. Das ist das Anstrengendste: dieser Genuß, diese Verteidigung der Arbeit, und sei sie sinnlos, gegen die andern, die da recht haben und doch ganz unrecht, man muß die Arbeit und diesen merkwürdigen Genuß des Leidens sogar gegen sich selbst verteidigen, zum Hacken noch dazu. Ja, warum muß man das, warum nur? Man ist ja im vaterländischen Hilfsdienst, aber das ist es nicht allein. Man muß hacken, wie Christina putzt und Elwina Kinder wikkelt und der Ernst Arabisch lernt. Und jetzt muß Erhard, da unter den Erbsen, auch noch denken, wie er sichs in Worten sage. Man muß alles ganz tun, vielleicht ist es einfach das. Aber er kommt damit nicht zu Ende. Es ist viel anstrengender als die Arbeit selber, von der man soviel Aufhebens macht.
Für den Kavalleriewachtmeister ist es nicht so anstrengend. Er ist ein gemeines Subjekt, und höchstens, denn etwas muß

Erhard ja bewundern, sind seine braunen Wallensteinstiefel – im Hoftheater tragen sie dazu noch schönere Sporen – bewundernswert. Er weckt um vier Uhr mit schweinischen Ausdrükken, beschimpft die feinen Herrchen, weil sie zuviel ›Toilette‹ machen (die seine beschränkt sich aufs Rasieren und den Erfolg der nächtlichen Schnurrbartbinde) und nennt sie doch Schweine. Er schläft in einem Bett. Mittags teilt er die Post aus und macht den Gutshof zum Kasernhof. Wer bei Namensaufruf nicht wie ein Affe um seine Post läuft, wird zurückgeschickt oder um den Misthaufen gejagt. In den Arbeitsstunden ist er nicht zu sehen. Im August holte ihn die Landshuter Ersatzschwadron, die Flüche der Humanisten begleiteten ihn. Sein Nachfolger konnte nur zwei Worte sagen: »Hopp, los.« Darauf ging aber nichts los, der arme Unteroffizier ›Hopplos‹ machte ein trauriges Gesicht. Er trug eine Mütze wie ein Briefträger, das lange, lächerliche Friedensseitengewehr rutschte ihm vor den linken Schenkel. Doch wurde er Erhards Wohltäter, denn er teilte ihn mit Zoelch, dem Thomaspezialisten, zum Absägen von Bohnenstangen ein. Erhard wurde auf dem Holzplatz ein Herr, Bernhard Zoelch sein Gehilfe und Unterhalter. Er liebte hier das Sägen, dem er in Grainau fluchte, die Kolonne und die Polinnen waren jetzt weit, man war allein. Nur sägen, sägen, die Pausen sind Gefahren: Hopplos könnte auf den Gedanken kommen, die Säger abzulösen.

Unter Hopplos konnte man nach Tisch ein wenig schlafen, bevor man mit müden Knien und dürrem Schädel – ach, rann nicht alles Wissen auf die staubige Straße aus? – in die Mittagsglut torkelte, jetzt konnte man tun, was der Wachtmeister nie erlaubt hätte, auf Kosten der ersten Minuten der Nachmittagsarbeit den Kopf im Bierzelt auf die Arme legen, die den Fliegen wehrten: die summten von den Ställen, von den Bierteichen vor der Küche, aus dem Suppenkessel vor dem Haus.

Schließlich war auch Grub zu Ende, die Schule ging an, Bodensteiner kam und fand, daß die Herren gar nichts wüßten, und höhnte über fehlende Vokabeln. Von Grub redete niemand, und daß wir uns geschunden haben, sagt Hans Hecker, aber die zahlen uns fürs Streben ja auch nichts, und einer sagt so, daß es der Bodensteiner hört: »Das ist der Dank des Vaterlandes«, worauf der Bodensteiner, dieser zornwütige Bildungsaristokrat, schweigt, er wischt sich nur mit dem Taschentuch über den bösen gescheiten Mund.

Dann lehrt er, der Altphilolog und Archäolog, Geschichte. Er tut es nicht sehr menschlich, er fordert Zahlen und die Einzelheiten, die auch Stichs Lehrbuch für die höheren Lehranstalten Bayerns fordert, jetzt, in der siebenten Klasse, ist das Mittelalter dran, bearbeitet von Michael Doeberl. Bodensteiner kämpft zornig gegen die Unwissenheit, das ist seine ganze Methode, und Erhard wird immer noch zorniger als der Bodensteiner, und lernt und lernt. Man kann aus Interesse lernen und man kann lernen, weil man in einer Sache ein Gelehrter werden will. Es gibt Leute, die sich für Geschichte interessieren, aber zu denen gehörte er nicht; sondern es ist ein wütender Kampf: das ganze Buch muß in den Kopf hinein, hintereinander erst und dann nebeneinander, dafür legt er sich auf riesigen Bogen Tabellen an: was war in Bulgarien los, in England, in Spanien, zur Zeit, da Heinrich der Vierte nach Canossa ging? Er zeichnet Karten, die Normannenzüge nach Island, nach Winland, ins Mittelmeer: wer war Raimund von Alife? Man muß mehr wissen als im Doeberl steht, er kauft sich für zwanzig Mark Schlossers Weltgeschichte, neunzehn Bände, o weh, nur die Ausgabe für das deutsche Volk, nun, es genügt, es ist zu viel und ganz veraltet; so stürmt er durch Droysens Alexander, in Nächten und Nächten durch Mommsens Römische Geschichte. Interesse für Geschichte? Nein, Haß und wahnsinnige Liebe, zu was? Zum Wissen, zu einer begrenzteren und klareren Gelehrsamkeit als in der Mythologie, die aus dem Pauly-Wissowa zu er-

raffen war. Schon kann man sich als Gelehrter fühlen, aber ach, nicht einmal das Doeberlwissen hält sich im Kopfe, dieses banale Pensum, das die andern auch lernen – du möchtest studieren, gar forschen und mußt lernen. Das Buch geht aus dem Leim, es ist zu oft an die Wand geflogen. Auswendig gelernt die Tabelle! Abgefragt die Karte! Wiederholt das Buch! ›Rüstzeug‹ nennt das der Bodensteiner und knallt mit der Peitsche. Aber längst hat sich Erhard die Sporen gegeben. Der Bodensteiner, ein wenig freier jetzt, zeigt Zusammenhänge, er führt die Geschichtswiederholungen ein, die er mit dem Historiker Joachimsen bearbeitet hat, sinnvolle Fragen, gehämmerte Antworten. Und dann fällt das Zauberwort: Quellen. Urkunden. Korrektur des Livius aus den Inschriften. Ein Sturm wissenschaftlicher Arbeit wird losbrechen, hoffentlich.
Der Sturm rast gegen Wände: die Mathematik frißt Zeit. Geh auf die Post, lies den Heeresbericht, daß das auch Geschichte ist, merkt Erhard nicht. Während man gräbt, rutscht die alte Arbeit wieder ein, das Gedächtnis ist ein elendes Sieb. »Sei nicht so zerstreut«, sagt Christina. Ach ja, über der Geschichtsplage hab ich den Chor vergessen. Wenn ich lauf, komm ich noch hin. Der Bahnhofplatz ist wieder einmal versperrt, in Kesseln brodelt Teer, Granitsteine sind gestapelt, dort gießen sie schon aus Schnabeltöpfen den kochenden Teer in die sandigen Ritzen zwischen den Steinen. Außen herum. Soll man so laufen? Rinnt einem dabei nicht der ganze Doeberl aus dem Kopf, ist nicht jede jähe Bewegung eine Niederlage für das Gedächtnis? Und jetzt läufst du ja doch, und memorierst gar noch im Traben, aber das hält niemand aus, da ist nur wie immer beim Laufen, Veilchenblau und Dunkelbraun im inneren Auge, wie einst, wie einst auf der Treppe daheim. Bald kommt das Seitenstechen, aber lauf, es ist jetzt einmal gleich, ob du mit dem linken oder mit dem rechten Fuß vom Randstein kommst, willst noch recht zum Chor kommen, der Tenor ist so schwach besetzt, von den milbigen Ge-

sichtern mit den Pickeln und verlorenen Stoppeln. Dieses Leben im Spätherbst 1917 ist ein Jagen oder ein Warten. Der Aufsatz über den Wallenstein möchte zu einer Wallensteinforschung werden, wieder muß die Staatsbibliothek helfen, die Beamten in der Ausleihe sind unfreundlich, sie finden das Unternehmen wohl unnötig. Erst der Abend gibt Frieden, und Erhard ist einig mit Mama. Sie liegt auf dem Sofa und bekommt Klopstocks Messias vorgelesen, bis sie ihn denn doch langweilig finden.

›Er kommt noch, nein, er kommt doch nicht mehr. Es hat doch keinen Sinn, immer wieder zu horchen, erspar doch der Seele die Blamage, gar noch einmal vor die Wohnungstür zu gehen und in das zugige, ölige Stiegenhaus hinunterzuspähen. Geh nicht mehr auf das Balkönchen, such die Luisenstraße nicht immer noch einmal ab, es hat keinen Zweck, er kommt nicht mehr.‹ Hat Romeo auf Julia gewartet wie Erhard auf Hermann Schoch wartet? Um drei Uhr sollte er kommen. Alles ist gerichtet, der Flügel offen, der Bogen geschmiert, zu oft schon, doch auch das Kolophonium, mit gespielter Lässigkeit aufgetragen, zaubert den Freund nicht her. Die Noten sind aufgeschlagen, das Programm war ausgemacht, Mozartsonaten, mit Nummer vier e-moll wollten sie beginnen, dann eins A-dur, fünf B-dur, vielleicht noch Nummer sechzehn, die neue, in Es. Warum kommt er nicht, es ist jetzt halb fünf, Mama zieht den Stecker aus dem Wasserkocher, jetzt müßte ja schon die Teepause sein, nach zwei Sonaten.
Warum kommt er nicht? Gerade heute nicht? Jeden Tag, morgen schon, könnte man mit Gleichmut umdenken. Aber heute, an diesem Tag, diesem Tropfen Ewigkeit (aber morgen wäre wieder so ein Heute, und jeder Tag die Ewigkeit, bis die Jugend vorbei ist). Gerade heute waren die Aufgaben so passend zusammengedrängt, keine Turnspiele, und Mama willig, den Tee zu geben, sie hatte auch Weißbrotmarken gestiftet, und Papa

hatte aufmunternd gesagt, man hört ja keinen Ton mehr. Heute hat man Mozart nötig und Hermann. Jetzt ist es fünf Uhr, entschließe dich, geh in dein Zimmer, das Klavier mag offen bleiben, zwing dich zum Lesen und schlag die Hoffnung tot, sonst stirbt sie. Es läutet, da ist Hermann. Er entschuldigt sich, macht doch gar nichts, schnell Tee, dann kleineres Programm, Nummer fünfzehn also. Es war aber zu lang gewartet. Gleich die Doppelgriffe des Largos sind unrein. Erhard orakelt: wenn das Allegro schlecht wird, ist dieser Tag verloren, ist diese Ewigkeit dahin. Gleich das fliegende Stakkato wackelt, ›leggiero‹ steht darunter, wie zum Hohn. Jetzt ist das Spiel nur mehr ein wütendes Geholze, Hermann strauchelt gar beim Umblättern, geht nicht besonders gut, sagt er und lächelt wie unbeteiligt. Papa kommt und meint, dieses Stück sei wohl sehr schwer. Ein Todesurteil. Es ist wirklich schwer. Und manchmal ist es ganz leicht. Hermanns Läufe laufen, das Stakkato knistert, die langen Töne schwingen und tragen Erhards Dank vor Gottes Thron. Papa sagt leise Bravo.

Bald kommt Weihnachten, ein neuer Rübenwinter geht an. Erhard beginnt zu stehlen und schämt sich des kindlichen Naschens. Es ist so entehrend, aus dem Brotkasten in der Küche ein Stück Brot zu holen, auf Kosten der Familie und zum Schaden von Mamas mühsamer Einteilung, und aus dem kleinen Büfett eine Lage Staubzucker oder, ungünstigerenfalls, einen Löffel Senf als Aufstrich. Darauf kommt noch Salz, dann gibt es Wasser aus dem Badehahn, es muß alles schnell gehen und ist so entehrend.

Erhard hat ein Riesenpaket und fährt mit dem Neuner in einen fernen Stadtteil, in ein fernes Land, hinaus, dahin, wo die Planken um die Bauplätze stehen, wo die Feuermauern über die freien Bauplätze trauern. Oh, diese Feuermauern! Da ist die Stadt zu Ende, aber sie will gar nicht zu Ende sein, sie ist es nun gerade an dieser Mauer, sie hat schon die Löcher für die Balken, viele Stunden könnte der Blick auf diesen Mauern wandern, von Stein zu Stein und wieder auf dem Stein verweilen, und wieder auf dem andern, da überall, da oben in dieser Mörtelritze und in jener, ist ein kleiner Weltmittelpunkt, oder der Mittelpunkt einer ganz kleinen Welt, und all diese Welten heißen Verlassenheit, Zufall, Wind, armes Leben. Das sind auch die Namen der Straßen, durch die er jetzt irrt, da gehen arme Frauen und müde Männer, es ist eine einzige weinende Fremde unter diesen Straßenlaternen, jede vierte brennt nur wegen der Kohlennot, vor diesen kalten und doch verschwitzten Hausgängen, jetzt schaudert Erhard unter einer Unterführung. Immer hastiger geht er in den unwahrscheinlichen Straßen. Man glaubt nicht, wie schwer es ist, am frühen Weihnachtsabend einem fremden Kind ein Paket mit schönen Sachen zu schenken. Niemand will schöne Sachen. Es sind gar keine Kinder da. Endlich kommt eines. Es sieht gar nicht arm aus, aber darauf kommt es nicht so an, auf das Wunder kommt es an. Jetzt Mut gefaßt. Erhard stößt dem Kind, das erschrickt, das Paket vor die Brust und rast von dannen, trabt irre durch die irren Straßen – einmal wird schon eine Haltestelle kommen, die verrät, wo man ist.

Aus der Paketfahrt am Weihnachtsabend wurde ein Gelübde. Natürlich ging die ganze Geschichte auf ein rührendes Lesestück zurück, es gab ja viele solche Weihnachtsgeschichten, einsame Männer schauen von der Straße in Weihnachtszimmer und werden dann irgendwie doch eingeladen, oder reiche Leute kommen nach Verwicklungen in die Dachstube, wo man alt und krank und arm ist, und verbreiten den Lichtschein ihrer Weihnachtsgüte. Erhards Geschichte war wohl besser und stammte aus der Zeit, da er eben gelernt hatte zu lesen. Da war etwas Unvergeßliches erzählt. Aus dunkler Nacht schaut jemand in ein erleuchtetes Zimmer, in eine Dachstube. Erleuchtete Zimmer, in die man von außen durch das Fenster schaut, haben etwas merkwürdig Verklärtes, als könnte es in solchen

Zimmern nie einen Streit geben, nur Ordnung und Innigkeit. Diese herrschten auch in der Geschichte und in der Dachstube des armen Schusters, wo, wie ausdrücklich bemerkt war, die Biersuppe aus Dünnbier bereitet war. Die Geschichte mußte in Norddeutschland spielen, denn in München gab es vor dem Krieg kein Dünnbier und niemals Biersuppe, das gab der Geschichte exotischen Reiz und erhöhte Glaubwürdigkeit. Am Schluß kamen Leute und brachten ein überraschendes Paket. In der Geschichte kam öfters das Wort ›gestrige‹ vor, das Erhard auf der zweiten Silbe betonte und mit einem Kamm und Striegeln in Verbindung brachte. Ein Scheitel erglänzte im Schein des Gaslichts, sooft das Wort erschien. Aber das war eine sehr alte Geschichte. Jetzt las man den Schüdderump und den Hungerpastor, noch immer auf Ludwig Kemmers Spuren. Da waren denn die Armen, die man von der Kohlenkontrolle kannte.

Jetzt ist die stille, geborgene Weihnachtszeit vorbei, die Schule geht an mit Königs Geburtstag am siebten Januar, er wird ohne Lust gefeiert und gar der Geburtstag des Kaisers, am 27. Januar gerade noch beachtet, ohne daß Unterricht ausfiele. Der Februar kommt, den der Papa seinen Lieblingsmonat nennt, und wie jedes Jahr sagt er, jetzt traufen die Dachrinnen und die Wässer laufen. Es muß doch Frühling werden, sagt Mama und belächelt ihre poetische Anwandlung. Und dann kommt der März: Offensive im Westen. Es geht auf, die Abwässer rinnen, zu Papas Freude. Er geht auf, der Stellungskrieg. Der deutsche Soldat steigt aus dem Graben, schreiben die Zeitungen. Es ist wie 1914, auch das schreiben sie. Es ist ja auch etwas wie eine Begeisterung, die Seelen möchten sich befreit vorkommen nach der Qual des Grabenkrieges. Aber redet nicht zuviel, schreibt nicht zuviel. Papa schaut furchtbar ernst aus seiner Zeitung auf. 1914? Da war die Marneschlacht. Die Journalisten, die Zeitungsschreiber, sagt der Vater, schreiben viel, der Vater mag sie nicht. Erhard läuft mit der Offensive herum. Es ist gar nicht wie 1914. Man fühlt, die Gymnasiasten in ihrer siebten Klasse fühlen, was die Erwachsenen nicht so sagen: da ist etwas Letztes, letzte Karte, letzte Hoffnung. Wann war es eigentlich, daß es umgeschlagen ist, vom Sieg, von der Unbesieglichkeit zum Durchhalten? Wann ist diese Sicherheit, dieser Bubenglaube, den man hatte, da man ja von 1870 wußte und lang genug die Bleisoldaten mit den blauen Hosen über die Rothosen hatte siegen lassen, wann ist sie von sich selber abgefallen? So daß man herumging und sich ganz neu vorkam, wie in einem neuen Anzug, mit diesem Durchhalten, mit diesem ganz neuen Gedanken: wir sind zwar die Deutschen, wir sind auf der richtigen Seite, aber wir könnten also den Krieg verlieren. Die Jünglinge wußten es, früher als der Erzberger, der dann die Friedensresolution machte, der Vater wäre vielleicht dafür gewesen, aber er war auch wieder für den Frieden von Brest-Litowsk. Aber niemand fragte diese Jünglinge und niemand hörte auf den Albrecht, der sagte, alle Schlachten seien nicht so wichtig wie der Sieg der Bolschewiken im Oktober, und da und nirgends sonst geschehe die Weltgeschichte. Jetzt aber stieg, unter der Glocke der Artillerieschlacht, der deutsche Soldat aus dem Graben, um die Zeit zu besiegen. Die Soldaten, die ins Haus kamen, sagten: alles, nur nicht wieder Stellungskrieg. Nur nicht wieder Graben, Draht, Mine, Graben. Eine Erstarrung löst sich. Man liest den Heeresbericht wieder genau. Wie 1914. Das Leben geht weiter, ernst das Leben, heiter die Kunst. Aber es geht vielleicht nicht gut aus. Vielleicht ist Gott doch nicht der Gott, der macht, daß die Sachen gut ausgehen. Man müßte endlich wieder so genau über Gott nachdenken wie vor der Konfirmation. Wie leicht man verschlampt. Vielleicht ist alles ganz anders, der Hecker hat es gesagt, vielleicht ist es doch nicht so, daß alle Angst einschläft in der eigenen Gutheit und weil die Eltern und Christina und Elwina und die Freunde geliebt sind. In

Christi Wunden schlaf ich ein, die machen mich von Sünden rein – das sollten wir für das Totenbett lernen, und den Heumann haben wir noch immer. Aber ist es denn wahr? Werden wir denn einschlafen, und in einem Bett? Oder Christo nachgekreuzigt werden, und die Märtyrer, ja die Märtyrer, sind die ein Geschichtsthema, aber warum sollten solche Zeiten vorbei sein, warum wir nicht gefoltert werden, in einem Asphaltkessel verbrennen, ja warum nicht? – da war Erhard in der Amalienstraße, gerade unter Mamas Jugendwohnung. Fühlt ihr die Wundmale nicht, du auch nicht, Oswalt, du frommer?

Das Leben geht weiter. Die Mathematik wird schwerer. Beim Bodensteiner heben noch immer die Achäer die Hände zum lecker bereiteten Mahle. Auch lesen sie den Tell. Mama sagt noch immer, wenn sie von ihrem früheren Theaterabonnement spricht: was tut man, wenn einen der Wilhelm Tell trifft? Das Abonnement, Balkonloge Nummer zwei, ist aufgegeben. Erhard geht auf eigene Faust, vom Taschengeld, dritter Rang, gleich unter der Galerie.

Heute geht er, nicht zum erstenmal, in die Zauberflöte.

Aber das ist gar nicht so einfach. Um sieben Uhr geht sie an, um fünf Uhr ist Dienst. Dienst des Jungsturmregiments in der Türkenkaserne. Immer fällt ihnen etwas Neues ein. Der Jungsturm geht jetzt schon fast ein Jahr. Seitdem ist der Wehrkraftverein vom Jungsturmregiment ersetzt, die Sportkappe durch eine schneidige militärische Schirmmütze mit einem ledernen Sturmband, man trägt sie schon mit dem verwegenen Kniff links vorn, der als Merkmal des Frontsoldaten gilt. Statt dem Stab vom Zug acht gibt es jetzt das Gewehr, Modell 88. Die Kolben stoßen auf die Fliesen der Exerzierhalle. Die Schlösser knacken im Laden und Sichern, es werden ›Wendungen mit Gewehr‹ geübt. »Kolben besser mitnehmen!«, der einarmige, schneidige Hauptmann sagt es ruhig und immer wieder, vornehm und ohne Geschrei wird hier kommandiert. Ganz schön

eigentlich, diese ruhigen Bewegungen im Ledergeruch der Kaserne, aber komm ich recht ins Theater? Entweder rechtzeitig oder gar nicht, die Ouvertüre ist das Wichtigste. Man muß sich noch umziehen, an Mama vorbeischleichen, weil sie einen sonst zum Essen zwingt, dann kommt man zu spät.
»Ganze Abteilung kehrt! Rührt euch! Gewehre abgeben! Kammer auf!« Das Schloß klappert und reibt an der rechten Wade. Endlich: »Wegtreten!«
Erhard kommt noch gut zur rechten Zeit. Er bremst den fliegenden Atem in der Theatertrambahn. Türgläser und Fenster sind jetzt blau, der Fliegergefahr wegen. Die Türen des Wagens sind geschlossen zu halten. Nächste Haltestelle Hoftheater. Alles steigt aus.
Die Seitentreppe, über die man auf den dritten Rang kommt, ist steinern und kühl, schmal gewendelt wie eine Turmstiege. An der weißen Wand flackern, in hohen Glasstürzen, die Kerzen, denn Intendanz und Feuerpolizei trauen dem elektrischen Licht nicht allein. Wie schön ist die Seele bei sich in dieser weißen Treppenspinne – Erhard denkt an Stahlstiche aus seinen alten Büchern, in Hauffs Werken, die Stiege ist wie die Hinterstiege eines Zauberschlosses.
Unter der goldenen Traube des Kronleuchters füllen sich Parkett und Ränge. Die Zeit ist vorbei, da die Edelsteine auf den weißen Handschuhen funkelten. Straßenanzüge genieren sich nicht mehr im Königlichen Hoftheater. Die Königsloge scheint leer zu sein. Doch unter ihr, auf der Galerie noble, schieben die Logendiener dem Gast noch immer den Lehnstuhl unter, diese alten, guten, festlichen Männer im hellblauen Frack mit silbernen Knöpfen, Hofbeamte im Dienst, Dreiquartelprivatier daheim. Für sie gibt es noch nichts Neues im Königlichen Hoftheater. Es sind noch fünf Minuten bis sieben Uhr; über dem Rahmen der Bühne zeigt die Uhr die Zeit mit goldenen Zeigern auf weißem Zifferblatt. Der Zwischenvorhang ist noch

unten: Guido Renis Aurora. Der Triumphwagen des Helios fliegt, Blumen streuend, Aurora voran, den Wagen und die Rosse begleiten Charitinnen und verheißen Takte und Töne. Noch werden Celli abgewischt, schon perlen Flötenläufe. Da schwebt der Phoebusvorhang nach oben, die Uhr rückt auf sieben, jetzt wallt das Rot des inneren Vorhangs, goldene Kränze besticken, jeder um ein L gerundet, das Gehänge. Fernes Klingeln, halbes Licht, Logentüren klappen. Volle Dunkelheit, noch immer gehen Türen, schicken Strahlen profanen Lichts. Nun, die Gewehre sind abgegeben. Da klopft ein Stab, wie dünn muß er sein. Das Adagio der Fanfare steigt im Dreiklang aufwärts, die Posaunen herrschen. »Blech gickst leicht«, sagt Hermann Schoch immer, aber die Terzen und Sexten kommen ganz rein, wenn man auch ein wenig besorgt bleibt. Einsam führen die Violinen mit einer süßen Triole zu einem Thema hinab, es klagt und spannt mit seinen Sforzati die Erwartung. Nur nicht weinen! Schales Licht schmiegt sich aus dem Orchester vom Pult des Dirigenten (Hugo Röhr heute) in die Falten des Vorhangs hinauf, brandet mild an die Säulen des Proszeniums, ruht sich aus auf dem Polsterrot der Ränge. Noch für einen Herzschlag hält das Adagio der Fanfare. Jetzt, von rechts, von den zweiten Violinen, tröpfelt im Allegro das Thema der Ouvertüre. Schon ist es nach links zu den ersten Geigen gesprungen, die Bratschen und Fagotte nehmen es auf, die Bässe empfangen es. Das Thema tropft jetzt schnell und ein wenig scharf, so wie es bei den Streichern ist. Die Fuge beruhigt sich in geistreicher Festlichkeit: gute Viertel, Synkopen, Sechzehntel, Achtel sind übereinander gebaut wie die Glieder eines Turms aus Silber. Jetzt tickt wieder die Fuge, die Sforzati der Geigen sind geheilt im aufsteigenden und absteigenden Flötenwind, Flöten und Oboen blasen sich ihre Läufe zu, unter ihnen geht das Thema majestätisch seinen leichten Schritt. Gläsern huscht der Geist durch das Theater, Gottes Geist im Gesetz der Fuge.

Die Schlußkadenz triumphiert und schweigt. Noch einmal Fanfare im Adagio, ohne Streicher jetzt und ohne Pauken, noch feiner, noch silberner. Noch einmal schicken die Violinen sich in den schnellen Lauf, zart, wie ein wenig ermüdet, moll. Das Filigran der Durchführung schlingt sich durch die Tonarten. Das Auge hat sich an die Dunkelheit gewöhnt, Gesichter werden deutlich. Das Auge wandert, indes die Fuge weiterschreitet – was ist da drüben für ein dummes Gesicht, unberührt, Kerl, paß auf. ›Horaz in der Lederhosn‹, warum fällt mir der Titel ein, ein unwitziges Buch, in allen Übungsbüchern hinten bei den Verlagsannoncen angekündigt, Verlag Buchner, Bamberg. Da unten ist auch einer nicht dabei – wie du selbst, mein Lieber. Das Orchester strahlt in der zweiten Schlußkadenz. Beifall nach der Ouvertüre, Röhr verbeugt sich, man sieht es undeutlich.

Introduktion. Der Vorhang wird unruhig, er trennt sich. ›Zu Hilfe! Zu Hilfe! Sonst bin ich verloren ... Schon nahet sie sich, schon nahet sie sich.‹ Erb-Tamino, im seidenen Mantel, weht von links auf die Felsenbühne, verfolgt von einer greulichen Schlange mit rotglühenden Augen. Da Erhard links sitzt, kann er fast nichts sehen, jetzt hört er die silbernen Speere klappern, die drei Damen nach der Schlange geworfen haben. ›Ein holder Jüngling, sanft und schön.‹ Wer darf ihn bewachen, indes die andern ihrer Herrin, der Königin der Nacht, berichten? ›Ich ... Ich ... Ich ...‹ Terzett, Fuge, Terzett. Die Damen waren in schwarze Schleier gehüllt, erst nach der Rettungstat hoben sie die Visiere. Die Arme blühen weiß. Die Damen gehen ab, schade.

Warum nur die Zauberflöte keine Rezitative hat? Auch diese Frage hat Erhard vom Hermann Schoch, der mehr weiß, auch in der Musik. Jedenfalls sind diese Sprechstellen peinlich. ›Wo bin ich?‹ und: ›Darum nennt man mich Prinz‹, da ist dann Papageno eine Erfrischung: ›Der Vogelfänger bin ich ja ... Die, welche mir am liebsten wär', der gäb ich gleich den Zucker her.‹ So behende Herr Brodersen die Silben durch die Läufe gehechelt hat, so hurtig hopst er um die Bühne und bläst nicht ganz reine Tonleitern auf seiner Panflöte. Er hat ›Riesenkraft‹ und Angst vor Tamino, und lügt, daß er die Schlange getötet, und bekommt von den Damen ein Schloß vor den Mund, Tamino aber hält Paminens Bild in Händen, zur großen Arie bereit. Die Streicher rauschen wie ein Meer. Als ein Vogel schwebt über ihm Taminos Stimme. ›Dies Bildnis ist bezaubernd schön, wie noch kein Auge je gesehn.‹ Papageno ist vergessen, auch Tamino. Nur Mozart ist da, und die Liebe, ein Bildnis. ›Dies Etwas kann ich zwar nicht nennen... Soll die Empfindung Liebe sein? Ja, ja, die Liebe ists allein.‹ ›O wenn ich sie nur finden könnte, o wenn sie doch schon vor mir stände! ... Was würde ich? ... Und ewig wäre sie dann mein.‹ Erhard begreift nicht so recht, was eigentlich vorgeht: daß also Tamino Pamina errettet aus Sarastros Banden, der aber dann doch gut ist, und Paminens Mutter, die sternflammende Königin der Nacht, schlecht! Aber er begreift auch nicht, was die Leute gegen die Mozartopern haben. Es ist ja wahr, der Text ist stellenweise blöd: ›Ihr, in dem Weisheitstempel eingeweihten Diener der großen Osiris und Isis! Mit reiner Seele erklär' ich euch, daß unsere heutige Versammlung eine der wichtigsten unserer Zeit ist‹ – Heutige Versammlung! Papa ist zweiter Vorsitzender im Verein Deutscher Ingenieure.

»Diese Opern sind ganz unnatürlich«, sagt Albrecht. Man kann stundenlang mit ihm streiten. »Neulich war ich im Don Juan« (Albrecht spricht ihn so affektiert korrekt spanisch aus, in München ist er, wie fast alle Fremdwörter, ein Franzose), »zum Schluß geht er mit einer wunderschönen Musik zum Teufel.« Als ob Musik je unschön sein dürfte, ach, wie erklär' ichs, das ist ja gerade das Große am Mozart, daß er immer das Maß hält... So unaufmerksam ist Erhard und sieht sich mit dem Albrecht

streiten, in der Lindwurmstraße, kurz vor dem Goetheplatz. »Fürs Maß müßtest du doch Verständnis haben, mit deinem aristokratischen Getue«, wirft er dem Albrecht noch giftig nach. Indessen hatte der Mohr Monostatos mit Ketten und Koloraturen gerasselt, aber so schön und süß der Marsch auch ist, mit dem die drei Knaben Tamino vor Sarastros Palast entlassen ... ›doch mußt du, Jüngling, männlich siegen, drum höre unsere Lehre an: sei standhaft (Pause), duldsam (Pause) und verschwiegen‹... Erhard kommt nicht vom Streiten los, jetzt mit Hermann, der den Wagner mag, obwohl er doch sein Freund ist. »Da ist kein Fortgang, keine Dramatik, läppisch diese ewigen Schlüsse.« »Gottlob, das ganze Leben geht doch fort, sei doch froh, wenn etwas endlich, endlich verweilt. Die Handlung, ach, die trägt man über die Bühne, Stück für Stück, das ist freilich unvollkommen und gibt kein Musikdrama. An den Stationen sind die Arien, die haben keinen Sinn, sagst du, ach, die tragen doch den Sinn der ganzen Welt auf einmal in sich. Die Wiederholungen sind unnatürlich? Ihr mit eurer Natur! Die Wiederholungen müssen doch sein, mit ihnen macht man das Verweilen, das Ruhen, dann ist das Ganze da: Bildnis, Herz, Liebe. Es kommt auf die Substantive an. Bei eurem Wagner sollen es die Verba machen.« Es ist so schwer zu sagen.
Jetzt ist Erhard wieder dabei. Taminos Flöte lockt und zaubert. Äffchen tanzen nach seiner Flöte und liebe, zahme Löwen, man ist ja in Schikaneders Maschinenoper, und es öffnet sich Sarastros Schloß. Paminens Stimme – ›Bei Männern, welche Liebe fühlen‹ – und Elisabeth Feuge singt mit Brodersen: ›Wir wollen uns der Liebe freun, wir leben durch die Lieb' allein.‹
Paminens Stimme schwebt ins Dunkle. Ist da doch eine Mühe, ein hoher Ton gepreßt, eine kleine Trübung im klaren Wasser des Soprans? Amiens. Ein schöner Name, man könnte ihn singen, er hakt sich in die süßen Worte, flicht sich in die Kette der Töne. Amiens.

›Die Lieb' versüßet jede Plage, ihr opfert jede Kreatur‹ – der Feind organisiert stärkeren Widerstand bei Amiens, die graben sich wieder ein, ob sich die Sache nicht totläuft. Wir haben Transporte, sagt Christina, bei Berg am Laim stehen die Lazarettzüge, Rotes Kreuz, Rotes Kreuz, Rotes Kreuz . . . Tamino hat Pamina entführt, doch der Mohr war schnell, die Liebe stachelt seinen amtlichen Eifer. Die Liebenden stehen gefangen, beschämt vor Sarastro, und Erhard hat den Anschluß wieder: ›Zur Liebe will ich dich nicht zwingen, doch geb' ich dir die Freiheit nicht.‹
Es wird hell, das Haus leert sich zur Pause. Sie geht am schnellsten vorbei, wenn man sitzenbleibt oder die Treppen auf und ab läuft, nur nicht ins Foyer, wo sich die Leute um die Bierflaschen drängeln. Die Pause vergeht, wie auch die vielen ärgerlichen Verwandlungen und Papagenos Witze und Herrn Brodersens Dreingaben: ›Mein Herr, mischen Sie sich nicht in meine Familienangelegenheiten!‹ – denn inzwischen ist ja Papagena erschienen, sie ist aber noch ›achtzig Jahr und zwei Minuten‹.
›O Isis und Osiris, schenket der Weisheit Geist dem neuen Paar . . .‹ Still orgelt der Chor der Männer. Es ist oft dunkel auf der Bühne, es gibt Scherereien mit Papageno, doch ›steht er auf, sammelt sich und ist ein Mann‹. Unter Blitz und Donner drückt die Königin der Nacht ihrer Tochter den Mordstahl für Sarastro in die Hand – bei einer wunderschönen Musik, würde Albrecht sagen. Doch:

›In diesen heil'gen Hallen kennt man die Rache nicht,
Und ist ein Mensch gefallen, führt Liebe ihn zur Pflicht.‹

Über Erhards Platz ist ein Licht auf der roten Seidentapete – dieses Rot, ausgegossen in den weiten Raum, ist hier vom kleinen Lichte versammelt zu einer inneren Welt im dritten Rang, zu einer kleinen Wandwelt, die Erhard gehört wie draußen die Stiegenwelt. Von hier ziehen, auf Tönen reitend, gute Gedanken, Plan, Vorsatz, guter Wille hinaus über die Ränge und kehren mit dem Bühnenwind zurück zur Einigkeit mit sich selbst: ›Dann wandelt er an Freundes Hand

Vergnügt und froh ins bessere Land ...‹

Löwen ducken sich unter Taminos Flöte, Äffchen tanzen nach dem Glockenspiel (er Narr vergaß der Zauberdinge), Pamina steht verlassen, zart und schön, so recht aufgestellt für ihren Gesang: ›Ach, ich fühls, es ist verschwunden,

Ewig hin der Liebe Glück ...‹ – –

Da tickt es wieder unter den weiten Bögen von Paminens Trauer: Amiens, Amiens, stärkerer Widerstand bei Amiens – Rotes Kreuz, schwere Fälle ... von Amiens ...

Bis Wasser gießt und Feuer rauscht und die Zauberflöte den Wandelnden den Weg bewährter Liebe weist. Bis Papagena achtzehnjährig aus dem Baum springt und Papageno vom Strick erlöst, um ihn gleich in die geschwindesten Duetti zu verwickeln. Und dann rasch hinaus aus dem Glanz des Finales. Erhard hat keinen Mantel mit, trabt, Hände in den Taschen, durch die Perusastraße, die Theatertrambahn fährt ihm vor, verdunkelt, doch gibt es keine Flieger. Am Himmel thront noch die Königin der Nacht, noch stehen schnurgerade Sternstraßen am Himmel, aus Pasettis Dekoration, im kalten Licht über blauem Schleiermantel funkelt Maria Ivogüns Monddiadem. Ihre Stimme steigt herab. Violinen empfangen sie wie sanft gereckte Hände:

›O zittre nicht, mein lieber Sohn!
Du bist unschuldig, weise, fromm ...‹

Und, von Oboen überblüht:

›Durch sie ging all mein Glück verloren,
Ein Bösewicht entfloh mit ihr ...‹

Erhard ist schon an der Basilika, bis zur Haustür muß er mit den Schlußkoloraturen noch fertig werden – sie verblassen sofort, wenn man gesprochen hat.

Im Eßzimmer sitzen die Eltern, wie sie jetzt immer sitzen, im dicken Tabakrauch, der Vater an der Zeitung, die Mutter am Flickkorb über der weiß-blau gestickten Tischdecke.

»Wie wars?« Diese Frage muß man immer aushalten. »Ich hab' dir auch noch Essen aufgehoben, Rüben, leider.«

Christina ist heute zu Haus. Sie geht um die Eltern herum und holt die Rüben, ohne Kartoffeln. Wie müde die Eltern aussehen, so viel älter. Papa klopft seine Pfeife aus. Christina schließlich geht mit Erhard noch in die Küche. Da können sie singen, und freudig fällt Christina ein:

»Bei Männern, welche Liebe fühlen,
Fehlt auch ein gutes Herze nicht.«
»Die süßen Triebe mitzufühlen
Ist dann der Weiber erste Pflicht.«

Und miteinander, einander an den Händen:

»Wir wollen uns der Liebe freun,
Wir leben durch die Lieb' allein.«

Vierzehntes Kapitel

CHRISTINA UND ELWINA II

Albrecht war wieder nicht von der Zeitungsauslage wegzubringen. Er stand vor dem dunklen Papierlädchen auf der rechten Seite der Goethestraße und las. Er las wie alle Hochbegabten lesen, genau und mit überlegener Unaufmerksamkeit. Erhard kochte, aber schon matt, der Magen hing ihm hinunter, nach fünf Schulstunden, die schwere Mappe zog, der Atlas. »Ich wünsche jetzt endlich weiterzugehen.« Albrecht blieb freundlich. »Einen Augenblick«, und las wieder. Endlich trabten sie über den Bahnhofplatz. Erhard hellauf kochend, Albrecht im Nachdenken, beim Tietz sagte er »Unsinn«. Er war heute besonders unausstehlich und unbeeinflußbar, und Erhards Zorn war schon stundenalt. Albrecht hatte einen peinlichen Krach verursacht in der Physik. Er rechnete nach irgendwelchen

Unterlagen die Bevölkerungsbewegung der Neger in Amerika seit der Sklavenbefreiung nach. Es mußte doch klar sein, daß der Professor sich entschlossen hatte, sein Eigenstes zu geben. Der Albrecht hatte ihm mit seinen Negern alles verdorben, wie ein gemeiner Pennäler unter der Bank, ein ganz gewöhnlicher Pennäler, ja, das sei er, bei aller seiner Gescheitheit, Siebengescheitheit, Altklugheit.

Im Juli war die siebente Klasse wieder aus, diese gute Klasse von Ernst Bodensteiner, und über dem Gymnasium wurde es grau wie über Deutschland. Der Krieg war verloren, aber der Krieg ging noch weiter und so auch das Leben und die Schule. Vorläufig wurde sie ja geschlossen, weil die großen Ferien kamen, und das Gesetz über den vaterländischen Hilfsdienst trat wieder in Kraft – nicht gerade für alle, aber »immer die selben«, so sagte Mama, gingen wieder in die Landwirtschaft, diesmal in eine schönere Gegend, nach Niederpöcking bei Starnberg. Die vereinigten Güter Niederpöcking am See, der Schmalzhof landeinwärts und der Maxhof ganz im Westen gehörten einem Kriegsgewinnler, einem Nagelfabrikanten aus Iserlohn, der das Volk, zu dem die Gymnasiasten sich mit Genuß rechneten, in diesem Juli 1918 durch anhaltendes und übrigens schlechtes Reiten ärgerte – Erhard mußte schon sehr wütend sein, wenn er einem Menschen etwas übelnahm, der auf einem Pferde saß. Übel zu nehmen war dem Raffke – dieser Ausdruck kam damals auf – der Herr Sohn, der, etwas jünger als die humanistischen Ackersklaven, zur Seite des Herrn Vaters ritt. Der einzige, der reiten konnte, war der Inspektor, der länger als die Herrschaften bei den Arbeiterkolonnen verweilte und dann seinen Herrn in einem Galopp einholte, den man bewundern konnte.

Der Herr Inspektor hatte sich sogar am ersten Tag die Mühe genommen, die Hilfsdienstler zusammen mit einem Landwirtschaftslehrer über die Felder zu führen, sich an ihrer Unkenntnis der Hauptgetreidearten zu freuen und ihnen zu erklären, was ein ›Grüngemenge‹ sei, auch den Nutzen von Kainit und Thomasmehl zu erläutern, welche Düngemittel auf dem Bahnhof Starnberg aus dem Waggon auf einen Ochsenwagen zu schaufeln Erhards erste Aufgabe wurde. Überhaupt avancierte man in Niederpöcking vom Sklaven zum Knecht; zwei weiße Zugochsen wurden Erhard alsbald anvertraut, vor deren Jugend und ungestümem Feuer er gewarnt wurde. Wie leicht ist es, junge Leute glücklich zu machen, man muß sie nur mit ein wenig Vertrauen überfordern, und sei es mit einem Paar Ochsen. Dieses schöne weiße Paar geisterte durch Erhards Träume als wilde Stiere, und auch Europa fehlte nicht. Die weißblonde Marie regierte auf dem Schmalzhof die Schwaige und half Erhard, seinen Ochsen die schweren Geschirre überzuwerfen. Sie war voll Freundlichkeit und hätte vielleicht noch mehr gespendet, wenn man sich nur getraut hätte. Aber allen Mut fraßen die Ochsen. Vor dem Heufuder stürmten sie vom Feld gegen den Schmalzhof hinab – welche Blamage, wenn das Fuder umgeworfen hätte. So mußte man unter dem ächzenden Wagen die Bremse zudrehen, ungefährlich für Raffke und Familie, gefahrvoll für den Fuhrmann, dann wieder vorsausen und sich trauen, die Stiere auf die Nasenbeine zu trommeln, daß sie im Schritt blieben –, glücklicher Augenblick, Triumph, wenn vor der lachenden Marie das Fuder vor den Heustock donnerte. Ochsen können aber auch ganz langsam gehen oder stehenbleiben, am liebsten vor dem leeren Wagen, aufs Feld wieder hinaus, oder vor dem Göpel. Der Göpel brachte die Futterschneidmaschine auf dem Schmalzhof in Schwung, besonders bei Regen, denn Futterschneiden auf Vorrat ist eine Arbeit für schlechtes Wetter. Um und um und immer wieder im Kreis quatscht in Schlamm und Kot der Schüler des Königlichen Theresien-Gymnasiums hinter den Waagscheiteln seiner Ochsen, die seiner Schläge spotten und zu seinem heiseren Hüh blinzeln: des Philoitios engtretende, schleppfüßige Rinder. Das

Fuhrwerken war aber doch schön, auch von der Marie verklärt; auch war das Vertrauen des Baumeisters ehrenvoll, dem Erhard beim Schleifen die kostbaren Klingen der Mähmaschine halten durfte. Flöhe gab es im Quartier auf dem Maxhof auch; die Kolonnenarbeit mit der Kartoffelhacke blieb nicht aus, sie trug dem Iserlohner Haß und Neid ein, es half ihm nichts mehr, daß er zum Abschied die ›jungen Herren‹ zum Tee einlud und ihnen durch den Filius die ›Trutze von Trutzberg‹ von Ludwig Ganghofer überreichen ließ – er hätte lieber einen anständigen Lohn zahlen sollen, der Schieber, so redeten die Buben jetzt und nahmen sich vor, ihm die vaterländische Kleiderabnützungsgebühr ins Gesicht zu schmeißen.

Da kamen die Klassenkämpfer in die achte Klasse. Was war das für ein trauriger September – Bulgarien abgefallen, Österreich zusammengebrochen, Osten unklar, aus Moskau drohte die Weltgeschichte. Die Siegfriedstellung hielt noch, doch erinnerte man sich der Tankschlacht von Cambrai, Handgranate gegen Panzer, das war das neue Bild des Krieges, für das sich keine Kriegsmaler mehr fanden, mit Tanks beschmierte man in öden Stunden die Fließblätter. Denn wer paßte auf den neuen Klaßleiter auf? Karl Kuller machte das Trübe noch trüber, erwarb sich mit einem zerkratzten Bart den unschönen Titel eines Reserveapostels, während ihn Albrecht Haushofer, weniger christlich als homerisch, den triefäugigen Seifenverächter nannte. Armer Ordinarius, der Schnaps hat dir den Geist, der Kaffee-Ersatz die Weste verdorben. Kaffee-Ersatz! Am Nachmittag beteiligten sich die ›Unterprimaner‹ an seiner Fabrikation, fürs Leben gewarnt: im Keller einer Kaffeefabrik in Haidhausen hackten sie glitschige, nasse Rüben aus einem Haufen los, um sie dann in eine Schnitzelmaschine zu werfen – ob der Keller einer Kaffeefabrik eine Abteilung der Hölle ist? Bei Dante fehlte er, von dem Erhard damals das Inferno las.

Die holprige Übersetzung von Streckfuß hatte er schon zur

Konfirmation bekommen, und jetzt lag er und las bei der Lampe, und die Schatten der Schuldigen sperrten den Weg ins Bett, und er zitterte und las: ›Doch eine Stelle wars, die uns bezwang – Als in ersehnten Augenblicks Erfassen – Ein Kuß ereilt' ein Lächeln ohne Wehr, da tat auch ers, der nie mich wird verlassen – Da küßte zitternd meinen Mund auch er – Galeotto war das Buch und ders verfaßte – An jenem Tage lasen wir nicht mehr.‹

Man mußte das alles allein lesen, denn vom Kuller war nichts zu erfahren. Zwar empfahl er dringend die Anlage sachlich geordneter Mappen zur Sammlung von allerlei Kenntnissen, doch empfahl der Stand seiner eigenen Kenntnisse die Methode nicht. Die Weltgeschichte diktierte er in Hefte und überhob sich so aller weiteren Mühe: »Philipp der Zweite von Spanien war sehr katholisch.« »Unter den Malern war Lukas Cranach weniger begabt.« Aber auch die Literatur spendete ihm nicht Trost noch Rettung. Der Arme! Für die achte Klasse waren Referate der Schüler vorgesehen, so hätte sich der Herr Ordinarius wenigstens die Maria Stuart bequem machen können. Aber der Unselige zog das Unheil an, und das Unheil hieß Albrecht Haushofer. »Also, der Schoch spricht über Cecil, und Sie bearbeiten den Burleigh.« »Wie bitte?« – ein Grinsen der Klasse begann zu brausen. »Da gibt es doch keine Unklarheit.« »Doch«, sagte Albrecht. »Unmöglich«, brummelte Erhard. »Sie sind nicht gefragt.« »Das nicht, aber es ist unmöglich.« »Lord Cecil und Burleigh sind dieselbe Person«, servierte aus der letzten Bank Lell, der kaustische Schweiger. Geis meckerte, er war der Sohn des berühmten Beckmessers, Enkel des noch berühmteren Komikers vom Deutschen Theater, des Papa Geis, von dem die Eltern ›aus ihrer Zeit‹ erzählten wie von Konrad Dreher.

Kuller war besiegt, der Arme, und sagte: »Ach so – Versehen – natürlich –.« Aber er war noch nicht tot. In der Literatur war er geschlagen, jetzt wurde er noch schnell mit Geschichte erdrückt. »Cecil ist der Name, Burleigh der Lordtitel«, lächelte Albrecht. Es war ein ungleicher Kampf. Albrecht schaltete souverän mit Shakespeares Königsdramen und belehrte seine Lehrer aus Macaulays Englischer Geschichte. Kuller verdiente schon wieder Teilnahme – wer sah seine Wohnung? Wer kannte seine Sorgen?

Jetzt mußte er durchhalten, um jeden Preis. Mit dem Gymnasium war es wohl aus. Kuller stolperte in den Sophokles. Polla ta deina, das ist zu schwer für dich, mein Kuller. Heumann war krank. Sein Vertreter war ein Liberaler mit einem roten Bocksbart, betete nicht und traktierte im Oktober 1918 die Lehren des Konzils von Chalcedon.

Eines Tages hatte Kuller frische Manschetten, und was gebürstet werden kann, war an ihm gebürstet. In einer Pause begann er, in der nächsten vollendete er an der Tafel eine Skizze von Schlesien: die Oder und ihre Nebenflüsse, die Neiße und das Striegauer Wasser, Breslau und Ohlau und Striegau wurden gezeichnet. Dieser Ort hatte einen Ring aus roter Kreide, denn er war, wie der nun folgende formvollendete Vortrag alsbald verraten sollte, die Geburtsstätte des schlesischen Dichters Johann Christian Günther. Zu dieser Feststellung gelangte Kuller etwa in dem Augenblick, da die Tür einen von Herrn Nicklas begleiteten ministeriellen Kommissar einließ. Dieser bat, wie alle Kommissare, man möge sich nicht stören lassen, und so nahm denn die literarhistorische Beredsamkeit ihren Lauf. Da Johann Christian Günther ein nicht nur unglückliches, sondern auch kurzes Dichterleben geführt hatte, reichte die Beredsamkeit noch für die zweite Schlesische Dichterschule und ihre Bedeutung im allgemeinen. Der Kommissar war anscheinend befriedigt. Er begann seinerseits eine Rede, die aber die Schlesische Dichterschule schnell verließ und auf die deutsche Kartoffelversorgung überging. Das Vaterland stehe, wie sie wüßten, in seinem Endkampf, die Kartoffelversorgung sei in Gefahr, auf die deutsche Jugend komme es an, er appelliere an ihre vaterländische Bereitschaft, für die es übrigens, wie bekannt, im Gesetz über den vaterländischen Hilfsdienst eine zwingende Handhabe gebe. Der Kommissar konnte ein drohendes Brummen nicht überhören. Es klang wie das Brummen, das sich, trübe Stimme trüber Jugend, zu einer vereinbarten Minute erhob und senkte und hob. Gegen dieses Brummen gab es keine Hilfe, denn es lief nach der Uhr. Doch gab es noch etwas Schlimmeres als das Brummen. Das war die ewig wiederholte Auskunft: »Ich bin es nicht gewesen, ich weiß genau, wers war.« Hier war jede vernünftige Verständigung abgerissen, waren die einzelnen zusammengeschmiert zur Masse. Es war gut, daß auch die Niedertracht ermüdet.

Die Masse schwieg. Und also, übermorgen beginne der Hilfsdienst auf Gut Ostettringen bei Ulm. Die Namen seien auf dem Rektorat zu ersehen.

Nicht alle mußten nach Ostettringen. Mama sagte wieder: »Immer die selben«, und war bitterböse und haßerfüllt, Papa tat, was er seit acht Jahren vermieden hatte, er besuchte den Rektor und fragte, ob vor dem Hilfsdienstgesetz keine Gleichheit herrsche. Er konnte nur melden, daß der Oberstudienrat einen roten Kopf bekommen habe.

Die besten Reden werden nicht gehalten. Zu einer nicht gehaltenen Rede steigerten sich Erhard, Hermann und Oswalt in des letzteren Pension, in dem hübschen hohen Rokokohaus an der Burgstraße, wo, laut Inschrift, einst der Baumeister Cuvilliés gewohnt hatte. Sie steigerten sich also und hielten, statt an den Kommissar, an Oswalts freundliche und fröhliche Hausmütter folgende Rede:

»Herr Ministerialkommissar! Sie haben versagt. Sie haben nicht bemerkt, daß unser Ordinarius versagt. Daß er Ihnen und uns die humanistische Bildung, Deutsch und Geschichte, vorenthält. Sie sind auf einen Türken hereingefallen. Man hat Ihnen einen Besichtigungstürken hingelegt. Sie waren nicht imstande, uns das Recht auf Schiller zu verschaffen. Sie wissen nicht, daß unser Ordinarius nicht einmal die Personen der Maria Stuart kennt. Vielleicht finden auch Sie Lukas Cranach ›weniger begabt‹, in diesem Falle würden wir Sie ganz unbegabt finden. Wir wünschen von Ihnen nichts mehr über das Vaterland zu hören« (wie ungerecht, vielleicht war sein Sohn gefallen). »Wir sind gar nicht gegen das Vaterland. Wir sind bereit, morgen für das Vaterland zu sterben, wie unsere Brüder. Ich bin, im Oktober 1918, als Fahnenjunker beim 2. Fußartillerieregiment in Mainz angemeldet. Auf diese Weise wird übrigens die Einjährigen - Freiwilligen - Selbstausrüstungsversicherung zum Zuge kommen, die mein Vater als ein pensionsberechtigter Beamter neben den üblichen Versicherungen gegen Feuer, Unfall, Diebstahl und Tod abgeschlossen hat – in einer Zeit, die uns, Herr Kommissar, übrigens außerordentlich fremd zu werden beginnt. Wir stehen dem Vaterland durchaus zur Verfügung. Es ist uns gar nicht recht, wenn wir die Urlauber sagen hören, daß sie nicht mehr hinausgehen, oder daß sie Offiziere von hinten erschossen hätten. Wir sind es nicht, die den Krieg einen Schwindel nennen. Wir träumen davon, daß wir aus dem Graben stürzen. Wir haben mit Ihnen gezittert, als die Offensive sich totlief. Wir träumen sogar, daß wir mit dem Kaiser aus dem Graben stürzen. Wir wissen nämlich, daß alles aus ist. Da denken wir uns aus, der Kaiser stiege irgendwo in einen Graben oder in einen Trichter, und dann stürzt er hinaus. Vielleicht gar nicht mit einer Handgranate, wahrscheinlich könnte er mit dem Ding nicht umgehen und hat davor genau so Angst wie wir, seit wir in den Turnstunden mit Holzkolben Handgranaten werfen. Er könnte ruhig seinen altmodischen Degen nehmen, es käme nur auf das Stürzen an – ach, es wäre so schön. Wir wissen nicht, ob er es tut, aber wir wären dabei. Aber wir wollen nichts mehr vom Vaterland hören in dieser schwindelhaften

Weise, wie Sie uns zum Kartoffelklauben ermahnt haben. Andere waren noch nie im Hilfsdienst und wir immer. Das ist also eine blöde Einteilung, die Sie mit vaterländischen Phrasen vertuschen. Ein Schwindel ist auch, was es daheim vor lauter vaterländischer Disziplin immer heißt, daß Dörrgemüse eigentlich ganz gut ist. Dörrgemüse ist gar nicht eigentlich ganz gut, sondern ein gemeiner, ekelhafter Fraß. Wir fressen dieses ganze Kriegszeug samt Marmelade aus Gelben Rüben, aber verlangt nicht, daß wir es dann auch noch eigentlich ganz gut finden. Wir waren gegen den Munitionsarbeiterstreik. Wir sind dagegen, daß die einen streiken und die anderen auf die Munition warten. Wir sind dagegen, daß die einen hohe Löhne bekommen und die anderen den Kopf hinhalten. Wir sind aber auch dagegen, daß der Herr Fabrikant aus Iserlohn auf seinem Gut herumreitet und uns lächerliche Bücher schenkt. Wir sind dagegen, daß die Frauen in den Munitionsfabriken gelbe Gesichter und grüne Haare bekommen von dieser verfluchten Chemie, aus der dieser ganze Krieg besteht. Wir wissen, was Sie, Herr Kommissar, vielleicht nicht wissen können oder wollen, daß aus dem Krieg irgendeine Art von Sozialismus hervorgehen wird, jetzt oder nach neuen Kriegen, Revolutionen, Leiden, das jetzt sind nur Anfänge. Das wissen wir aber nur so im allgemeinen, aber wir wissen es, obwohl Sie uns die neuere Geschichte vorenthalten haben: wir haben nur gehört, daß Philipp der Zweite sehr katholisch war. Und jetzt sind Sie, Herr Kommissar, daran, das Gymnasium, das liebe, gute Königliche Theresiengymnasium, zu einem Schwindel zu machen. Man hat uns nach Grub geschickt und nach Niederpöcking, in die Kaffee-Ersatz-Fabrik, und jetzt wollen Sie uns nach Ostettringen schicken. Wo ist die laut Jahresbericht verheißene Thukydides-Lektüre? Warum kennen wir kein Lied von Pindar? Warum ist der Herr Ordinarius unfähig, die Antigone zu erklären? Warum wird uns die griechische Tragödie vorenthalten? Wir

verlangen die Troerinnen des Euripides, wir fordern die Tragödie.«
In Ostettringen wurden Kartoffeln geerntet. Mit einer Langsamkeit, die sich vom Streik schon kaum mehr unterschied.
Revolutionen, Revolten, Aufstände, Bürgerkriege leben, so tief und groß ihre Hintergründe sein mögen, von kleinen Forderungen. Ein bescheidenes Fischrecht, eine etwas bessere Münze, ein einziger Zaun gegen die Herrenjagd, und manche Bauernschaft blieb dem Bauernkriege fern. Revolutionäre sind bescheidener als Regierungen und Geschichtschreiber meinen. In Ostettringen hieß die revolutionäre Parole: Roste. Wir fordern, wir brauchen endlich die Roste.
Denn dies ist das Gefährlichste, womit eine unterdrückte Klasse gereizt werden kann: sie zu heben und wieder zu senken. In Grub waren die Strohsäcke am Boden gelegen: Sklaverei. Im Maxhof waren Betten. In Ostettringen lagen die Strohsäcke wieder auf ebener Erde: neue Sklaverei. Jetzt war Anfang November, naß und verschmiert waren Acker, Stiefel, Boden und Strohsäcke. Die Forderung wäre nicht unbillig gewesen, der Pächter der Domäne solle, koste es, was es wolle, für Betten sorgen. Aber so hoch dachten die Revolutionäre gar nicht. Sie wünschten sich Roste. Die Buben wollten ihren Gedanken ausführen, sie erbaten einen freien Samstag und die nötige Zahl Fichtenstangen aus dem Gutswald und trauten sich zu, die Strohsäcke über den nassen Boden zu heben. Der Vorschlag war wohl unpraktisch und erfuhr jedenfalls bei mehreren Vorsprachen ausweichende Antwort des großen, rotgesichtigen Verwalters. So war der siebente November herangekommen.
»Wenn er bis heute abend die Roste nicht bewilligt, gehen wir morgen nicht auf den Acker.«
Da standen sie, am Achten in der Frühe, mit der Hacke auf der Schulter im Hof und rührten sich nicht. ›Schrecklich, schrecklich, das ist schrecklich‹, tobte es in Erhard. ›Man kann doch

nicht streiken, das hat man doch wirklich nicht gelernt. Wenn wir schon hier sind, wollen wir doch arbeiten. Wir können doch nicht so dastehen.‹

Da kam der Verwalter und brüllte sie auf schwäbisch an, ob sie sich gefälligst auf den Acker scheren wollten. Sie standen, ganz trübe. ›Herrgott, laß etwas geschehen!‹ Erhard sagte: »Wir streiken. In München ist seit gestern Revolution. Das wissen wir schon. Der Krieg ist aus. Für Sie arbeiten wir nicht mehr. Wir streiken.« Dann warf er die Hacke auf den Boden und weinte. Die anderen hielten die Hacke geschultert und standen und sahen aus wie ein böser Bauernhaufe, so dünn, naß, kalt und halbgebildet sie waren. Dann kehrten sie um, die eine Hacke blieb liegen. Sie hörten hinter sich etwas rufen wie: ». . . daß ich euch Rotzbuben los bin.«

Dann fuhren sie heim, gesetzlos.

In München war Revolution. Soldaten hatten rote Armbinden und sorgten doch irgendwie für Ordnung: Soldatenräte. Eine Welt versank. Denn die Soldaten ließen den Kragen offen, viele den Mantel, alle waren ohne Leibriemen. Soldaten gingen auf die Straße, ohne umzuschnallen. Die fürchterlichen Bedingungen des Waffenstillstandes standen in der Zeitung. Die Blockade blieb, der Hunger ging weiter. Die Nachrichten über die Kieler Matrosen kamen nach München, bald auch diese selbst, ohne Leinenkragen. Allmählich kamen die ersten Feldtruppen. Manche bahnten sich mit zornigem Gleichschritt den Weg durch die verachteten Heimsoldaten, die Früchtchen mit den offenen Mänteln, einige Bataillone sogar mit klingendem Spiel, manche Batterien noch gut bespannt und beritten. Dann werden sie doch ›zersetzt‹, in der Kaserne, manche schon am Bahnhof, von roten Empfangskommandos, die im Matthäser sitzen. Undurchschaubare Vielfalt: da hielten die Offiziere die Truppe beisammen, dort wurden ihnen die Achselstücke abgerissen. Dort herrschte Chaos, da brüllten die Feldwebel weiter, jetzt im

Namen des Soldatenrats. Mama schauderte vor den roten Armbinden und rechnete weiter nach den Merkversen, die ihr Erhard machte: »Den Inlandkäse kriegt man frei, indischen Reis auf Marke drei.« Für die Jünglinge, die doch immer darauf warten, daß Feste gefeiert werden oder Katastrophen eintreten, war das Merkwürdigste, daß das Leben weiterging. Im Nationaltheater, das nicht mehr Hoftheater hieß, gab es noch immer die Zauberflöte und den Troubadour. Das Leben ging weiter, jetzt nach der Revolution wie damals nach der Konfirmation. Aber die Straßenreinigung funktionierte nicht mehr so recht, bei revolutionären Wellen hörte sie ganz auf. Sauberes München! Und auch deine Rasenflächen wurden betreten.
Die Regierung, die Regierungen schlugen Plakate an. Meist wurden ›Zuwiderhandelnde erschossen‹. Plakatfetzen lagen in den Gossen, fegten mit dem Wind über die Straßen. Am schmutzigsten war die Bahnhofsgegend, die Bayerstraße zwischen dem Matthäser und dem Imperialkino, die Schützenstraße, wo beim ›Steyrer‹ und in der ›Bayerischen Krone‹ ein zähes Kommen und Gehen war von Männern, die ganz oder halb uniformiert waren, mit Matrosenkappen, Feldmützen, Gamsbarthüten; da war Markt, besonders in Militärschuhen. Die Bürger, und so der Vater, waren geneigt, sich bei Noske, Ebert und Scheidemann zu beruhigen: sie schienen die Männer der Ordnung zu sein. Papa und die Bürger bereiteten sich auf die Nationalversammlung vor und akzeptierten somit die Republik. Von König Ludwig sprach man nicht viel, und Hindenburg machte den Rückzug. Die Buben waren nicht für die Monarchie, der Kaiser war über die Grenze gegangen, mit einem Eisenbahnzug. Vielleicht gab es Gründe, Blutvergießen wurde vermieden. Aber Jünglinge wollen kein Blutvergießen vermeiden. Der Kaiser war nicht aus dem Graben gestürzt. Albrecht sprach viel von den Stufen der Throne und den Degen, die auf denselben hätten in Tätigkeit treten sollen. Später, als

sich Mitglieder der königlichen Familie wieder in den Münchener Straßen zeigten, ehrte er die unbekanntesten Prinzessinnen durch Frontmachen, was Erhard übertrieben, wenn auch nobel fand. Ehrenbezeigungen waren im übrigen abgeschafft. Auf bayerisch hieß das: ›Die Zeiten sind vorbei.‹

Überhaupt machte die Revolution auch wieder einen bayerischen Eindruck. Von den Mützen verschwand die schwarzweiß-rote obere Kokarde, die untere weiß-blaue blieb. Sogar der Eisner, der Zeitungsschreiber, den alle haßten, und vielleicht sogar die Unabhängigen, auch der Kurt Eisner tat bayerisch. »In Bayern sind auch die Sozi weiß-blau«, pflegte in Garmisch Major Faber zu sagen. Im übrigen hofften die meisten Majore a.D. und sonstigen Bürger zunächst auf die Mehrheitssozialisten, sie erlaubten sozusagen ironisch dem Ebert und dem Hofmann und besonders dem Erhard Auer, die Massen in Ruhe zu halten und die Bürger vor der Guillotine zu bewahren. ›Ruhe und Ordnung‹ wurde die Parole.

Gut, daß Mozart und Brahms, Händel und Beethoven Violinsonaten geschrieben hatten, und daß es den Hermann Schoch gab und Elwina und Christina.

Elwina, in der grauen Tracht des Säuglingsheimes an der Lachnerstraße, hatte in Augsburg ihren Dienst. Erhard gewöhnte sich jetzt daran, die Sonntage bei ihr zu verbringen, um die achte Klasse und die Revolution zu vergessen. Er mußte vor Morgengrauen aufstehen und in einem kalten, langsamen Zug nach Augsburg fahren, erst in Hochzoll wurde es hell. Und ganz hell in Augsburg, hell das Häubchen und Gesicht, blütenweiß die Decke auf dem runden Tisch, weiß die Tassen, weiß, wer weiß woher, ein wenig Butter, bunt der Blumenstrauß, fest der Kuß, und also, Elwina machte dem Bruder ein Fest, ein festliches Frühstück. Sie war eine Sparkünstlerin und hatte immer etwas, vielleicht auch von ihren Wirtsleuten, die waren Schneider und hatten wohl Landkundschaft. Sie selber konnte wenig hamstern, sie brachte ja den Leuten die Sachen; mit dem Rad, mit der Bahn durchzog sie als Kreisfürsorgerin den Kreis Schwaben und Neuburg. Sie brachte wohlabgewogene Haferflocken in die Häuser, nach Nannhofen und nach Dinkelscherben, notierte die Krätze, nahm Unterernährung zu ihren Akten und half. Dem Erhard erzählte sie, und er lernte, doch machte sie ihm nie Angst, es war ihm, als müßte sie Armut und Not verwandeln. Mit klopfender Freude lief Erhard vom Bahnhof in die Kleine Grottenau. Dort wohnte Elwina bei ihrem Schneidermeister in einem alten, hohen, schmalen Haus mit einer ächzenden Stiege. Ihr Zimmer aber war groß, es nahm den halben Grundriß des Hauses ein und war ein rechtes Biedermeierzimmer: die Möbel, wie sie sein mußten, das Ganze etwas wie Schillers Arbeitszimmer, straff und lieblich wie die Bewohnerin. Das Zimmer wärmte, die Schneiderin brachte den Kaffee und atmete Freundlichkeit. Später schauten sie sich etwas von Augsburg an, zum Beispiel die Decke des Rathauses, oder fuhren in den Siebentischwald, oder nach Pfersee und wanderten nach Leitershofen, wo die alten Hofmanns, die Geschwister, im Schlößle wohnten, da wuchs schönes Spalierobst auf der geweißten Mauer mit dem Treppengiebel, standen alte Schränke auf kalten Steinböden, dort aß man noch mehr als in Lindau, der Glanz war wohl schon verblichen, doch für Erhard war es noch die alte Pracht, Zeit, entschwundene Zeit. Am Abend wurde das Sonntagsfest wieder in der Eisenbahn gebüßt, der Zug war wieder finster und voll von Hamsterern, besonders in Mehring stiegen viele ein, eine nahrhafte Gegend. Aber man mußte nur fest an das festliche Frühstück denken, bald wird die neue Woche aus sein, dann fahre ich diesen Weg zurück, zu meiner Elwina.

Noch immer war achte Klasse, noch immer hielt sich der Kuller. Der Eisner regierte, und der Eglhofer und der Unterleitner Hans schlugen Plakate an. Die Lage wurde immer verwirrter,

sollten der Landtag, die Demokratie, die Nationalversammlungen die Ordnung bringen, Ruhe und Ordnung, oder die Arbeiter- und Soldatenräte die Herrschaft erringen? – von den Bauern sprach man jetzt nicht mehr so gern, vielleicht bekam sie der Doktor Heim wieder in die Hand, oder war doch mit dem Bayerischen Bauernbund, mit dem Gandorfer etwas zu machen, jedenfalls mußten sie die Großstädte versorgen. Die Soldaten sahen immer wilder aus, die Ordner und die Plünderer waren schwer zu unterscheiden, die Gewehre trugen sie Lauf nach unten, das war noch schlimmer als die offenen Kragen. Mit dem Frühling kam der neue Hunger, der Frühlingshunger, der aus dem Krieg bekannt war, aber ärger jetzt.
Ende März wurde Christina krank. »Jetzt wird mir die Schwester auch noch hysterisch wie alle anderen«, sagte der Oberarzt, und dabei hatte sie sich doch verdorben, weil sie jeden Tag durch den Schneematsch mit den schlechten Schuhen aufs Paßamt gelaufen war, denn für den Urlaub war sie von der Freundin in den Aargau eingeladen worden. Aber die Straßenreinigung ging jetzt gar nicht mehr, der verhaßte Dreckschnee blieb liegen, das Wasser lief in die Schuhe, die Männer gab es nicht mehr, die einst die Schneekarren mit den hohen Rädern (Marke Lutokar) in die Versenklöcher gekippt hatten. Außerdem waren alle Leute anfällig, so anfällig wie die jungen Soldaten, die in den Kasernen an der Spanischen Grippe gestorben waren noch vor der Revolution. Da sie aber nur hysterisch war, blieb sie im Operationssaal stehen, bis sie in der Chirurgischen Klinik lag, Nußbaumstraße. »Eine Pleuritis«, sagte Fredy zu den Eltern. Fredy war der Bruder der Thurgauerin, die Erhard das Erbauungsbuch geschenkt hatte, er war ganz schmal, beinahe an der Spanischen Grippe gestorben, was dieser Schweizer doch nicht nötig gehabt hätte, aber er war wißbegierig und ehrgeizig und lernte beim Sauerbruch die chirurgische Behandlung der Lungentuberkulose, und jetzt rettete er die Christina. Er sagte nicht,

daß die Pleuritis naß und das Exsudat schon zwanzig Zentimeter hoch war. Aber er sagte, daß es jetzt um Tod und Leben gehe.

Wenn man nur hin könnte. Aber niemand kann auf die Straße, niemand kann in die Chirurgische Klinik. Die Schillerstraße liegt manchmal unter Feuer. Wißt ihr, was das heißt? Wie es ist, wenn ein Maschinengewehr durch die Schillerstraße schießt, durch diese Schillerstraße, durch die man, wenn mehr Zeit war, so gut wie durch die Goethestraße ins Gymnasium gehen konnte, diese gute, gemütliche, von Radlern durchklingelte Asphaltstraße mit den vielen Läden? Wenn es durch eine enge Straße schießt, dann peitscht es und knallt und peitscht wieder, und auf die Straßenecken, Schwanthaler- und Landwehrstraße, ist kein Verlaß mehr, auch vor dem alten Lädchen in der Schwanthalerstraße schießt es, wo zu Mamas Zeiten noch Met ausgeschenkt worden war. Die Leute drücken sich in die Hausgänge und zittern, und vielleicht liegt dann einer auf dem Asphalt, und in der Gosse ist eine rote Spur. Denn sie schießen, seitdem der Arco den Eisner erschossen hat am 21. März. Da ist auch rotes Blut in der Gosse vor dem Außenministerium auf dem Promenadeplatz, Blut von Kurt Eisner; Mama sagt, »er war ein gräßlicher Kerl, aber das ist ein Mord, zu meiner Zeit war das nicht erlaubt«. Um das Blut ist Sägmehl, die Leute sagen, daß das Blut immer wieder mit roter Tinte erneuert wird, aber sie ziehen den Hut davor, auch der Vater und Erhard, denn hinter dem Blut und vor der Photographie des Kurt Eisner, die in einem großen Totenkranz gerahmt ist, steht ein Doppelposten, Läufe nach vorn, mit Handgranaten im Koppel, sie haben sogar umgeschnallt, und am Denkmal von Kreittmayr, aber an seiner Rückseite, hängen drohende Erlasse.

Jetzt ist Räterepublik. Die Regierung Hofmann ist in Bamberg, es heißt, sie käme mit Truppen zurück, mit dem General Epp und mit Preußen. Jedenfalls sind die Spartakisten darauf gefaßt, ab und zu schießt es, es gibt Revolutionstribunale und Geiseln werden genommen, ›aus unseren Kreisen‹. Die Schillerstraße und der Bahnhof und somit die Luisenstraße sind unsicher, die Schule fällt aus, dann geht sie wieder an, und man kann wieder zu Christina.

Christina will nicht sterben. »Durchatmen!« befiehlt Fredy, und Christina atmet, gehorsam, die ganze Nacht, wie ein Motor. Sie will ja leben, mit und ohne erste und zweite Räterepublik, aber von denen weiß sie nichts. Dann wieder Punktion, alle wissen, daß die Pleuritis naß ist, Fredy hat alle Umsicht nötig, Kollapse zu vermeiden und hofft, daß die Pleuritis nicht eitrig wird, sonst müssen zwei Rippen heraus, »bei der Ernährung«, sagt Mama. O Mama, was steht dir bevor! Es ist Ende April, für Christina ist Hoffnung. »Elf Liter haben wir herausgeholt«, sagt Fredy. Erhard geht wieder hin, ganz vertraut werden ihm die Gänge der Chirurgischen Klinik mit den ruckenden Uhren, den Barmherzigen Schwestern, den Teeküchen und: ›Operationssaal. Eintritt verboten‹. Dann ist die Klinik wieder abgeschnitten. Die Weißen sind in Dachau. Geiselmorde, schreckliche Nachrichten über die Greuel im Luitpoldgymnasium, gräßliche Gerüchte, Entsetzen über die Leiden der Gräfin Westarp von der Gesellschaft Thule. Die Studenten schlagen los, zu früh, an der Mauer am Alten Botanischen Garten gehen Zivilisten in Stellung in bürgerlichen Wintermänteln, mit Gewehren und weiß-blauen Armbinden: die Einwohnerwehr des Forstrats Escherich. Man kämpft wohl um den Bahnhof, die Schüsse peitschen durch die Luisenstraße, unsere Straße. Erhard hat wahnsinnige Angst. Vom Haus sprüht Ziegelstaub. Er sagt: »Verflucht, daß ich nicht ausgebildet bin!« und denkt: ›Gott sei Dank.‹ Mama sitzt in Papas Zimmer, ganz hinten neben dem Schrank. Sie hält das Klirren nicht mehr aus. Zwischen dem Eßzimmer und dem kleinen Balkonzimmer ist eine Schiebewand mit einer Glastür, man kann sie für große Gesell-

schaften zurückschieben. Die Wand wackelt und die Tür klirrt: Artillerie. Artillerie in unserer Stadt, Deutsche gegen Deutsche. Vor dem Hotel Leinfelder, sagt man, ist der General Nagel gefallen, als er einem Einwohnerwehrmann das Maschinengewehr erklärte. Wie schrecklich ist das Schießen, und der Tod, Blut und Krankheit. Achilles schleifte den toten, blutverschmierten Hektor um die Mauern Trojas. Die Ilias müßte man in der Chirurgischen Klinik lesen oder beim Zahnarzt. Wie könnte man nur zu Christina? Auf den Bäumen vor der Klinik sitzen Schützen, es knallt in ihre Träume.
Jetzt ist es Mitte Mai. Mama, die protestantische Mama, geht in die Maiandacht, die Sträucher sind grün, der Abend wird länger, die Basilika ist so feierlich, Ruhe strömt aus dem Gesang der Armen: Großer Gott, wir loben Dich. Christina liegt im Garten. »Da oben hinter dem dritten Fenster«, sagt sie, aber sie sollte doch nicht viel sprechen, »liegt der Arco. Er soll siebzehn Schüsse haben. Der kann froh sein, daß sie ihn nicht herausgeholt haben, das verdankt er dem Sauerbruch. Siehst du da drüben auf dem Liegestuhl den Mann mit der Schirmmütze, der so grantig aussieht, ja, der mit dem Spitzbart, das ist der Erhard Auer, auf den die Spartakisten im Landtag geschossen haben. Da trappelt etwas.« »Das sind Württemberger, Kavallerie, ich hab' sie schon am Stachus gesehen.« »Kavallerie?« sagte Christina. »Du, dann schießt es nicht mehr. Du, ich lebe. Der Solbrig ist gestorben.« »Unser Solbrig? Der Bariton, der im Juli neunzehnhundertvierzehn in Grainau dein Singlehrer war? Wo du die Erda gesungen hast und die Brangäne probiert?« »Ja, denke. Ich liege da, auf einmal singt es, eine Arie nach der anderen. Ich habe gleich gewußt, daß er es war, und daß er vom Singen Abschied nimmt, wie ich im August neunzehnhundertvierzehn. Er war Weißgardist und ist jetzt tot.«
Jetzt, wo München befreit war, gingen die meisten von der achten Klasse als ›Zeitfreiwillige‹ zum Bayerischen Schützen-

korps, das nächste Mal mußte man doch ausgebildet sein. Papa ging in die Einwohnerwehr und hatte einen Gummiknüttel, ein Gewehr und eine weiß-blaue Armbinde daheim. In der Max-II-Kaserne, die von weitem aussieht wie ein Tudorschloß, kamen sie in eine Batterie des ehemaligen Siebenten Feldartillerieregimentes, auf dem Korridor stand, auf einen Gewölbebogen gemalt: ›Batterie Freiherr von Malaisé‹, das klang friedensmäßig, fast kurfürstlich. ›Ach, der Malaisé war doch früher in unserer Klasse.‹ Erhard war einmal bei ihm eingeladen in der Konradstraße, es roch dort so fremd, die Mutter war schrecklich fein, und Erhard war beklommen. Das war er jetzt auch, die verpaßten Sachen paßten nicht, Erhard lag aufgestützt im Stroh, verschmierte sich mit Nudelsuppe, fühlte sich vorläufig unglücklich und beneidete den Herrn von Zwehl und den Herrn Pschorr, die so ganz anders dazugehörten und so sicher, gut geschneidert und unnahbar beieinander standen. Der Heindl sagte: »Kommst du auch zu uns in die Rote Armee?« Die Fahrer nämlich ließen sich ihre roten Kokarden noch nicht gleich nehmen, sie bekamen höheren Sold und benahmen sich mehr wie Fuhrleute denn wie Soldaten. Wie alle Fahrer, verachteten sie die Kanoniere oder ›Schußbeutel‹, gar wenn diese ›Studenten‹ waren und ungediente Lausbuben. Der Chef, Herr von Ginkel, hatte einen zerschossenen Kiefer, wippte mit seinen Breecheshosen und verachtete seinerseits die Zeitfreiwilligen. Sie waren gut genug, für die ausgedehnten Fahrübungen auf Protzen und Geschütze gesetzt zu werden, Herr von Ginkel nämlich spielte Pferd und Frieden und Trab und Galopp, und es wäre wunderschön gewesen, mit so vielen Pferden auf dem Oberwiesenfeld übers Gras zu fahren und auf der Lafette durch Kiesgruben zu tauchen, wenn nur die Fahrer nicht gewesen wären. So aber haute es den Bremskanonier Erhard Spengel auf der ungefederten Feldkanone 96 herum, und er drehte ängstlich den Kopf, daß nur ja die Deichsel nicht hochging oder die

Stränge spannten, sonst gab es später, im Stall, Prügel vom Stangenreiter. Pferdeställe sind überhaupt auf englischen Stichen schöner als in Wirklichkeit. Stallwache, schreckliches Wort. Gott sei Dank, die Nacht ist vorbei, ohne daß eines von den Untieren sich losgerissen hat und auf die Stallgasse geklappert ist. Beim täglichen Stalldienst schickte der Futtermeister den unglücklichen israelitischen Schüler Ernst Tag mit Vorliebe zu den Beißern und Schlägern hinein, Erhard hätte ihm gern geholfen, aber er hatte genug Angst vor den normalen Rössern. Doch mußte er sich überwinden und war glücklich bei dem warmen Pferdeleib, lernte satteln und führte, stolz wie ein kleiner Bub, das Handpferd, wenn die Batterie einspannte. »An die Pferde! Aufgesessen! Batterie zu Einem rechts brecht ab!« Die Batterie trappelt und rasselt auf die Dachauer Straße, das Leben ist schön. Mit Ernst Tag, Häute und Felle, Lindwurmstraße, führte Erhard stundenlange weltanschauliche Gespräche auf der hölzernen Wachpritsche, beide hatten sie etwas von Spengler gelesen und berieten, als Doppelposten mit dem Stahlhelm vor ihren Schilderhäusern stehend, über den Untergang des Abendlandes.

Für ein paar Tage stellte die Batterie auch die Wachen im Franzl, dem Militärgefängnis. Das Gefängnis stand gegenüber den Ställen der Max-II-Kaserne an der Ecke der Leonrod- und Artilleriestraße. Zu dieser zeigte die Front des gelblichweißen, in ludovicianischem Stil erbauten Kriegsgerichtsgebäudes. Hinter ihm ragten, parallel zur Leonrodstraße, die drei Strafhäuser in die Höhe und bildeten zwei Spazierhöfe. Von den Gefängnissen durch Weg und Rasen getrennt, stand an der Leonrodstraße ein braunroter Ziegelbau, das alte Kadettenkorps; jetzt wohnten dort die Aufseher mit ihren Familien, auch war hier das Wachlokal.

Erhard hatte heute die Runde von zwei Uhr bis vier Uhr nachts, zusammen mit Bernhard Zoelch, der katholischer Priester werden wollte und der in Grub und Niederpöcking die Stücke von Ludwig Thoma ›nacherzählt‹ hatte. Die Kälte des geahnten Morgens legte sich auf die Mauern, die Gitterfenster, die verbretterten Dunkelzellen des Gefängnisses. Die Nagelstiefel trappten um die schlafenden Mauern, an den hohen Staketenzäunen vorbei, die Posten hatten sich zu begegnen. Erhard nickte dem Bernhard zu, der Stahlhelm war zu groß, der Riemen zu lang. Bernhard grinste durch seine Brille so freundlich, als erzählte er die ›Lokalbahn‹ oder als lernte er den Vortrag über die Jungfrau von Orléans auswendig, den ihm Erhard einst gemacht hatte. Dann ist er vorbei, Erhard ist wieder allein mit Mauern, Gittern, kalter Luft. Oder schauen ihn die Gefangenen an? Warum bewachst du uns? Willst du Schutzmann werden? Da ist das Gras. Es wächst an den Rändern des Grundstücks, am Zaun, in dem Streifen zwischen den Gefängnissen und dem Verwaltungsgebäude. Wird es nie geschnitten? Es ist lang, hart und mißfarben, warum hat Gott diesen Samen verdammt, auf dieses Gefängnisgelände zu fallen? Das Gras ist so trostlos, als röche es selber nach Gefängnis, nach etwas Urin (nur wenig), nach etwas Leuchtgas (nur wenig). Auch bei Tag wohnt eine hilflose Trauer zwischen den Gebäuden. Das Rot des Verwaltungsgebäudes schattet trüb auf die gelben Gefängnisse, die Frauen der Wärter hängen Wäsche aus den Fenstern, hier weint es so wie auf den neuen Bildern, denkt Erhard, und ist froh, wenn die Gasse zwischen Rot und Gelb wieder einmal durchschritten ist.

Die Wache beim Hofspaziergang ist besser. Manche Mauern haben Sonne. Der Hof wimmelt von Gefangenen, Erhard steht an der Tür, das Gebäude im Rücken. Er hat zwei Handgranaten, aber was in aller Welt könnte ihn veranlassen, mit ihnen ein Blutbad anzurichten? Er hat einen geladenen Karabiner, fünf Schuß. Aber was in aller Welt könnte diese vielen Männer hindern, ihm das Gewehr wegzunehmen? Doch bleiben die

Männer friedlich. Nur einer könnte frech werden, ein Chevauleger. Er spielt mit seinen gestiefelten Beinen, die Ulanka hat er offen, er ist ja ein Roter, aus dem Kragen quillt, o Graus, eine Zivilkrawatte.

»Sie bringen einen Gefangenen zur Verhandlung in das Amtsgericht München II, Maria-Hilf-Platz, der Mann steht marschfertig.«

Es war der Chevauleger. »Gehen wir«, sagte Erhard nicht sehr militärisch. Aber er hatte wenig Grund zur Sicherheit, da er den Weg nicht wußte. Wichtiger als der Weg war zunächst die Würde, bis der Chevauleger sagte: »Du, wo gehen wir eigentlich hin?« »An den Maria-Hilf-Platz, Amtsgericht München II.« »Aber das ist doch in der Au, so kommen wir nie hin, wir müssen doch über die Isar. Du, wir fahren mit der Trambahn.« »Gut, wir nehmen den Vierer.« »Du, der Einser wäre besser, da müssen wir nur einmal umsteigen.« Wo? denkt Erhard und sagt: »Ach so, richtig, fahren wir mit dem Einser.«

Jetzt stehen sie auf der hinteren Plattform des Triebwagens, die Trambahn ist voll. Stiglmayerplatz. Bahnhof. Stachus, der Gefangene schaut hinaus. Erhard spielt am Gewehr herum. Ja, der Sicherungsflügel steht schon rechts, ich könnte abdrücken, tu's lieber nicht. Ich könnte den Flügel auch ruhig auf die Mitte drehen, da wäre immer noch gesichert. Und einen Augenblick nach links, wenn ich nur nicht abdrücke. Ich laß es lieber. Wenn mir jetzt der Schuß losginge! Die Scherereien! Dann fehlt mir die Patrone, ich habe die Trambahn beschädigt, mein Gefangener läuft fort, es ist Panik, vielleicht eine neue Revolution. Bleib nur rechts, Flügelchen. »Du, wir steigen um,« sagt der Chevauleger am Sendlinger Tor-Platz, »in den Siebener«. So kommen sie ganz gut hin, und Erhard weiß fürs Leben, wo der Maria-Hilf-Platz und das Amtsgericht München II ist. Der Chevauleger verabschiedet seinen Wächter freundlich, den Heimweg findet Erhard jetzt allein.

Die Spielerei ging bis September, so waren zwei Monate Kuller gespart und die ereignisvolle achte Klasse A war erledigt. Die Zeitfreiwilligen machten noch den Marsch nach Landsberg mit, wo sich, da nunmehr die Reichswehr entstand, die Batterie der Zeitfreiwilligen entledigte. Erhard verabschiedete sich herzlich von seinem Geschützführer, einem ehemaligen Schweren Reiter, der vom Geschütz nichts verstand. Er ritt wie ein Halbgott und segnete, seinen Reden nach, wie ein Gott die Weiber. Die Einzelheiten erzählte er immer im Reiten seiner Stute, was für jüngere Freiwillige aufschlußreich war. Weniger herzlich war der Abschied des Chefs von seinem blutjungen Batterieoffizier, der mit Vorliebe samt Sattel vom Pferd rutschte – Herrn von Ginkels Verachtung fand keine Worte mehr.
Es schien damals überhaupt, daß alle Leute sich gegenseitig verachteten und haßten. Am meisten gehaßt und verachtet wurden ›die Achtzehnjährigen‹. Man mußte nur in der Trambahn jemand aus Versehen anstoßen, und schon ergoß sich die in vier Kriegsjahren angestaute Wut über den Achtzehnjährigen – in jener höchst ungemütlichen Nuance des bekanntlich gemütlichen Münchener Dialekts, die in der Familie als ›Giesing-Ost‹ verboten war. Ja, die Achtzehnjährigen. Sie waren, soweit sie nicht an der Grippe gestorben waren, einfach an allem schuld. Entweder waren sie jung und hatten also nichts mitgemacht, oder sie waren frech, denn ihre Väter waren im Feld gewesen, und drum gehörte es ihnen jetzt nachträglich hinter die Ohren. Entweder waren sie in der Kaserne herumgelungert, hatten die Revolution gemacht und also den Krieg verloren, oder sie waren Leutnant und Kriegsverlängerer und hatten Familienväter schikaniert. Schuld waren sie jedenfalls. Manche sagten auch: »Die Siebzehnjährigen!« Sie waren ja auch übel und ließen sich die Haare über die Ohren wachsen. »Denen fehlt das Militär«, hieß es dann bald, zumal auf dem Land. Damals war es, daß die Familie ironischer wurde, als sie früher war, auch Papa

war oft bereit zu lachen. Er hatte eine Vorliebe für billige Schneider und hatte Erhard einen Anzug machen lassen, der ›Blümchen-Anzug‹ hieß. Jetzt wurde der Anzug, undankbarerweise, der Mehrheitssozialist genannt. Doch konnte man mit ihm auch Einwohnerwehr spielen. Wenn sie lustig sein wollten, mußte Erhard den schwarzen steifen Hut des Vaters aufsetzen, das Gewehr umnehmen und sagen: »Bei Regen findet der Krieg im Saale statt.« Der Vater trat in die Deutsche Volkspartei ein, weil er früher Nationalliberaler war, ging aber selten hin. Die Bezirksversammlungen waren im Schellingsalon, Ecke Schelling- und Barerstraße. Der Vater gehörte nicht zu den Gläubigen. »Alles verkommt«, sagte der Vater und schaute traurig auf seine Isartalbahnwagen. Warum sollte nicht auch die neunte Klasse des Theresiengymnasiums verkommen? Nicklas war in Pension, sein Nachfolger im Rektorat war Hammerschmidt, der Vorsitzende der Deutschen Demokraten im Landtag. Er hatte eine Donnerstimme, zeigte sich enttäuscht, weil Erhard so schlecht Horaz übersetzte und regte sich auf, weil niemand wußte, was ein Frettchen sei: das sei doch ein berühmtes Jagdtier, und in der Pfalz, seiner Heimat, wüßte das jeder. Erhard und die Seinen fanden, daß darauf nicht mehr viel ankomme. So gut er konnte, stemmte sich der neue Klassenleiter Hirmer gegen das Verderben mit seinem liebevollen Ernst, grau von Sorgen um diese Jugend. Daß die Freunde nicht verkamen, machten Christina und Elwina, und diese unbeirrbaren Elternhäuser, und Haushofers.

Sie fingen schon in der achten Klasse an, ihrem Albrecht so etwas wie eine kleine Akademie zu gründen, sich selbst eine Freude zu machen und zehn jungen Leuten eine geistige Welt zu öffnen, eine Welt, die für Erhard und Genossen damals nur eine Wunderwelt sein konnte. Haushofers bewohnten in der Arcisstraße zwei Etagen ohne trennende Wohnungstür, die Treppe lief innerhalb der Wohnung, wodurch diese fast zu einem Haus wurde. Am untersten Treppenabsatz steckte eine seidene Standarte, auf die der Wahlspruch ›Nunquam retrorsum‹ gestickt war – so war das Zeichen einer aristokratischen Lebensansicht emporgerichtet. In Schüben und Truhen stapelten sich die Sammlungen, Erinnerungen, Notizen aus einem durchdachten Reiseleben, aus Indien, aus China, aus Japan zumal, und Dokumente liebevoll bewahrter Familiengeschichte, Steine und Papiere und Herbarien. In den Zimmern glänzte der Lack und das Gold asiatischer Kunst unter verbleichendem Portierenprunk, an den Wänden standen Bücher und Bücher und Bücher, alle Albrecht und seinen Freunden dargeboten: Erdbeschreibung und alles, was es nur an Geschichte gab, Klassiker und immer wieder Shakespeare und Stefan Zweig, den Frau Martha mit Vorzug las. Hatte je Franz Lenbachs Art ein Recht, nur die Augen auszuführen und ein Menschenbild um die Augen fließen zu lassen, bei der kleinen Martha Meyer-Doss und bei der jungen Martha Haushofer hatte er recht gemalt. Denn sie war ganz Auge, wenn sie von der sozialen Frage sprach und im Verein für Fraueninteressen arbeitete, ganz Auge mütterlicher Vorsorge für Albrecht und Heinz, ganz mütterliche Freundin für die Freunde ihrer Söhne, ganz Auge, wenn sie die Bilder der großen Welt auffing und wieder ausstrahlte. Sie sprach leise, ein wenig wehmütig und entschlossen, in kurzen Sätzen, mit sehr hoher Stimme. Leise, doch in singenden Bögen der Phantasie sprach Vater Haushofer und nahm die Buben – so nannte er die Akademiker – ernst, als wären sie Männer, Gefährten seiner Fahrten und Phantasien. Das war ein merkwürdiger General, fand die Welt, Erhard fand es auch und gewiß auch der deutsche Offiziersbund und Hermanns Vater, die Exzellenz von Schoch. In tadelloser Ordnung habe er die Brigade abgeliefert, erzählte er den staunenden Buben, in einer französischen Dorfkirche sei er auf die Kanzel gestiegen und habe da selber den Soldatenrat gegründet. Die Buben staunten

wieder, wenn der General von seiner Zeit als Militärattaché in Japan erzählte. Die fremden Orte nannte er so selbstverständlich, als lägen sie in Niederbayern, er rühmte die Reinlichkeit des japanischen Soldaten, seine immer weißen Fußlappen und guten hygienischen Gewohnheiten, die leise Höflichkeit des Asiaten, das alles war ganz neu, und Eberhard Hecker hatte schon recht gehabt: vielleicht ist alles ganz anders. In Japan war es unfein, mit Straßenschuhen in eine Gesellschaft zu kommen, und wie roh ist alle westliche Malerei gegen die Pinsel des Ostens. Und immer wieder diese neuen Namen, Tokio kannte man ja, aber alle diese Inseln und Formosa und Schimonoseki, das klang wie Zauber in den Ohren, der Ferne Osten hatte eine Geschichte, man konnte die Geschichte von diesem Orient aus ansehen, das war doch alles neu und verwirrend, man glaubte es bald selbst zu wissen, denn der General hatte die höfliche Art, seine Schüler als seine Mitwisser zu behandeln.
Wenn man es später bedachte, war die Atmosphäre dieses Hauses, diese unvergleichliche, geistige Luft, romantisch bestimmt, genauer müßte man sagen, daß in der Arcisstraße 32 eine realistisch durchsetzte Romantik herrschte. So waren Haushofers auch geistig nicht weit von Ludwig Kemmer entfernt, der in der Arcisstraße ihr Nachbar war. Diese Romantik war vom Großvater Haushofer vererbt, dem Nationalökonomen der Technischen Hochschule und spätromantischen Dichter. Längst verklungene Verse, sein Epos vom Ewigen Juden besonders, wurden in der Familie zitiert, mit Geschichten vom Pithecanthropos und anderen Dichtungen ›An des Daseins Grenzen‹ hatte der Großvater einen etwas schwermütigen Pantheismus Darwin-Haeckelscher Prägung hinterlassen. Da hinein klang aber auch der spätromantische Historismus von Felix Dahn und die Verse des Nachbarn aus der Luisenstraße, Paul Heyses, beide waren einst Freunde des Hauses Haushofer gewesen. Eine kühle Haltung gegen alles Christliche gehörte in diese

etwas müde ästhetisierende Welt, bei dem anempfindenden und fast weichen General verhärtet zu harten Worten gegen Missionare und Angelsachsen, denn in Asien dachte er asiatisch, doch wurde der politische Stil der Engländer bewundert, von Vater, Sohn und Mutter, denn die Familie war eine Einheit in Urteil, Gefühl, Wort und Ton. Albrecht war ein Tory, der sich ins Theresiengymnasium verlaufen hatte. Im Hause Haushofer wurde Sulla gefeiert und Marius belächelt, Disraeli bewundert und Shakespeare zitiert, sowie es gegen Gevatter Schneider und Handschuhmacher ging, und von den Männern ein Aristokratismus gepflegt, an dem Nietzsche nicht ohne Anteil war. Aber auch Goethe leuchtete in diese Welt, die Farbenlehre, Carus und Oken, Albrecht konnte entrückt die Steine seiner Sammlung in den Fingern drehen, immer wieder schon als Knabe in tiefem Ernst die Spektren seiner Kristalle spielen lassen. »Sehen Sie das Rot«, sagte der General und zeigte in den Abendhimmel, und verlor sich an die Formen der Wolken. Auch Albrecht hätte so sprechen können, sie redeten gleich, Vater und Sohn. Ganz entfaltete sich die Familienart in Partenkirchen, in der Villa Christina, wo die liebliche Großmutter, geborene von Doss, die Hausherrin war, die Herrin eines Hauses, das für Erhard schöner war als alle Schlösser von Linderhof bis Chiemsee, mit dem vornehmen Eisengitter und dem Garten, in dem edle Bäume, alte Buchen, Nußbaum und Zypressen standen, mit Türmchen und Erkerchen und innen mit seidener und eichener Pracht. Hier lagen die gern gezeigten Gästebücher mit den Einträgen von Heyse und Dahn, mit den Zeichnungen Lenbachs und den getuschten Bildchen und Aquarellen, mit denen der General die kleinen Ereignisse in der Villa Christina festhielt, wie mit seiner feinen, etwas überfeinen Schrift. Hier stand das schwarze Klavier, auf dem Albrecht Beethoven spielte und auf dem er phantasierte, so dunkel und schwermütig, daß es Erhard, dem ungeduldigen Hörer, schließlich nicht mehr musikalisch vorkam und er sagte: »Das Klavier hat auch oben Tasten«; denn Albrecht fand nicht aus dem Baß heraus. Albrecht aber, ungekränkt, ging auf die Terrasse, die so herrlich altmodisch war mit ihrer dunkelroten Wandbemalung, und schaute auf die Wettersteinwand, und das konnte er stundenlang tun.

In München aber kam die Akademie in Gang, im Oktober 1919. Vater Haushofer eröffnete sie mit einem Vortrag über ›Politische Geographie und Geopolitik‹. Er sprach von Ratzel und von der Anthropogeographie, und vor der tiefblauen Karte des Stillen Ozeans erklangen wieder merkwürdige und neue Worte von kontinentalen und ozeanischen Kulturen, vom japanischen Spannungsfeld und von den Philippinen als dem angelsächsisch-asiatischen Drehpunkt, von Inselbögen und schicksalhaften Durchfahrten, vom Gesetz des Raums für Geschichte und Zukunft. Jetzt schwärmte der General von Spengler, und alle verstanden es nur halb, und doch wurden die jungen Geister geweckt: mathematische Kulturen, Kulturseelen, die euklidische, die nacheuklidische Mathematik als historisches Phänomen: Musik der Worte, Harmonie der Probleme: da lag vorn eine Welt, man muß sie sich erobern. Der General faßte ›seine Buben‹ am Arm und wandte ihnen das schöne Gesicht mit der feinen Adlernase und den blauen Augen voll zu. Albrecht war härter, die Freunde meinten schon damals: weiser als der Vater. Wie der Vater schien schon der Sohn in anderen Zeiträumen zu denken, nach einem anderen Ziel zu leben als wir Europäer, von der Weisheit des chinesischen Zensors war viel die Rede, und von einem freien, selbstgewählten, gelassenen Tod. Ein paarmal kam, vom General als sein Freund Rudolf Heß vorgestellt, ein junger Mann zu den Sitzungen. Unter buschigen Augenbrauen schauten seine brennenden Augen fragend in die ungewohnte Runde, der Gast hörte schweigend zu und schien abwesend zu sein.

Die Schule verblaßte, so tapfer Hirmer noch einmal kämpfte. Erhard erforschte, wieder in der Staatsbibliothek, den Feudalismus, es war so schwer, niemand half, Erhard fand in verschiedenen Büchern verschiedene Ansichten und mußte sie vereinigen, denn er traute sich noch nicht, eine von ihnen falsch zu finden. Immerhin, so ungefähr wäre er dahinter gekommen, in diesem Februar 1920, im Lesesaal bei den Messinglampen. Da mußte der Kapp den Putsch machen. Und da mußte man mit der Zeitfreiwilligenbatterie Brenner gegen die Roten im Ruhrgebiet kämpfen. Irgendwo in einem Wirtshaus in der Augustenstraße ging die Sache an. Da saßen, wie immer bei solchen Gelegenheiten, Leute, die schon gestern dagewesen waren und sich ganz sicher benahmen. Die Batterie war motorisiert, Feldkanonen 96 wurden an alte Lastautos, Vomags, gehängt, das Maschinengewehr kam auf das Führerhaus, wobei man immer wieder ermahnt wurde, daß man das Dach nicht beschädigen dürfe. Die Eisenbahner an der Rampe am Bahnhof Landsberger Straße ließen die Frage zunächst offen, ob sie den Zug kuppeln wollten und abfahren lassen würden, schließlich fuhr Erhard auf offenem Wagen und auf dem verkeilten Geschütz durch das Frankenland Westfalen zu. In Beckum sangen sie mit den gerührten Einwohnern das Westfalenlied und überaßen sich in der einzigen Konditorei dieses gesegneten Ortes an Berliner Pfannkuchen, wobei sie der Schule eine freche Karte schrieben. Nach Hause schrieb Erhard: »Die Roten weichen, wir treiben den Feind zusammen, bei Pelkum war Widerstand, unser Gymnasiastengeschütz, der Infanterie zugeteilt, hat ihn brechen helfen.« Er hätte auch schreiben können: Als wir von Beckum nach Hamm fuhren, wurden wir von den Abgasen und vom Kohlenstaub ganz schwarz, ich fürchtete mich schon vor den fremden Westfalen, und das Industriegebiet war mir unheimlich. In Hamm war ich beim Artilleriebeobachter auf dem Kirchturm und hörte schreckliche Gerüchte von der Grausamkeit der Roten. Bei Pelkum haben wir die Sache wirklich entschieden, und man rief uns schon mit Recht zu, ihr habts gemacht, denn wir trafen das entscheidende Bahnwärterhaus und entlasteten die Kompanie, die ihren Hauptmann verlor, den ich glühend bewunderte, denn er stand ganz ruhig herum, wenn es schoß, ein echter Offizier. Dann fuhren wir durch den Ort, an der Friedhofsmauer lagen erschossene Rote, jeder hatte ein rotes Rinnsal von der Stirne ab. Später fuhren wir an den Weiden vorbei, mit denen die Westfalen ihre Höfe abgrenzen. Die gestutzten Weiden hielt ich aber für erschossene Menschen, und ich hatte Angst vor der fremden Gegend, der Himmel war so schwer, die Häuser rot und fremd und wie in Holland. In Dortmund war eine Parade vor dem General von Watter, die Leute waren ja wahrhaft erlöst. Die hungrigen Westfalenkinder liefen zu den Feldküchen und bekamen vom ›Onkel Bayer‹ etwas zu essen, und Erhard ging in die Zauberflöte. Er schrieb heim, die Aufführung wäre so miserabel gewesen wie die Regierung, die den Rückmarsch befohlen hatte. Sie zogen auf Wache auf der Unionbrücke, dieses nächtliche Eisenwerk war wieder etwas ganz Neues, Ängstliches. Erhard lag bei einem katholischen Pfarrer in Quartier, dessen Haushälterin ihm offensichtlich übelnahm, daß er mit seinen genagelten Stiefeln und seinen Waffen über ihre Parkettböden kam – statt daß sie froh gewesen wäre, daß er sie vor der Schändung durch die Roten bewahrt hatte. Auch der Pfarrer war zurückhaltend, vielleicht war das auch nur westfälisch. Erhard schrieb heim, daß er freundlich sei. In anderen Städten und Städtchen, es gab hier ja nur Städte und schwarze Straßen, waren freundliche Malermeister und dankbare Fabrikdirektoren die Quartierwirte. Man kam sich richtig erwachsen vor bei diesen Einquartierungen, der Direktor in Herne unterhielt sich über die Zukunft seiner Töchter und über den Erhard so vertrauten Gegenstand der ›befriedigenden‹ weiblichen Berufswahl so lange, bis Erhard zu viel Wein getrunken hatte. In Lütgendortmund plagten die Kanoniere – die Schüler, die Kanoniere also, den Batterieführer mit ihren

Wäschepaketen und Wäschesorgen, bis Brenner sagte: »Ihr seid überhaupt keine Soldaten.« Und dann kam, nicht zu Erhards Zorn, der Heimweg. Jetzt, Ende April, waren sie wieder daheim, und das Abitur mußte erleichtert werden, und um die vielgelobte Prima, die Oberklasse, wie sie in Bayern hieß, waren sie nun auch gebracht, um die Klasse, wo man kein Pennäler mehr ist. Sie waren eben Hilfsdienstler gewesen und Soldaten, und so mußten sie jetzt Pennäler sein bis zum Schluß, bis zum Juni, wenn auch, zu Hirmers wehrlosem Entsetzen, Ernst Oppenheimer einen Vortrag über ›Ibsen und die Frauen‹ hielt. Aber was hatten sie denn, die vier, noch mit der Schule zu tun, jetzt, in diesen Wochen, wo Christina das Abiturfest vorbereitete?

»Wenn nur die Eltern gleich nach Elwinas Hochzeit nach Grainau gehen, sie wollten in diesem Jahr doch früher hinaus.«

»Sie gehen Ende Mai, da haben wir den Juni für uns, das wird unser Monat, der Juni.« Den Juni wollten sie also für sich haben, Christina und Erhard.

Dieser Juni wurde wirklich ein Fest. Denn, was könnte es Festlicheres geben, sie taten alles auf einmal, als müßten sie das ganze Leben in diesen Juni des Jahres 1920 pressen. Albrecht kam täglich und holte Erhard in den Englischen Garten ab. Dort wurden ihm die Grundlehren der christlichen Apologetik eingepaukt, aber auch lateinische Vokabeln, er war, trotz seinem neuen rohseidenen Anzug, dem ersten im Leben, der ihm stand, damals ziemlich bescheiden, er legte die Geopolitik beiseite und fand, von Mutter Martha bestärkt, daß ihm Kenntnisse fehlten. Erhard trichterte sich die Optik ein. Dazwischen las er weiter Spengler, da er entschlossen war, in dem fünfstündigen Aufsatz Geschichtsphilosophie hinzulegen, auch erklärte er Christina, daß Historismus und Skepsis die Umwege seien, auf denen er zum Glauben zu finden gedenke. Christina hörte sich das an, obwohl sie jetzt wenig Zeit hatte. Sie mußte das Fest bespre-

chen. »Auf den Flügel kommen Gartenglockenblumen, Campanula, in Freising krieg ich einen Gockel.« Schon jetzt verteilte sie Rosen in den Zimmern. Papa und die Tabakspfeife waren fort, so verteilte sie kurzstielige Rosen in den niederen Vasen, die sich damals durchsetzten. »Die niederen Rosen sind doch viel schöner als die hohen Stiele in den Kristallvasen, die sehen so nach Verwandten aus und Silberner Hochzeit und Sonntagvormittag, nein, mein Lieber, der Alltag muß festlich sein, darum niedrige Rosen, Schalen, keine Vasen, auch Tische und Stühle sind viel zu hoch . . .« »Aber die können wir jetzt nicht absägen«, meinte Erhard.
Die Rosen blühten, und Else aus dem Aargau schickte Schweizer Franken, Valuta ist gut für Feste und Lebensreformen. Aber vorläufig war noch viel zu tun: Griechisch doch auch, und sphärische Trigonometrie, alle zwei Tage kam Hermann, sie übten alte Sonaten, das Fest sollte doch ein Musikfest sein, und auch Erika Rauschers Stunden fielen nicht aus, das war gut für die Technik. Sie taten einfach alles und vergaßen die Zeit. Wenn sie einmal doch Examensangst hatten, sagte Oswalt »no ja«, und Christina: »Den Mokka habe ich auch schon und vier Flaschen Burgunder. Und die Margarete kommt zum Kochen. Meint nicht, daß das leicht war. Mama hat gesagt, im Mai, gerade vor Elwinas Hochzeit, hat die Margarete gekündigt, wo doch so viel zu tun war, aber zu euch kommt sie.«
»Die Margarete liebt mich eben«, sagte Erhard ohne Bescheidenheit. »Die hat mich überhaupt gerettet, schon im Krieg. Das hat die Eltern gekränkt, daß ich so oft heimlich in der Küche gegessen habe. Bei Tisch hats nicht gelangt, und Papa sagte: Du kannst leicht vornehm tun und die Nase rümpfen, weil wir so unfein sind und nichts auf den Platten lassen, du hast eben in der Küche gegessen.« »Also die Margarete kocht.« Christina überreichte allen Teilnehmern das Menü, einen Tag vor dem Examen.

Dann bestanden sie das Absolutorium. Der fünfstündige Aufsatz hieß: ›Was du ererbt von deinen Vätern hast, erwirb es, um es zu besitzen.‹ Erhard gab Goethe mit viel Spengler, und darum stand später im Zeugnis: ›Der deutsche Aufsatz war eine echt wissenschaftliche Abhandlung.‹

In der Luisenstraße aber waren die Blumen verstreut, die Christina vom Viktualienmarkt geholt hatte, und auf dem Flügel blühten weiß, rosa und gelb die Campanula. Es gab das Menü, Margarete hatte eine Pastete gebracht mit Kaninchenfülle, sie hatten aus dem ovalen Tisch das Brett herausgenommen und ihn rund und festlich gemacht, und in der Mitte stand die Schale mit den niedrigen Rosen. Oswalt hielt eine Rede, und Hermann Schoch und Erhard redeten. Nun feierten sie wirklich. Natürlich, sie feierten das Absolutorium. Sie redeten vom Vaterland und erhoben die Gläser mit dem Rotwein. Aber eigentlich feierten sie sich selbst. Sie feierten Christina und die Freundschaft, und sie feierten es, daß sie Reden halten konnten. Sie feierten ein Fest. Ihr Fest im Juni.

Sie spielten die Violinsonate von Brahms in A-Dur. Erhard war heute ganz weich und gütig und fand, obwohl er doch gegen Wagner war und eine Philosophie daraus machte, daß Christina schon sagen durfte: »Ach, die mag ich so gern, sie erinnert mich an die Meistersinger.« Man nennt sie ja die ›Meistersingersonate‹.

Später, als sie noch etwas mehr Wein getrunken hatten, hielt Albrecht Haushofer eine große Rede. Er sprach von Deutschland, so liebevoll, wie man es von ihm nicht gewohnt war, von der ganzen Welt und von Steinen und Sternen, von der Geschichte und von der Zukunft, mit einem dunklen Ernst, als trüge er die Weisheit der Jahrtausende in das Buch der Zukunft ein, als stehe etwas bevor. Es schien hoffnungslos zu sein, düster und süß. Da sie die Rede nicht so ganz verstanden, doch vollständig billigten, schwiegen sie nun, während Christina den

Mokka kochte. Das Schweigen war ein neues Fest, Albrecht hatte versprochen, heute nicht Klavier zu spielen. Erhard saß auf Mamas grüner Wiese. Er dachte einen Augenblick an den Hirmer, den er noch hatte trösten müssen. Er dachte überhaupt noch ein wenig an die Schule, an den alten gütigen Physiker Pichler, den schon Christina im Institut Neumeyer gehabt hatte (wie noch früher Mama, auch im Neumeyer, den Nicklas), und dem die Versuche oft nicht gelangen. Nur einer gelang immer, der mit den kommunizierenden Röhren. In zwei verbundenen Gefäßen muß Flüssigkeit jeweils gleich hoch steigen. Das Gesetz war hübsch, es erinnerte an die heilige Kommunion und an kleine Mädchen in weißen Kleidern mit Kerzen, sittsam zwei und zwei, und das Gesetz war gerecht, fand Erhard jetzt und rutschte auf der grünen Wiese etwas tiefer. Leiden kommunizieren mit Freuden, du wirst so viel Glück erhalten, wie du Leiden zu kaufen bereit bist – kaufen heißt beim Domino das Nehmen von Steinen, bis man ›wieder kann‹.
Jetzt, wo das Fest so schön gelungen ist, sollten die Eltern doch da sein, Papa hört die Mozartsonaten so gern, und Mama hatte doch die ganzen Jahre gesorgt, und das war doch schwerer als so ein Fest zu machen und in Freising einen Gockel zu holen. Vielleicht tut man Unrecht mit allem, was man tut, und vielleicht sollte man sich nie von denen trennen wollen, die man liebt. Da vorn ist die Glastür, die voriges Jahr so gescheppert hat, als die Artillerie schoß.
Jetzt war es Erhard, wie ihm manchmal schon als Kind gewesen war, aber vielleicht kam es jetzt auch daher, daß er an den Rotwein nicht gewöhnt war. Ihm war, als sei die Welt aus Glas, und als sähe er alles deutlich, alles auf einmal, und als wüßte er alles genau. Jetzt wußte er, was sie eigentlich feierten, die vier und Christina. Sie feierten heute das Leben selbst, das lange Leben, das vor ihnen lag. Dieses Leben, das ihnen wirklich leichter geworden war durch den verlorenen Krieg, weil ja alles nur mehr

auf das Leben selber ankam, auf das Leben, das ihnen geschenkt worden war, gegen alle Vermutung. Dieses Leben würde schwer sein, aber es würde ein Fest sein, das Leben selbst, ein Lob- und Dankfest jeden Tag. Man wird nur froh sein, daß man lebt, und daß die Welt lebt, und allen Schuldigern vergeben.

Damals, an der Riffel mit dem Robert, wie ich den Tritt nicht fand, da vergab ich auch allen Schuldigern. Ach Mama, ich sage keine lieblosen Worte mehr, jetzt hänge ich hier und finde den Tritt nicht, ich suche mit der Stiefelspitze auf der harten Platte herum, hier sind nur Platten und darunter Geröll, aber da bin ich schon tot, und ewiges Felsgehörn und windiger Nebel, ohne Mitleid. Es ist besser zusammenzubleiben, und ich habe gar nicht mehr den Wunsch, fortzugehen. Gottlob, da wären wir. Oder wie damals, voriges Jahr, wieder mit dem Robert am Hochblassen, wo uns die Tritte immer wegbrachen (›brüchig‹ steht im Führer), der Robert sang immer aus dem Tristan: ›Sinds deiner Seufzer Wehn, die meine Segel blähn ...‹ Ich vergab allen Wagnerianern, denn das Singen war so beruhigend, die Knie kamen doch schon ins Zittern. Endlich waren wir droben und machten den Abstieg über die Alpspitze, auf der Grieskarscharte fiel mich der Berg noch einmal an, das Höllental riß seinen plattigen Rachen auf, als wollte es uns anbrüllen, über dem Grieskar kreisten die Bergdohlen, aber Gott führte mich nicht in Versuchung, sonst wäre ich ihnen nachgestürzt, armer Mensch ohne Flügel. Da wallte die Zugspitze, und der Hochwanner stand still und wild, und Wände und Muren und Wände. Da war ich so einig mit dem Vater und verstand alle seine Sorgen und dankte ihm.

Ja, ich weiß, was wir feiern. Daß ich alle künftigen Liebeswege schon gegangen bin, als ich zu dir und den armen Kindern ins Löhehaus ging, meine Elwina, durch die Blutenburger Straße, und als mir die lange Nymphenburger Straße kurz war, weil ich Christina vom Roten Kreuz abholte – vorbei an all den Straßen der Liebe und Hoffnung und Eile, Sand und Pappenheimer und Maillinger und die Landshuter Allee. Daß alle Angst, die je sein kann, schon einmal auf den Münchener Straßen und um die Theresienwiese lag, alle Einigkeit, und alle Vergebung. Auch alle Schuld war schon mit siebzehn Jahren, alle Abschiede waren vorausgenommen, in den Abschieden sitzt ja die Schuld, jede Lokomotive klagt uns an. Und daß keine Freude sein wird, die nicht schon Vorfreude war, mit siebzehn Jahren, und keine Süßigkeit, Christina, die nicht gekostet wäre. Und dann wird es schön sein, was auch kommen mag, das Leben, dieses einzige Fest, das Erdbeerkraut auf dem Weg, das Loisachwasser, der Huflattich und die Latschen.

Jetzt muß man sich befreien. Jetzt muß man von München loskommen. Schau nicht mehr zurück, zähl nicht immer die Bäume, geh durch den Wald vorwärts, hinaus. Spätestens in zwei Jahren mußt du in die kleine Stadt. Da wirst du auf einer Bank sitzen (aber dann sag nicht gleich wieder: wie einst im Englischen Garten) und dein Wissen bedenken, das verborgene und das ausgefaltete. Du wirst lernen und nie ohne Sorge sein. Denn wer sich mit dem Geist einläßt, wird nie ohne Sorge sein. Du wirst lernen und wissen und intensiv sein (so ein Wort, es muß gar nicht sehr gut sein, hakt sich in junge Leute ein und führt sie, jahrelang) und du mußt sachlich werden. Nicht immer nach innen, nach innen (wie einst am Sonntag früh, im Bett), sondern hinaus, hinaus, hinauf.

Der Mokka hat doch gut getan. Der Bogen wird nicht zittern. Hermann Schoch sitzt schon vor Christinas Flügel, wie immer bereit. Dann spielen sie die Sonaten, wie früher.

INHALTSVERZEICHNIS

Alphabetisches Gesamtverzeichnis der suhrkamp taschenbücher